쇠하는 교회, 흥하는 교회

무너지는 교회 바로 세우기

쇠하는 교회, 흥하는 교회

무너지는 교회 바로 세우기

지은이	서창원
펴낸이	김종진
초판 발행	2024년 3월 15일
등록번호	제2018-000357호
등록된 곳	서울특별시 서초구 서초중앙로 24길 55, 407호
발행처	개혁된실천사
전화번호	02)6052-9696
이메일	mail@dailylearning.co.kr
웹사이트	www.dailylearning.co.kr

ISBN 979-11-89697-55-6 (03230)

흥하는 교회

"무너지는 교회 바로 세우기"

쇠하는 교회

서창원 지음

개혁된실천사

추천의 글

16세기 종교개혁 이후 개혁 신학의 전통을 따르던 우리의 신앙 선조들은 교회를 가리켜 "항상 개혁되어야 하는 교회(*Ecclesia semper reformanda*)"라고 부르기를 즐겨했습니다. 교회는 두 가지 이유 때문에 항상, 계속 개혁되어야 합니다. 첫째, 이 지상에는 완성된 교회, 즉 완전한 교회는 없기 때문에 교회는 항상, 계속 개혁되어야 합니다. 우리 신자들이 예수님을 믿은 이후에도 이 지상에서 끝없이 성화를 이루어가야 하는 것처럼, 지상의 교회는 항상, 계속 개혁되어야 합니다. 16세기의 종교개혁은 교회의 개혁의 완성을 의미하는 것은 아닙니다. 둘째, 지상의 교회가 지금 아무리 잘 개혁되어 있다고 하더라도, 교회는 그 개혁된 상태에 머물러 있기보다는 오히려 영적으로 퇴보하기 쉽기에, 교회는 항상, 계속 개혁되어야 합니다. 교회사에는 처음에 잘 시작했던 교회들, 또는 놀라운 부흥과 개혁을 경험했던 교회들이 얼마 지나지 않아서 퇴보하고 변질되는 경우들로 가득합니다. 하나님의 충만한 은혜와 권능의 돌보심을 경험했던 모세와 여호수아 시대의 교회도 완전한 교회가 아니었고, 사도들이 목회했던 초대교회도 완전한 교회가 아니었습니다. 세월이 흐르고 세대가 바뀌면 여호와께서 이스라엘을 위하여 행하신 일을 알지 못하는 "다른 세대"가 일어나곤 했습니다(삿 2:10). 교회 역사는 늘 그래왔습니다. 하나님의 은혜로 16세기 종교개혁이 일어났고, 17세기 위대한 청교도 시대도 맞이했습니다. 신학과 교리가 바로 정립되고, 교회는 여러 면에서 개혁되었습니다. 그러나 16, 17세기의 개혁 교회들도 완전한 교회는 아니었고, 그들이 가지고 있던 영적 활력도 그리 오래 유지되지 못했습니다. 지금 우리 시대의 교회도 마찬가지입니다. 개혁신학 전통에 서있는 개혁교회라고 하더라도 16,17세기 종교개혁자들과 청교도들의 시대로부터 너무 멀어져 있습니다. 그러므로 종교개혁은 지금도 계속 일어나야 합니다.

본서의 저자인 서창원 목사님은 그리스도를 사랑하고 복음을 사랑하고 교회를 사랑하는 귀한 신학자요 설교자입니다. 서창원 목사님은 한국교회의 목사들의 개혁과 강단의 개혁을 통해 교회의 개혁이 이루어지기를 누구보다 열망하면서 신학교와 교회의 강단을 가리지 않고 복음을 전하고 교회를 섬겨 오셨습니다. 본서에서 서창원 목사님은 여전히 많은 면에서 개혁되어야 하는 사랑하는 한국 교회가 여러 면으로 힘을 잃고 쇠하여 가는 것을 안타까워하는 심정으로 바라보며, 한국 교회를 향하여 교회는 "다시, 계속, 항상" 개혁되어야 함을 외치고 있습니다. 한국 교회는 종교개혁자들의 유산인 개혁 신학과 교리를 받아들이고 있지만, 종교개혁자들이 우리에게 보여준 "교회 개혁"으로부터는 여전히 멀리 떨어져 있습니다. 그래서 저자는 한국 교회의 허물어진 성전과 성벽의 지점이 어디인지를 진단하고 그 재건을 위한 실천적 제안들을 제시하고 있습니다. 교회의 주인이시자 교회의 머리가 되시는 그리스도께서는 "내가 내 교회를 세우리니"라고 약속하셨습니다. 이 책이 한국 교회에 개혁과 부흥의 불쏘시개가 되기를 소원하며, 이 책의 일독을 온 마음으로 권합니다.

┃ 김준범 _ 양의문교회 담임목사

$$✦$$

500년 전 중세 로마가톨릭교회에 도대체 무슨 일이 일어났는가요? 왜 16세기 종교개혁자들이 교회 개혁, 예배 개혁을 외쳤을까요? 로마가톨릭교회는 신학과 교리의 변질, 교황청의 부패, 사제주의, 성직자들의 윤리적 타락, 영적 무능력과 성경의 권위를 하락시켰기 때문입니다. 종교개혁은 중세 가톨릭교회의 잘못된 예배와 의식, 신앙, 교리, 신학 및 형식화된 생활로부터 성경에서 가르치는 순수한 교회의 모습과 기독교 신앙과 생활로의 회복, 즉 사도 시대의 교회로 돌아가려는 운동입니다.

오늘날 한국의 교회 위기라는 소리가 여기저기서 들리고 있습니다. 원인은 한국의 교회가 성경적이고 개혁주의 신학과 교리와 복음의 진수에서 점점 멀어지고 있고, 강단의 권위와 영광이 무너지고 세속화와 물질주의에 점점 깊이 빠져 가고 있기 때문입니다. 이러한 때에 이 책은 성경적 교회, 흥하는 교회를 세워가고자 하는 간절함에서 나온 한국의 교회를 향한 외침이요 경고입니다. 교회가 인간적인 생각과 인간의 방법으로 하나님을 예배한다고 지적하면서 이제 인간의 방법들을 다 내려놓고 하나님의 방법으로 하나님을 예배하자고 말합니다. 저자는 성경적 교회론이 무엇인지를 목회적으로 정립할 수 있게 하고 있으며 우리가 출석하는 교회에 대한 영적 진단과 처방을 다루고 있습니다. 특히 예배의 중요한 다섯 가지 요소인 찬송, 기도, 말씀 선포, 헌금, 성례에서 실천신학적 교회론을 세워가도록 제시하고 있습니다.

이 책이 우리에게 주는 교훈은 교회와 우리 자신의 신앙과 신학과 교리를 다시 점검해 보라는 것입니다. 혹시 나는 무너지는 교회를 섬기고 있지 않는가, 성경에서 말하고 있는 흥하는 교회를 세워가고 있는가, 성경적인 교회 모습에서 이탈하여 가고 있지 않은가, 우리 예배의 모습은 어떠한가, 우리는 강단에서 복음을 선명하게 선포하고 있는가, 종교개혁자들이 붙잡았던 오직 성경, 오직 믿음, 오직 은혜, 오직 그리스도, 오직 하나님께 영광을 외치고 있는가, 우리의 삶에서 성경이 녹아져 있는가? 라고 질문해 보아야 할 것입니다. 만약에 우리도 중세 로마가톨릭교회처럼 하나님과 하나님의 말씀에서 멀어졌다면 진리로 돌아가야 할 것입니다.

서창원 박사님은 처음으로 돌아가서 다시 점검하다 보면 길이 보인다고 가르칩니다. 16세기 종교개혁자들이 *Ad Fontes*, 즉 원천으로 돌아가라고 외쳤던 것처럼 성경으로 돌아가는 것, 하나님의 말씀으로 돌아가는 것이 유일한 해결책이라고 강조합니다. 학문적인 열정과 눈물 기도의 결정체인 본서의 필독을 권합니다. 주님이 기뻐하시는 교회, 성경에 충실한 교회로 세워갈 것입니다.

▌ 김현배 _ 베를린비전교회 목사, 「영국부흥의 주역들」 저자

이 책은 오랜 시간 동안 청교도 개혁주의 신학과 목회를 목회현장에 적용하고, 신학생들에게 가르쳤던 목회자이자 은퇴한 신학교 교수가 불신앙적인 세속주의에 의해 휘청이며 무너져 내리는 한국 교회를 향한 절규입니다. 이 책에서 저자인 서창원 목사님은 한국 교회의 현실을 망하는 교회로 규정합니다. 많은 사람이 공감하면서도 쉽게 발설하지 못했던 한국 교회의 이 절망적인 미래에 대해 거리낌 없이 직설적으로 지적하지만, 다른 한편으로 이 책 속에는 한국 교회에 대한 애정이 곳곳에 스며있음을 느낄 수 있습니다. 왜냐하면 한국 교회의 현실에 대한 서창원 목사님의 통렬한 비판은 비판을 위한 비판이나 한국 교회를 위한 저주로서 미움에서 비롯된 것이 아니라 한국 교회에 대한 지극한 사랑에서 나왔기 때문

입니다. 이 책에서 특히 돋보이는 점은 한국 교회가 쇠하고 있다고 판단한 다양한 이유를 개혁신학적 관점에서 볼 때 상당히 설득력 있고 정밀하게 진단한다는 점입니다. 저자는 우리가 무의식적이고 습관적으로 대하는 신앙생활의 주요한 요소들을 하나하나 성경적으로 그 의미를 밝히고 있는데, 이 모든 것은 오늘 우리 시대에 교회들이 회복해야 할 핵심적인 것들입니다. 하지만 저자는 단지 한국의 교회를 비판하거나, 잘못을 지적하는 것에 목적을 둔 것이 아니라 어떻게 이 귀한 조국교회를 세워나갈 수 있을 것인가에 대한 처방도 함께 제시합니다. 서창원 목사님이 오랜 시간 연구하고 경험했던 청교도 개혁주의 신학과 전통이라는 소중한 유산을 자신이 수십 년간 경험했던 한국의 교회에 적용하기 위해서 제시하는 부분은 특별히 현대 교회에 많은 통찰을 주고 있습니다. 점점 더 세속화의 물결이 거세게 몰아치고 있고, 경건의 능력보다는 경건의 모양을 더 중요하게 여기는 우리 시대에 저자가 이 책을 통해서 제시하는 여러 통찰력은 매우 적실하고, 중요한 것들입니다. 특히 한국 교회를 회복시키기 위한 대안을 제시하는 마지막 장에서 회복의 열쇠로서 목사직에 대한 자세한 설명이 제시되어 있는데, 이 부분은 신학교에서 미래의 목사들을 교육하는 부르심을 감당하고 있는 저의 소명을 새롭게 하고, 또 신학생들을 어떻게 지도하고 교육해야 할지에 대한 귀한 도움이 되었습니다. 그러므로 현재 한국 교회의 상황에 대해서 염려하면서 이 땅에서 참된 교회가 회복되기를 바라고 있는 분들이라면, 이 책을 통해 큰 유익을 얻을 수 있을 것이라 믿으며 적극적으로 일독을 권장합니다.

▍ 김효남 _ 총신대학교 신학대학원 교수, 역사신학

먼저 당신의 피로 값주고 사신 교회를 사랑하시어 이 귀한 책을 내도록 저자 목사님을 인도하시고 독자들도 함께 그 가치를 공유하게 하신 우리 주님을 찬미하며 감사하나이다.

누가 제게 '역사(歷史)의 의미, 해와 달이 뜨고 지고 하는 세월의 의미를 말해 달라'고 하면 시편 19편의 말씀을 읽어보라고 할 것입니다. 시편 19편을 통하여 성령께서 다윗의 마음을 감동하시어 하나님께서 의도하시는 역사의 가치와 의미를 꿰뚫는 계시를 주셨기 때문입니다. "날은 날에게 말하고 밤은 밤에게 지식을 전하니 언어도 없고 말씀도 없으며 들리는 소리도 없으나 그의 소리가 온 땅에 통하고 그의 말씀이 세상 끝까지 이르도다 하나님이 해를 위하여 하늘에 장막을 베푸셨도다"(시 19:2-4).

여기서 '말씀'은 '성삼위께서 창세 전에 작정하시고 예정하신 뜻과 목적과 계획의 계시와 실행과 적용'을 아우르는 '하나님의 은혜와 진리의 체계'임에 분명합니다. 그것을 더 간단하게 말하라면, 그리스도와 그 복음의 체계라고 할 수도 있을 것입니다. 그리스도의 복음의 중심은 바로 '택한 백성들로 이루어지는 교회'의 구속과 그들로 이루어질 '하나님 나라'에 있습니다. 그래서 마가는 복음, 곧 그리스도의 구속의 실상과 영광을 기술하려 하면서 1장 1절에서 "하나님의 아들 예수 그리스도의 복음의 시작이라"고 하였습니다. 하나님의 아들 그리스도께서 백성들 앞에 공적으로 나타나 자신을 드러내시면서 외치신 첫 메시지가 무엇이었습니까? "이르시되 때가 찼고 하나님의 나라가 가까이 왔으니 회개하고 복음을 믿으라 하시더라"(막 1:15).

그 일 때문에 역사가 존재하게 하시는 아버지 하나님의 깊은 의도를 파고들며 신령과 진정으로 예배하는 유기적인 무리가 바로 '교회'입니다. 그러므로 인류 역사의 축은 교회입니다. 교회사가 세계사의 엔진입니다. 세계사는 진정 교회사를 중심축으로 하여 달려 왔습니다. 정치사, 문화사는 역사의 방편이요 현상(現狀)일 뿐 진수는 아닙니다. 그러나 그것들을 외적 구조로 사용하시고 섭리하시는 아버지 하나님의 뜻을 우리는 존중합니다. 그럼에도 불구하고 아버지 하나님의 통치의 모든 중심은 '교회'에 있습니다. 그러므로 교회가 무엇이며, 어떠해야 하며, 무엇을 해야 하느냐의 문제는 우리가 숙고할 최고 큰 주제임에 분명합니다. 교회를 위하여 하나님 아버지께서 아들을 내어 주셨고, 아들이신 우리 주님께서 당신의 목숨을 내어 놓으시고 그 교회를 피로 속량하셨고, 성령께서 아버지와 아들의 것을 가지고 와서 교회(성도) 안에 보혜사로 항상 내주하십니다. 아버지의 뜻대로 끝내 다시 오시어 교회를 영화롭게 하시어 '의의 거하는 바 새 하늘과 새 땅의 백성이 되게 하시고 영원토록 즐거워하실' 주님을 생각해 보세요. 그러면 교회보다 더 가치 있고 더 영화롭고 더 복된 것이 세상에 없습니다. 그것이 바로 공교회(보편교회, the Catholic Church)의 정체입니다.

그런데도 그 눈에 보이지 않는 교회의 본질을 섬기며 구현하기 위하여 지상에 눈에 보이는 지역교회를 세우신 분도 성삼위 하나님이십니다. 그러니 지역교회의 존재 목적은 보편교회를 향하신 성삼위의 뜻을 구현하는 데 있습니다. 그런데 눈에 보이는 지역교회는 흥함과 쇠함의 가변적인 요소를 가지고 있습니다. 그 교회 구성원의 죄성과 연약과 외적인 여러 환경과 영적 조건에 따라서 흥함과 쇠함의 굴곡을 보이기 마련입니다. 교회사가 그것을 분명하게 보여주고 있습니다. 교회의 쇠함과 흥함의 궁극적인 마스터키는 교회의 머리 되신 주님의 손에 있습니다. 그럼에도 불구하고 교회의 쇠함과 흥함의 굴곡에 간접적인 도구로 쓰여지는 요소가 있고, 교회의 생명을 붙드는 원리가 있기 마련입니다.

저자는 성경과 교회사에 계시된 바를 따라서 그 요소와 원리를 추적하고 있습니다. 이런 점에서 이 책이 큰 의미가 있겠다 여겨 이 책을 추천합니다. 저자는 누구보다 성경적인 개혁교회의 가치를 구현하는 일에 열심 있습니다. 독자들에게 주님의 교회의 거룩한 흥함을 위한 간절함과 그에 대한 영적 분별력과 지식을 가지게 하실 주님을 찬미합니다. 감사합니다.

▎서문 강 _ 중심교회 원로목사

한국 교회의 현실이 녹녹지 않습니다. 사회적 신뢰도의 추락, 성도 수의 급감, 신학교의 미달, 교회 폐쇄 등 여러 부분에서 무너짐의 소리가 들려오고 있습니다. 이제 교회 개척의 시대는 끝났다는 자조 섞인 말이 들려옵니다. 여러 통계가 이러한 사실을 뒤받침하고 있습니다. 참으로 가슴 아픈 상황입니다.

어떻게 하면 이 현실을 살아야 하겠습니까? 서창원 목사님은 대담한 제안을 합니다. "나는 망하는 교회를 세운다." 이 제목 아래 모든 의미가 담겨 있다고 할 수 있습니다. 서창원 목사님의 글은 예레미야의 눈물과 아모스의 냉철함이 담겨 있습니다. 한국 교회를 향한 간절함이 곳곳에 묻어 있습니다.

저자는 교회가 무엇인지에 대한 기본에서 시작하여 망하는 교회의 특징을 망하는 기업의 특징을 통하여 제시하고 있습니다. 그리고 흥하는 교회를 세우기 위한 준비를 제안합니다. 직분자를 비롯한 모든 그리스도인들이 망하는 교회의 섬기미가 아니라 흥하는 교회의 세우미로 태어나기를 간절하게 바라는 마음을 읽을 수 있습니다.

이 책은 한국 교회가 망하고 있다는 소리 속에서 다시 주의 교회를 세울 수 있다고 외치는 광야의 소리입니다. 이 책은 무너져 가는 교회의 단을 다시 수축할 수 있는 지혜와 용기를 제공합니다. 그리고 교회 세우미로 당당하게 쓰임받는 길을 제시합니다. 정직한 마음으로 이 책을 추천합니다. 이 책을 들어 읽으시기 바랍니다.

▌신동식 _ 빛과소금교회 목사

본서의 제목과 주제가 예사롭지 않다. "쇠하는 교회"이다. 나는 본서를 읽으면서 "쇠하는 교회"라는 주제어 안에 담겨 있는 이중적 의미를 발견하고 탄성을 질렀다. 저자는 세속의 기업들이 망하거나 흥하는 원리들을 교회에 접목하여 그의 논리를 풀어 나간다. 그러한 원리들에 의하면 오늘날의 교회는 쇠하는 길을 택하고 있다고 저자는 말한다. 동시에 교회는 세상 경제 원칙으로 보면 망하는 길을 버려야만, 즉 교회의 본질적 가치를 추구해야만 망하지 않는 교회가 될 수 있음을 외친다. 현대 교회가 마치 세상의 기업처럼 이익을 추구하고 성과 중심이고 업적 중심이라고 날카롭게 지적한다. 그래서 교회가 쇠해가고 있다는 것이다. 동시에 사람의 관점으로는 망하는 교회가 되는 길을 택하라고, 즉 예수님이 진정으로 교회의 주인이 되는 길을 택하라고 말한다. 그래야만 교회가 흥한다는 주장이다. 이를 위해 저자는 예배론, 교육론, 직분론, 그리고 교회론 등을 펼쳐나간다. 저자는 청교도의 후예이다. 정의롭고 선지자적 시각을 가졌다. 그러한 그의 사고가 본서에 고스란히 나타나 있다. 그리스도인이라면 본서를 읽어볼 필요가 있다. 특별히 소명을 받아 신학교육을 받는 신학도들에게 본서를 강력히 추천하고 싶다. 시원하고 직접적인 저자의 논조는 큰 도전을 준다. 진정 교회를 망하게 하는 것이 무엇인지,

그리고 흥하게 하는 것이 무엇인지를 분별하라는 저자의 외침이 오랫동안 마음에 남는다.

┃ **양현표** _ 총신대학교 신학대학원 실천신학 교수

　서창원 교수님의 저서, 《쇠하는 교회, 흥하는 교회》의 출간을 참으로 기쁘게 생각합니다. 저자의 귀한 연구와 묵상을 통해 우리는 '교회'를 더욱 잘 이해하게 되었습니다. 책의 제목이 다소 자극적입니다. "교회가 망해간다는 사실과 반대로 주님의 영원한 교회를 세워간다는 말을" 역설적으로 표현한 것이라는 저자의 말을 마음에 새길 필요가 있습니다. 주님의 교회는 절대로 망하지 않습니다. 그럼에도 현실에서는 적지 않은 수의 교회들이 망하는 길로 치달아가는 듯 보입니다. 이를 매우 안타까워하는 저자의 심정에 동의하지 않을 수 없습니다. 한편으로 저자는 이 시대에 신자로 살아가는 우리 모두에게 회개의 경종을 울리고 다른 한 편으로는 흥하는 교회를 세우는 자가 되어야 한다고 부르짖습니다. 본문을 검색해 보니 '쇠하는 교회'라는 표현은 118회 등장합니다. 한편 '흥하는 교회'라는 표현도 75회나 등장합니다. 흥하는 교회를 함께 세워가자는 맥락에서 저자가 사용하는 '세우미,' '세우는 자' 혹은 '세움이'라는 표현 역시 64회나 등장합니다. 이를 통해 본서는 독자들의 최종적인 시선을 '흥하는 교회'를 세우는 과업으로 이끌고 있습니다. '흥하는 교회'는 교회의 주인이신 주님만이 높임을 받는 교회입니다. 참 그리스도인들이 많은 교회입니다. 하나님께서 받으시는 참 예배를 드리는 교회입니다. 바른 진리의 말씀이 선포되며, 성경 읽기, 찬송, 기도, 헌금 등이 올바르게 시행되고, 생명의 떡과 음료를 풍성히 공급하는 교회입니다. 복음의 본

질에 충실하며 진리를 부여잡는 일군을 양성하는 교회입니다. 그리스도의 신부로서 정결하게 세워지며 '하나님의 집으로서의 성전' 혹은 그리스도의 몸을 함께 세워 가는 교회입니다. 교회 안에서는 물론 교회 밖에서도 존중히 여김을 받는 교회입니다. 아무쪼록 본서를 통해 모든 독자가 망하는 교회의 위험성에 대한 준엄한 경고와 권면에 귀를 기울이고 각성하여 새롭게 되기를 기원합니다. 그리하여 한국교회가 더욱 건강하고 '흥하는 교회'로 세워지길 간절히 소원합니다.

┃ 안상혁 _ 합동신학대학원대학교 역사신학 교수

총신에서 교회사를 가르치다 은퇴하신 서창원 교수님의 신간 원고를 받아들고 첫인상은 "어, 나는 무너지는 교회를 세운다니. 이것이 무슨 말이지?"였다. 물론 30년이 넘는 긴 세월 동안 교수님의 활동과 저술들뿐 아니라 개인적인 교제 속에서 아는 교수님이 교회더러 무너지라고 재 뿌리는 일을 하실 일은 없다는 것은 알면서도 그 제목에 깜짝 놀랐다. 책의 내용을 보니 교수님이 정한 책 제목은 역설적인 것이었다. 그리스도의 교회가 쇠하기를 바란다는 의미가 아니라, 쇠할 짓을 골라서 하는 인간의 모임으로서의 교회에 대한 통렬한 지적이었고, 오히려 간절히 바라는 것은 "우리가 다 흥하는 교회를 세워 가는 자"가 되는 것이었다. 이 글을 통해서 "쇠해 가는 교회가 흥하는 교회로, 하나님의 영광이 떠난 교회가 그의 임재하심이 길이길이 넘치는 가장 복되고 소망이 가득한 교회로 변화되는 새로운 역사를 갈망하는" 데 핵심이 있음을 알 수가 있다. 본서는 참 교회의 특징들을 말해 주기도 하고(주를 경외함과 성령의 위로로 진행하는 교회, 교회를 세우는 직분과 보양, 하나님의 집으로서의 성전 등), 무너지는

교회의 특징들을 자세하게 서술하는 가운데, 주님이 보시기에 무너지지 않을 참 교회를 어떻게 세울 수 있는지 그 대안들을 제시해 주고 있다. 조국 교회의 현실을 어느 정도 아는 목회자들과 독자들이라면 본서에서 포효하듯이 지적하고 있는 내용들이 지나치다고 말하지 못할 것이다. 분명 21세기의 한국 교회는 곳곳에서 성경적 목회를 추구하는 목회자들과 교회들이 있음에도 불구하고, 전반적으로는 교회의 부흥만 아니라 회개와 갱신이 필요한 위기점에 있다는 생각이 든다. 당장에 사람 끌어모으기에 좋은 세속적 방법론을 이제는 내려놓고, 무너지지 않는 성경에서 말하는 방식으로 다시 돌아가야 할 때이다. 주님이 세우시고자 하는 참된 교회, 결국에는 음부의 권세가 이기지 못하고 승리하게 될 교회의 특징이 무엇이며, 어떻게 우리가 말씀에 순종하여 그런 교회를 경험하게 될 수 있는지 고민하는 목회자들과 신학도들, 그리고 교인들에게 본서의 정독을 권하는 바이다. 칼빈, 청교도들, 그리고 조지 휫필드의 맥락 속에서 활동해 오신 서창원 교수님의 교회를 위한 사자후(獅子吼)를 통해 각성과 재다짐의 기회가 될 수 있기를 소망해 본다.

▎이상웅 _ 총신대학교 신학대학원 조직신학 교수

　　열심 있는 서창원 목사님의 '교회에 대한 책' 출간에 감사합니다. 언제나 열심 있는 서창원 목사님께서 또 열심을 내셔서 교회에 대한 책을 써 주셨습니다. 얼마 전 필리핀에 가서 영어로 필리핀 지체들을 섬기시면서 이 책 쓸 것을 구상하고 쓰셨다고 하니 서 목사님께서 얼마나 부지런하신가 하는 것이 잘 드러납니다. 은퇴하신 후에도 세계 곳곳을 다니시면서 자비량으로 선교사들의 사역을 돕는 일을 하시면서 또 이런 책도 쓰시

니, 정말 왕성히 활동하시는 서 목사님의 모습을 잘 느끼게 합니다. 이런 열심이 서 목사님의 큰 특징의 하나입니다.

둘째는, 이 책에 잘 나타나 있듯이 성경이 말하는 그런 교회가 이 땅에 나타나기를 바라는 목사님의 마음이 서 목사님의 특징입니다. 이 책의 제목은 의도적인 아이러니(irony)를 잘 사용한 것입니다. 기본적으로 "교회는 물리적 이익 추구 집단이 아니다."라는 것을 생각하며, 따라서 이 세상 안목으로 볼 때 교회는 망할 수밖에 없다는 것을 분명히 하면서, 따라서 (1) 이 세상적 관점에서 망하지 않는 교회를 추구하는 것은 잘못이라는 것을 강하게 드러내면서, 그러나 (2) 교회의 주인이시며 교회를 세우시고 통치하시는 교회의 머리이신 그리스도의 관점에서는 "음부의 권세가 교회를 결코 이길 수 없다."는 것을 믿고 주님을 신뢰하는 뜻에서 "나는 망하는 교회를 세운다"는 역설적인 표현이 나온 것입니다. 그 아이러니(irony)와 역설(paradox)을 제대로 생각해야 이 책의 제목과 이 책의 내용을 제대로 이해할 수 있습니다.

그러므로 다음 몇 가지를 분명히 합시다. 이 세상적 관점에서 망하지 않는 교회, 세상 사람들이 보기에 좋고 멋있는 교회를 세우려고 하는 것은 교회의 머리되시는 주님의 뜻에 반역하는 것입니다. 그런데 이 세상에는 그런 추구가 얼마나 많은지요? 그런 생각이 나타날 때마다 우리는 자신들이 교회의 왕이신 동시에 온 세상의 왕이신 그리스도에 대해 반역을 도모하고 있다는 것을 분명히 해야 합니다. 서 목사님께서는 한편으로 이것을 강하게 말하고 싶은 것입니다.

다시 강조합니다. 세상 관점에서 흥하는 교회, 세상 관점에서 잘 되는 교회, 세상 관점에서 멋있는 교회를 일소(一掃)하려고 해야 합니다. 이 세상 관점에서 우리는 과연 망하는 교회여야 합니다. 반드시 그래야 합니다. 이것을 강조하시는 서 목사님의 용기가 대단합니다.

그러나 하나님의 관점에서 교회는 망하지 않습니다. 아주 극단적으로 말하면, 한 교회 성도가 다 순교당하면 그 교회는 세상 관점에서 망한 것처럼 보일 수 있습니다. 다시 말하지만, 세상 관점에서는 우리는 망하는 교회여야 합니다. 그러나 그런 교회는 하나님 면전에 살아 있고 참으로 생명력을 가진 교회라고 우리는 믿습니다. 그것을 참으로 생동력 있게 해야 합니다.

그런데 문제는 우리들이 이 두 가지 관점을 교묘하게 섞으려고 한다는 데 있습니다. 그래서 하나님 보시기에 살아 있음을 강조하는 것처럼 하면서 은밀하게 또 다른 내면으로는 세상적 관점에서 멋있는 교회를 추구하려고 합니다. 이것이 가장 위험한 일이요, 교묘한 반역 행위입니다. 이 문제의 심각성을 다들 이해하면 좋겠습니다. 서 목사님의 책 제목을 잘못 들으면 그렇게 오해할 수 있습니다. 세상 관점에서 망하는 교회이지만, 하나님이 함께하시니 우리는 세상 관점에서 부흥하는 교회입니다. 그것이 교묘한 반역입니다. 이것은 잘못 이해하려고 하는 것입니다. 그러니 오해지요.

성경을 따라서 우리가 말하고자 하는 것은 (1) 세상 관점에서는 망하는 교회의 모습이 나타나야 한다는 것입니다. (2) 그런데 주께서 우리를 주관하시고, 인도하시니, 우리가 비록 세상에서는 없어지는 것 같으나 우리들 교회는 하나님 앞에 진정으로 산 교회여야 한다는 것입니다. 서 목사님께서 서문 마지막에 하신 "오직 그리스도, 오직 하나님께 영광!"이라는 말이 진심이듯이, 우리들의 교회 섬김도 그런 특성을 드러내야 한다. 오직 하나님께만 영광이 되고, 우리들은 전혀 중용시 되지 않는 그것이 참 교회로 있는 길입니다. 하나님께 영광, 그리고 우리들에게도 유익을 의도하는 교묘한 반역의 시도가 사라져 버리기 바라는 서 목사님의 의도가 잘 전달되었으면 한다.

마지막으로, 인쇄된 책이라는 성격상 서 목사님 특유의 사자후가 나타나 있지 않으나, 이 책을 읽는 사람들 모두가 이전에 들었던 서 목사님의 설교를 생각하면서 책을 읽으면서 (실제 귀에는 들이지 않는, 그러나 널리 울려 퍼지는) 그런 사자후를 같이 들었으면 합니다. 그러면 우리는 서 목사님과 함께 정말 주께서 세우시며, 지금도 통치하시는 교회의 일원으로 있게 되고, 그런 교회의 일원으로 사는 일을 참으로 영광스럽게 느끼면 생동력 있게 살게 될 것입니다.

부디 주께서 이 책을 의미 있게 사용해 주시기를 바라면서, 한국 그리스도인들에게 이 책을 추천하는 바입니다.

❚ **이승구** _ 합동신학대학원대학교 조직신학 교수

이 책은 일생 학자이면서도 목회를 마다하지 않았던 실천적 신학자이자 청교도 전문가인 서창원 교수가 무너지는 한국 교회를 보면서, 안타까운 마음에서 쓴 충정어린 글이다. 먼저 선지자적인 예리함으로 교회의 문제를 진단하고, 다음으로 제사장의 모습으로 교회를 살리기 위한 처방을 동원한다. 17세기 독일 경건주의의 기획서인 슈페너(J. Spener)의 '피아 데지데리아'(경건한 요망, 1675년)를 떠오르게 한다. 독일 경건주의가 17세기 무너져내리는 교회를 다시 살려냈던 것처럼, 이 책이 어려운 한국 교회에 새로운 소망을 불러일으키는 역서이길 기대하며, 기꺼이 일독을 권한다. 너도나도 무너지는 교회를 살리는 주의 일꾼들이 되길 기원한다.

❚ **주도홍** _ 전 백석대 부총장, 역사신학 교수

＊

　서창원 목사를 생각할 때마다 과거 교회사가 유세비우스가 이그나티우스(Ignatius, 35–110)를 두고 이른 '데오포루스'(Theophorus, 하나님을 지닌 자)라는 말이 떠오른다. 그의 머릿속에는 오직 하나님밖에 없다. 입을 열면 오직 예수요 십자가요 교회 걱정이다. 그는 첫째, 열정적인 그리스도인이다. 그의 인생은 뜨겁다. 지금도 가슴이 뜨거워 식을 줄 모른다. 이 열정이 없었다면 8년에 걸친 영국 유학 생활이 어찌 가능했겠으며, 30대 젊은 나이에 한국개혁주의 설교연구원을 설립할 시도를 했겠는가. 무엇보다 그의 열정은 지금까지 손수 펴낸 저술 작품들에 고스란히 드러난다. 《개혁교회는 무엇을 믿는가?》, 《신앙은 삶이다》, 《한국의 교회 위기, 성경에서 답을 찾다!》 등은 제목부터가 도전적이다. 《죽어서도 말하는 언약도들》에선 피가 묻어난다. 윌리엄 커닝햄의 역사신학 4권을 번역할 때 그는 그 한여름을 오롯이 연구실 책상에 묶여 있었다.

　다음으로 그는 확고한 기준을 가진 그리스도인이다. 그는 누구보다 개혁주의자이다. 그는 하나님의 주권 아래에서 모든 신학과 신앙을 논한다. 그의 설교에는 해오름 같은 용솟음과 함께 항상 하나의 방향을 가리킨다. 미국 RTS의 존 프레임(John M. Frame)은 거듭난 그리스도인에게 주어진 두 가지 특징을 '기준과 자율성'이라 했는데 서창원이 가진 그 기준은 늘 성경이요 개혁주의 교리이다. 이것을 근거로 그는 모든 상황을 판단하고 평가하고 결정한다. 정치적으로도 같은 입장을 가진다.

　무엇보다 저자는 다른 이들에게서 들을 수 없는 현실적인 해법을 가지고 있다는 점에서 높은 평점을 받는다. 그는 사상누각 위로 흐르는 구름 이야기로 끝내지 않는다. 그는 이론보다 실천을 강조한다. 목회직 30년 비법(know-how)이 그의 머리와 가슴에 그리고 사역의 현장에 그대로 쏟아껴 내린다.

여기 소개하는 《쇠하는 교회, 흥하는 교회》, '무너지는 교회 바로 세우기'라는 부제의 신작은 지금까지 펴낸 저서 중 가장 도전적이고 역설적이며 가장 실체적인 해법을 담은 새로운 교회론이다. 조직신학적 교회론이 아니라 역사신학이 깃든 실천신학적 교회론이다. 그는 먼저 '참 예배'의 5요소(찬송, 기도, 말씀선포, 헌금, 성례)를 거론한다. 이것이 그가 예배에 대해 가진 확고한 기준이다. 다음으로 '쇠하는 교회의 특징들'을 나열한다. 그가 진단하는 한국 교회의 현실은 뼈가 아프다. 교회는 '진리의 기둥과 터'(딤전 3:14-16)이므로 모든 성도는 이 진리를 배우고 익히고 터득하여 장성한 믿음의 분량에 이르는 것이 최우선적인 과제이자 책무이다. 개혁주의는 여기서 교리교육을 전면에 내세운다. 그러나 한국의 교회는 이 기초교육에서부터 실패했다. 더불어 그는 이 책에서 기업의 경영을 일례로 들며 교회 직원이라는 불안정한 자리의 현주소를 여과없이 실토한다. 그는 한국의 교회가 '악순환의 고리'에 빠져 있다고 평한다. 누가 이 진단을 부정할 것인가.

한국 교회에 속한 자들이라면 한국 교회의 현실과 실태에 대해 모두 고심하고 머리를 맞대고 해결책을 찾아야 한다. 전문의들은 벌써 한국 교회가 중병에 걸렸다고 진단했다. 이제 병실에 누이고 치료해야 한다. 제발 한국 교회가 개교회주의 혹은 개교단주의의 틀에서 벗어나 '새로운 피조물', '공교회 정신'으로 무장하기를 고대한다. 이를 위해 함께 기도하고 함께 협력하고 함께 길을 찾아 나서 보자.

▎최더함 _ 바로선 개혁교회 담임목사. 마스터스세미너리 책임교수. 마스터스개혁파총회 이사장

어느 학자는 오늘날 세계화 속에서 종교와 문화가 서로 교류하고 확산되는 현상 가운데 '교배된 영성'이 한국 교회 내에 일어나고 열린 사고, 진리의 상대성, 인권 존중 등을 핑계로 기독교가 혼합되고 교배되어 이상한 기독교가 되어가고 있다고 지적하면서 "유럽 교회는 몰락했고, 미국 교회는 몰락해 가는 중이고, 한국의 교회는 몰락하기 시작했다"는 어느 목회자의 글을 그의 책에 인용했다.

　"한국의 교회가 몰락하기 시작했다"는 가슴 아리게 하는 소리가 많은 목회자와 평신도 사이에서 회자(膾炙)되는 현실에서 몰락해 가는 한국 교회를 다시 진리의 바른 터 위에서 부흥하는 교회로 세우고자 하는 간절한 열망과 함께 문제점이 무엇인가를 파악하고, 성경적이고 교리적인 방향을 제시하는 실천적 교회론을 담은 저술이 출간되어 무척 기쁘게 생각한다. "쇠하는 교회, 흥하는 교회", 부제로 '무너지는 교회 바로 세우기'라는 주제로 글을 쓴 서창원 교수는 한국 교회뿐만 아니라 선교 현장에서 보고 느낀 경험을 토대로 현실의 교회들을 진단하면서 성경의 진리 위에 세워진 한국 교회가 한 세기 반을 보낸 시점에서 몰락해 가기 시작한 현실을 보며 안타까워 견딜 수 없는 심정으로 한국 교회의 문제점들을 진단했다.

　그는 교회는 세상이 무너뜨릴 수 없는 그리스도 안에서 구속받은 영원한 생명의 공동체임을 믿는다. 그러면서도 무너져 가는 현실의 교회가 당면한 문제점을 냉철하게 성찰하면서 교회를 다시 일으켜 세워야 한다는 열망을 담아 성경적 교회론을 목회론적으로 정립한 글을 세상에 내놓게 되었다. 오늘날 한국 교회 지도자들이 주님이 친히 세우신 교회, 주의 이름과 영광을 드러내야 하는 교회, 그리스도에 관한 진리를 바르게 선포하는 교회로 세우기 위해 주님의 부르심에 순종하며, 고난과 희생을 무릅쓰고 헤쳐가야 할 방향을 제시하고 다시금 교회를 일으켜 세우려는 목적으로 이 책을 집필했다. 이 책 전체의 내용은 다섯 장으로 구성되어 있다.

　서창원 교수는 제1장에서 '교회란 무엇인가?', '누가, 왜 교회를 세웠는가?', '교회는 어떻게 세워졌는가?'란 질문에 대하여 실천신학적 관점에서 답변을 제시한다. 저자는 그리스도에 관한 참된 진리를 선포하는 교회는 영원히 무너지지 않는다는 확고한 관점에서 교회론적 토대를 세운다. 제2장에서 저자는 하나님이 기뻐하시는 참된 예배, 실천적 목회를 위한 교육과 훈련의 필요성을 제시하는 반면 성장 지향적인 마켓팅적 교회론의 문제점 등에 대한 많은 내용을 지적하고 있다. 서창원 교수는 참된 복음이 증거되지 않는 교회, 성령의 역사가 일어나지 않는 교회, 현실적 이익만을 추구하는 교회의 문제점들을 지적하면서 복음 진리 안에서 성령의 강력한 역사와 함께 흥왕하는 교회가 세워지기를 열망하며 다시 일으켜 세울 방향을 제시한다. 제3장에서는 교회가 세우는 직분과 보양(保養)의 원리를 제시한다. 교회를 바르게 세우고 섬기기 위해서 소명 받은 자들에게는 직분과 직책에 따라 헌신과 희생이 뒤따라야 함을 강조한 것이다. 제4장에서 저자는 그리스도의 교회는 이 세상 가운데서 교회의 특성인 거룩성을 회복하여 세상에 본이 되어야만 한다는 점을 강조한다. 교회의 거룩성은 세상에서 진리의 빛을 드러내는 순결성이면서 든든하게 세우는 능력이다.

　마지막 5장에서 저자는 무너져 가는 교회를 다시 일으켜 세울 희망적 대안을 제시한다. 그 대안이 무엇인가? 대안을 위한 강조점은 복음 사역을 위해 부르심을 받은 목회자들을 향하고 있다. 먼저 모든 목회자는 하나님의 말씀에 능한 영적 전문가들이 되어야 하며, 영혼들을 붙들고 끊임없이 하나님께 울부짖어야 하는 기도의 필요성을 언급하고 신자들로부터 칭찬받고 대접받기 좋아하는 마음과 태도를 버려야 함을 강하게 요청한다. 결론에서 서창원 교수는 세상과 열애하면서 하나님의 교회를 향한 사랑과 열정이 식어버린 교회 안에서 더 이상 교회가 무너져 가는 것을 관망하는 방관자들이 아니라 교회를 다시 일으켜 세우는 '세우미'로 그리고 '섬기미'로 살아갈 것을 간곡히 요청한다.

서창원 교수께서 세상에 내놓은 이 책은 한국의 교회 목회자들과 성도들이 반드시 읽어야 하는 이 시대의 교회가 나아갈 방향을 제시하는 책이다. 이 책에서 한국의 교회가 당면한 문제점들이 무엇인가를 진단하고, 누가, 어떻게 풀어가야 할 것인가를 논의하고 하나님께 그 방향을 물으면서 만나는 자들에게 복음을 전하고, 밤을 지새우며 울부짖어 기도하고, 뜨거운 가슴으로 교회를 섬겼던 그 '섬기미'와 '세우미'로 다시 돌아와야 한다. 이 실천적 교회론과 목회론이 교회 안에서 확고하게 세워지고, 그 섬김의 열정이 다시 불일 듯 일어날 때 한국 교회는 다시 주님의 손에 붙잡혀 열방을 향한 선교하는 교회로 크게 쓰임 받게 될 것이다. 한국 교회 목회자들과 성도들이 이 책을 읽고, 교회를 다시 일으켜 세우는 '세우미'와 '섬기미'가 되기를 바라며, 강하게 추천한다.

❙ 황봉환 _ 전 대신대 신대원장 및 부총장

목차

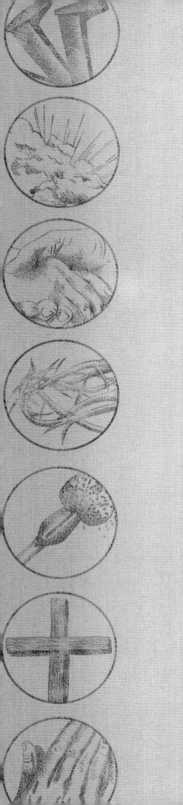

서문

　《쇠하는 교회, 흥하는 교회》라는 책을 쓰면서 지나치게 비판적이지 않느냐는 소리를 들었다. 우리가 부르는 다음과 같은 찬송가와 모순되는 것이 아니냐는 의문도 제기될 수 있다. "시온성과 같은 교회 그의 영광 한없다. 허락하신 말씀대로 주가 친히 세웠다. 반석 위에 세운 교회 흔들 자가 누구랴 모든 원수 에워싸도 아무 근심 없도다."

　독자들이 오해하지 않기를 바란다. 나는 주님이 세운 교회가 영원한 교회임을 믿는다. 누구도 무너뜨릴 수 없다. 세상 모든 원수가 다 둘러싸도 교회를 무너뜨릴 수 없다. 그 교회의 일원임이 얼마나 감격스러운 일인가! 그런데도 교회가 무너지고 있고 망해가고 있다. 내가 말하는 교회는 우리가 섬기는 눈에 보이는 교회(가시적)를 의미하지, 보이지 않는 교회(비가시적)를 말하는 것이 아니다. 눈에 보이는 교회는 시공간의 제한을 받는 우리가 속한 교회이다. 물론 참 신자들은 비가시적 교회에도 속한 자들이지만 그 비가시적 교회 식구들만 모여있는 교회를 섬기는 것이 아니다. 가시적 교회 안에는 가라지와 알곡이 함께 존재한다. 그런 교회는 우리 눈에서 사라지기도 하며 주님이 다시 오실 때까지 남아 있을 수도 있다. 교회의 운명은 전적으로 주님의 소관이지만 그 교회 회원들에 의해서 지속되기도

하고 단명할 수도 있다. 본 책은 단명할 교회를 섬기는 '섬기미'가 될 것인지 지속될 교회를 세우는 '세우미'가 될 것인지를 점검하는 교회론이다. 물론 조직신학적으로 학문성 깊게 다루는 교회론이 아니라 실제 목회 현장에서 구현되기를 갈망하는 실천신학적 교회론이라고 볼 수 있다.

본 책의 목적은 성경적 교회론이 무엇인지를 목회적으로 정립하는 것이다. 그리고 교회의 머리이신 그리스도와 그의 몸에 붙은 지체와의 관계 및 지체들의 참 기능이 무엇인지 실천신학적 이해를 깊이 가지게 하는 것이다. 또 나를 길러주고 세워준 우리나라 교회가 주님의 참 교회로 길이길이 빛나게 되기를 갈망함이다. 본 책을 쓰면서 가장 많이 생각한 것이 비판하지 말라는 주님의 말씀이었다. 주님은 비판을 받지 않으려거든 비판하지 말라고 권하신다. 정죄에 가까운 비판은 피해야 한다. 내 눈에 있는 들보를 보지 못하고 남의 눈에 있는 티만 보고 이러쿵저러쿵 말하는 꼴불견이 되고 싶지 않다. 그러나 판단까지도 포기할 이유는 없다. 옳고 그름을 판단하고 참과 거짓을 분별하는 지혜는 언제나 필요하다. 그게 참 선지자의 길이지 않을까? 그래서 본 책을 다소 충격적인 제목으로 써나갔다.

비판과 판단의 기준은 서로 다를까? 전자는 선입관에 입각한 내 중심이 더 강하고 후자는 객관성을 더 띠는 것이다. 비판은 편견과 편협적 사고에 기반한 조롱을 수반하나 판단은 확실한 보편적 근거를 가진 진단과 애정 섞인 권면이 따른다. 특정인에 대한 비판적 성격은 갈라섬이 크게 작용한다. 그러나 판단은 허용적인 포용은 되나 자리를 함께하는 것은 피한다. 비판은 비판자의 우월성 과시가 포함될 가능성이 짙다. 그에 비해 판단은 공의와 공정과 상식선에서 끝난다.

성전에 함께 기도하러 들어간 바리새인과 세리의 차이는 비판과 판단으로 귀결할 수 있을 것이다. 바리새인은 세리와 같지 않음을 으스댔다. 자신이 얼마나 의로운 존재인지, 반듯한 인물인지, 종교적 위상이 적지 않음을 과시했다. 반면에 세리는 자신을 판단했다. 무가치한 존재로 인식했다. 그렇다고 해도 그는 바리새인과 같지 않음을 부끄럽게 여기지 않았다. 다만 하나님 앞에서 죄인임을 고백했고 긍휼과 자비를 원했다. 바리새인의 기도는 거절되었고 세리의 기도는 상달되었다.

비판적 입장은 진단에만 머물 수 있다. 그러나 판단은 진단에 이어 처방전도 내놓는다. 선지자의 역할과 제사장의 역할은 분명 다르다. 전자는 진단과 처방이 함께 오지만 후자는 묻지마 대안일 뿐이다. 전자의 열매는 돌이킴을 기대하는 경고이지만 후자의 열매는 반복적인 죄에 머물 가능성이 크다. 한국의 교회에 대한 비판적 소리가 많다. 본 책도 그 범주에 속한다고 본다. 그러나 이 책은 애정이 빠진 정죄를 담고 있다고 생각하지 않지만, 비판의 소리가 무조건 나쁘다고 단정할 수는 없다. 그들의 말도 나름 조국의 교회가 바르게 세워지기를 갈망해서 나오는 충정의 발로로 볼 수 있다. 한국 교회에 관한 판단은 침묵으로 해결될 수 있는 것이 아니다. 묵묵히 성경에 충실한 메시지를 전달한다고 할 때 그 자체가 이미 진단에 이은 처방이다. 비판적 소리를 내지 않는 것은 사람들의 불쾌한 반응을 보거나 듣고 싶지 않아서 그럴 수 있다. 사람들의 악플을 감당할 용기가 없는 것이다. 특히 사람의 마음에 깊이 뿌리박힌 죄성의 교묘한 활약을 이해하지 못하면 듣기 좋은 소리의 나팔수로 남을 수밖에 없을 것이다.

대안이 없는 비판은 피해야 하나 대안과 함께 내리는 판단은 성경과 공인된 신앙고백서를 근거로 하여 방향 전환과 실천적 개혁을 촉구하는 일이다. 누구도 정죄할 권리는 없다. 그러나 판단할 능력은 길러야 한다. 가짜 뉴스가 판을 치듯 가짜 선지자나 제사장도 활보하는 시대이기 때문이다. 선지자 예레미야의 시대를 보라. 지금은 얼마나 다를까? 비판을 받지 않을 만큼 완벽한 교회는 없기에 정확한 진단과 처방에 이은 올바른 판단은 시대적 사명이다. 영적 싸움을 포기한 교회나 성도는 더 이상 교회 혹은 참 신자라고 말할 수 없을 것이다. 왜냐하면 우리는 항상 영적 전쟁 중에 살고 있어서 피아(彼我, 적군과 아군)를 분명히 구분할 수 있어야 한다. 그렇지 않으면 적과 동거하면서 하나님 나라를 위한다고 말하는 모순을 짊어지고 사는 것과 같다.

비판하는 소리도 듣자. 그리고 옳게 판단하자. 목사는 영혼의 의사이다. 진단과 처방은 의사의 책임이나 수용은 환자의 선택이다. 환자를 살리기 위한 의사의 노력은 포기해서는 안 된다. 옳은 길로 인도할 책임 있는 자들은 침묵하지 말고 다 일어서 외치자. 경고와 채찍이 없는 소망은 무의미한 것이다. 부패와 타락과 배교의 현장에서 심판의 메시지가 있는 것은 회개하고 돌이킴만이 유일한 소망임을 들려주는 일이다. 그러나 듣지 않고 여전히 평강이로다 평강이로다 하는 자들은 칼과 기근과 염병의 격렬한 심판의 물살에 떠내려가고 말 것이다. 그때는 구조선을 띄울 기회조차도 없다. 지금 겸손히 엎드리자. 우리 죄짐을 다 지시고 십자가상에서 하나님의 진노를 물러가게 하신 그리스도 복음의 약속을 굳게 신뢰하자. 그만이 길이요 진리요 생명이기 때문이다. Have mercy on us, Oh Lord!

끝으로 지난 42년간 함께 살면서 항상 조언과 격려와 위로를 심어준 사랑하는 아내에게 이 책을 바친다. 세 명의 자녀(동윤, 지혜, 주은) 그리고 아홉 명의 손주에게도(이삭, 이안, 이준, 빌리, 앤디, 하정, 하영, 서진, 우진) 교회 '세우미'로 복되게 쓰임 받기를 기도하며 감사한 마음을 표한다. 또한 부족한 사람의 책을 읽고 귀한 추천의 글을 써주신 교수님들과 목사님들께 깊은 감사를 드린다.

주후 2023년 10월 창동 서재실에서

들어가는 말

모든 경제 활동은 이익 창출을 추구한다. 주식을 사고파는 자들, 공장을 운영하는 자들, 심지어 구멍가게를 하든 날품팔이를 하든 거래하는 이들의 기대는 수고와 땀 흘린 만큼의 보상과 그 이상이다. 일확천금을 꿈꾸는 도박꾼도 있지만 일반적으로 주가 상승에 이은 배당금을 바라지 않는 투자자나 이익을 기대하지 않는 노동자는 아무도 없다. 이를 위해서 전망이 좋다든지 실적이 뛰어난 회사를 찾아 투자한다. 취직도 흑자 기업이라면 마다할 자가 없을 것이다. 회사가 망할 것을 알면서도 투자하는 자는 제 무덤을 스스로 파는 자이다. 망할 기미가 조금이라도 보인다면 자금 이탈 현상은 급속도로 이루어지고 직원들도 회사를 떠나게 되며 결국 그 회사는 문을 닫게 된다. 이것은 경제에 대해서 모르는 나 같은 사람도 다 아는 초보적 상식이다.

이익 창출에 대한 기대는 인간의 본능적 욕구이다. 농부가 씨를 뿌리고 부지런히 가꾸는 것은 수확의 희열이 있음을 알기 때문이다. 심지어 공산주의 국가 시절 헝가리에서 일어난 예가 그 증거이다. 자기 집 앞마당에 심은 과일나무에 달린 열매까지 당국이 거둬가니 아예 나무 자체를 잘라버린 사건이 있었다. 내가 부지런히 땀 흘려

가꿨는데 내 집 마당에서 딴 열매조차 내가 맘대로 처분할 수 없는 상황은 일할 의욕을 꺾어버리고 내가 못 먹는 감, 남도 먹지 말라는 결과를 낳는다. 망해가는 줄 모르고 있다가 기업의 가치가 떨어지고 있음을 발견하면 금방 손절하고자 한다. 그래도 상승할 기회가 있지 않을까 하는 기대감 때문에 주저주저하다가 결국은 회사도 투자자도 한꺼번에 주저앉는 안타까운 사연들도 쌓인다. 이익을 얻고자 하는 욕구 충족 실패이다. 안전한 투자처를 찾는 심리를 이용하는 사기꾼에게 걸려서 망연자실하는 사태도 종종 발생한다. 그러기에 투자하기 전에 세심한 주위를 살피며 돌다리도 두들겨 보며 건너고자 함이 일반상식이다.

교회는 어떨까? 물론 교회는 물리적 이익 추구 집단이 아니다. 그러나 영적 유익과 혜택을 추구한다. 그런 교회가 무너질 것 같다는 생각을 해 본 사람은 거의 없을 것이다. 더구나 교회는 세계 3대 종교로서 가장 큰 집단으로 여전히 존재한다. 물론 개척교회가 세워졌다가 문을 닫는 경우도 적지 않게 존재한다. 그렇다면 자립교회는 건재할까? 진지하게 생각해 보자. 무너질 가능성이 없다고? 우리 교회가? 그러면 우리 교회는 흥하는 교회일까? 수적 성장은 더뎌도 쇠할 일은 없지 않나? 주님이 계신데. 맞는 말이다. 당연히 주님의 교회는 영원하다. 그것은 거짓을 말할 수 없으신 주님이 세우신 교회이고 세상 끝날까지 함께하시겠다는 주님의 약속이다. 적어도 교회의 주인이신 우리 주 예수 그리스도께서 영원히 살아계시는 한, 음부의 권세는 교회를 결코 이길 수 없다. 그것은 교회를 세우신 주님 편에서는 누구도 부정할 수 없는 사실이다. 그런 교회에 속해 있다는 것 자체가 세상 무엇과도 바꿀 수 없는 보배이다.

그래도 무너지는 교회는 존재한다. 교회가 무너지다니 무슨 헛소리냐고 반문할지 모르겠다. 교회의 구성원인 인간 편에서 과연 눈에 보이는 교회가 쇠하지 않는다고 단언할 수 있는가? 자진 폐업이든 강제 폐업이든 문을 닫는다는 것은 망했다는 증거이다. 지상에 있는 어느 교회도 우리 교회는 흥하는 교회, 무너질 리가 전혀 없는 교회라고 단정할 수 없다. 왜 그러한가? 단순히 무너질 리 없는 교회라는 믿음으로 다닐 뿐이다. 무너지는 교회인지 어떻게 판단하는가? 그걸 안다면 그런 교회에 계속 다닐 의미가 있을까? 이윤 창출 쪽에서 보면 당연히 멈춰야 한다. 그러나 교회를 섣불리 망하는 교회라고, 혹은 흥하는 교회라고 확언하기가 쉽지 않다. 그래서 본 글을 준비했다. 필리핀 선교지에서 정말 부지런히 말씀을 전하고 교리를 가르치면서 청중의 반응과 현지 지도자들의 모습을 바라보았다. 그때 '이들은 왜 쇠하는 교회를 섬기고 있을까?'라는 생각이 들었다. 선교사들이 쏟은 열정이 얼마나 많고, 한국의 교회에서 기도하고 후원한 것이 얼마나 되는데 교회가 무너지다니 말이 되는 소리인가? 내 스스로 책망하며 이 교회는 전혀 무너지지 않을 거라고 다독인다. 그래도 그 생각이 떠나지 않았다. 무서워졌다. 지혜가 부족하고 한없이 미천한 내 편에서 곰곰이 들여다보아도 흥하는 교회라기보다는 무너지는 교회라는 생각이 훨씬 더 무거웠다.

가만히 우리나라 교회들을 생각해 보았다. 오래전부터 교회가 이

대로는 안 된다는 소리가 곳곳에서 터졌으며 나 역시 그중 한 사람이었다. 우리나라 교회들도 공정한 잣대와 교회라는 상식적 이해로 판단할 때 상당수가 무너지는 소리를 내고 있다는 생각이 떠나지 않았다. 이를 어떻게 하나? 방법이 없을까? 고민하는 이 문제를 독자들과 함께 나눠보고자 생각을 적었다. 그러나 조금 전에도 말했듯이 주님의 교회는 망하지 않는다. 주님의 나라가 영원한 나라이기 때문이다. 그래서 우리의 현실을 생각하며 주님의 영원한 나라에 속한 자로서 본 책의 제목을 "쇠하는 교회, 흥하는 교회", 부제로 "무너지는 교회 바로 세우기"로 잡았다. 말도 안 되는 소리처럼 들린다. 처음부터 무너지는 교회를 세우려는 자가 누가 있는가? 얼핏 생각하면 그렇게 해석할 여지가 있다. 그러나 이 제목은 교회가 무너진다는 사실과 반대로 주님의 영원한 교회를 세워간다는 말을 합성한 문장이다. 현실적으로 망하는 교회를 섬기는 자도 확실한 그리스도인이라면 흥하는 교회를 세우는 자가 되어야 함을 역설적으로 표현한 것이다.

나는 우리가 다 흥하는 교회를 세워 가는 자가 되기를 간절히 소망한다. 이 글을 통해서 쇠하는 교회가 흥하는 교회로, 하나님의 영광이 떠난 교회가 그의 임재하심이 길이길이 넘치는 가장 복되고 소망이 가득한 교회로 변화되는 새로운 역사를 갈망한다. 심지어 무너지는 교회를 섬기고 있는 줄도 모르고 헌신을 아끼지 않았던 자들이 정신을 차리고 흥하는 교회를 세우는 일에 충성하는 복된 자들로 변화되기를 꿈꾼다. 어떤 결과를 낳든 이 책을 통해서 오직 영원하신 하나님께만 영광이 되고 세상 나라는 망해도 이 세상에 속하지 않은 영원한 주님의 나라가 영원토록 빛나는 역사에 작으나마 이바지할 수 있게 되기를 기대한다. 본 책은 먼저 교회가 무엇인지를 소개하고 이어서 망하는 교회의 특성을 빗대어 흥하는 교회 세우기에 이바지하는 성도들이 되기를 촉구하고자 한다. 오직 그리스도, 오직 하나님께 영광!

01

———

우리 교회 안녕한가?

"내가 이 반석 위에 내 교회를 세우리니 음부의 권세가 이기지 못하리라"(마 16:18)

교회란 무엇인가? 교회는 누가, 왜 세웠는가? 교회는 어떻게 해서 세워졌는가? 이러한 질문들은 교회를 다니는 사람들이라면 한번쯤은 가졌던 질문들이었을 것이다. 그리고 다른 사람들에 의해서 자주 받는 질문들이기도 하다. 정확한 답변은 늘 되씹어 보아야 할 사항들이기도 하다. 길을 잃었을 때는 원칙으로 돌아가는 것이 가장 큰 해법이다. 교회가 쇠한다는 말이 떠도는 것은 오늘날 교회에서 발견되는 각양각색의 혼란과 문제들 때문이기에 사실 교회가 무엇인지에 대한 기본적인 가르침을 되새겨야 한다. 설사 잘 배웠다고 하더라도 교회가 왜 존재해야 하는지, 교회가 하는 가장 중요한 기능이 무엇인지를 정확하게 환기하는 것이 현재 우리가 처한 교회의 현주소를 파악하는 지름길이다. 나는 예수 그리스도를 믿는 성도로서 성경이 우리에게 알려주고 있는 교회론에 대한 기본적인 가르침이 무엇인지를 함께 살펴보며 되새김질하려고 한다. 시중에 교회에 관한 책들이 널려 있어서 지적 호기심을 충족할 만한 것을 얼마든지 찾을 수 있다. 본 책은 교회론에 관한 조직신학적, 학문적 진술이 아니라 현재 우리가 출석하는 교회에 대한 영적 진단과 처방을 다루는 책이다. 물론 이론적 진술로도 충분히 진단과 처방도 가능하지만, 실천적 측면에서 독자들의 사고와 교회 지도자들의 인식을 새롭게 환기하려는 의도가 크다. 그런 의미에서 본 글을 읽으면서 독자 스스로 교회에 대한 분별력을 확고히 키워가기를 기대한다.

나중에도 더 살펴보겠지만 먼저 에베소서 5장에서 사도 바울은 교회의 신비로운 면을 남편과 아내의 관계를 통해서 설명한다. 특히 교회의 머리이신 그리스도와 교회와의 신비로운 관계를 아내에 대한 남편의 자세와 남편에 대한 아내의 자세를 비유로 들어 교회에 관한 탁월한 교훈을 준다. 이것은 교회가 어떻게 해서 시작되었는지를 엿보게 한다. 즉, 예수 그리스도께서 교회를 사랑하사 자기 몸을 내어주시기까지 한 희생적 대속의 사건을 통해서 비로소 이 땅에 교회가 세워진 것이다. 단지 지상에서 30여 년의 생애를 사시다가 하늘로 올라가신 예수님께서 남겨놓으신 유일한 위대한 작품으로서의 교회가 아니라 이 교회를 세우신 목적을 성취하는 것이 무엇인지를 분명히 제시하는 것이다.

교회에 대한 정의는 먼저 교회라는 용어에서 찾는다. 교회(에클레시아)라는 헬라어의 가장 보편적인 뜻은 '회집' 또는 '모임'이다. 성경의 용례에서 찾아지는 그 단어의 대표적인 뜻은 말 그대로 예수 그리스도의 구속 사역을 '믿는 자들의 모임'이다. 주 예수 그리스도를 믿어서 죄 사함을 받아 하나님의 자녀가 된 자들이 함께 모인 그 자체를 가리킨다. 그렇다면 그들이 언제, 어디서, 어떻게, 왜 모이며, 무엇을 하는지를 생각해 보는 것은 당연한 일이다.

교회란 앞에서도 언급했듯이 세상에서 구속받은 죄인들의 모임이다. 그들이 함께 모이는 것은 예수 그리스도의 십자가 복음에로의 초대에 응했기 때문이다. 그들은 교회의 주인이신 하나님의 아들 예수 그리스도의 이름으로 구원함을 받은 자들이다. 그 주님이 제자들을 부르시고 그들에게 만민에게 나가 복음을 전하라고 명령하셨다. 그 명령에 순종한 제자들에 의해서 전 세계로 복음이 전파되었고 그 전파된 복음을 듣고 구속의 은혜를 경험한 자들이 함께 모인 것이다. 죄인의 구원을 위해서 죽고자 이 세상에 오신 예수께서 자신의 공생애를 시작하신 것이 그의 육체적인 나이 30세였을 때였다. 그 이전에는 나사렛에서 육신의 아버지인 요셉과 함께 목수의 일을 하신 분이시다. 그가 목수로서 동네 사람들과 접하며 지내시는 동안 동네 사람들만이 아니라 심지어 예수님과 혈육관계인 동생들도 예수님이 누구인지 알아보지 못했다. 사람들은 그분이 그저 요셉과 마리아의 아들이요 목수라는 것만 알고 있을 뿐이었다.

그런데 이상한 것은 그의 나이 12살 때에 부모를 따라 예루살렘까지 와서 성전에서 율법 선생들을 만나 그들의 가르침을 듣기도 하고 묻기도 한 누가복음 2장 41절 이하에 나타난 장면이다. 그중에 47절에 보면 이런 말씀이 있다. **"듣는 자가 다 그 지혜와 대답을 기**

이히 여기더라." 기이히 여겼다는 헬라어의 뜻은 '놀라서 정신이 나가다' 혹은 '제정신을 잃었다'는 의미로서 12살 먹은 소년의 지혜와 대답에 주변 모든 사람이 기절할 정도로 깜짝 놀랐다는 것이다. 마리아와 요셉도 그 광경을 보고 놀랐다고 했다. 12살 때 이런 광경을 사람들이 목격하게 되었다면 그 이후로 목수로 일하면서 그의 비범함을 전혀 눈치채지 못했을까? 물론 아직 때가 이르지 아니하였기 때문에 철저하게 자신을 숨기신 삶이어서 모두가 알아볼 수 없었다고 하더라도 그래도 같은 또래의 아이들이 하는 장난 섞인 모습이라든지 혹은 놀이들을 통해서 그가 어떻게 죄를 하나도 짓지 아니하고 동네에서 사람들과 어울렸는지를 생각하면 반드시 일반 사람들과는 다른 무엇이 있었을 법도 하지 않은가? 그런데 그런 기록들이 전혀 없다. 예를 들어서 가구를 하나 만들어도 요셉보다 정확하고 빈틈이 없는, 또는 흠이 없는 가구를 만들었을 것이다. 그런데도 사람들은 그를 알아보지 못했다.

요한복음의 저자는 이렇게 말했다. **"참 빛 곧 세상에 와서 각 사람에게 비취는 빛이 있었나니 그가 세상에 계셨으며 세상은 그로 말미암아 지은 바 되었으되 세상이 그를 알지 못하였고 자기 땅에 오매 자기 백성이 영접하지 아니하였으나"**(요 1:9-11). 사람들은 그가 누구인지 전혀 알아보지 못했다. 서기관이나 제사장들은 그의 비범함을 접했을 때 자기 문하생으로 삼고자 요셉이나 마리아에게 간청했을 수도 있는데 전혀 그러지 않았다. 같은 동네에 살았어도 먼저 그를 알아보고 불러서 그의 제자가 되겠다고 나선 사람도 아무도 없었다. 예수께서 먼저 제자들을 부르시기 전까지는 누구도 그 밑에서 배우겠다고 나선 이가 없었다. 심지어 목수로서 탁월한 제품을 만드셨을 텐데 목수로서 그 기술을 익히겠다고 제자로 삼아달라고 애원한 흔적도 없었다. 그가 이 세상에 오심이 가구 기술이나 율법 전수에 있는 것이 아니기 때문이다. 그가 먼저 사람들을 부른 이유를 보라. 목적이 분명하다. 그들에게 예수님은 이렇게 말씀하셨다. **"너희가 나를 택한 것이 아니요 내가 너희를 택하여 세웠나니"**(요 15:16).

이것이 시사하는 중요한 교훈은 죄인의 구원을 완성하신 예수 그리스도께서 주도적으로 죄인을 불러 하나님의 자녀로 삼으시고 그들을 교회 구성원으로 삼으셨다는 것이다. 창조의 출발도 성삼위 하나님이시며 타락한 죄인 구원의 완성도 전적으로 성삼위 하나님의 일이다. 그 하나님께서 자기 피로 자기 교회를 세우신 것이다. 이 교회가 망할 리는 없다. 주님이 다시 오는 그날까지 지상에 교회가 존재할 것이요 그 이후로도 영원히 존재한다. 그러나 지상의 교회는 무너지고 있다. 이 역설적 상황을 어떻게 타개할 것인가? 이것이 이 책이 추구하는 방향이다.

주님의 부르심이 멈추지 않는 한 교회는 영원하나 그의 부르심이 그가 세우신 제자들을 통하여 확산하는 것이기에 예수의 복음 전파가 없는 교회는 무너지는 교회로 간주해도 된다. 우리 교회는 예수 그리스도의 복음으로 충만한가? 그 복음을 전하기 위하여 배우고 익히고 나누는 것이 분명한가? 예수 그리스도를 영접하여 하나님의 자녀가 된 성도들이 이 세상에서 빛과 소금의 사명을 수행하는 삶을 통해서 사람들이 주님에게로 부름을 받고 있는가? '일반적인 소명'에 해당하는 부름을 받았다고 해서 다 주님의 사람이 되는 것은 아니다. 일반적 소명 위에 구원 얻는 믿음을 가지게 하는 '효과적인 소명'이 필요하다. 그 소명은 예수 그리스도께서 승천하신 후에 자기를 믿고 따르는 모든 자에게 부어 주신 성령의 내적 역사하심을 통해서 완성된다. 소요리문답 29문에서 우리가 어떻게 그리스도의 값 주고 사신 구속에 참여하는 자가 되는가를 묻는 질문의 답은 이렇다. "성령께서 그 구속을 우리에게 효과적으로 적용하심으로 우리가 그리스도의 값 주고 사신 구속에 참여하는 자가 된다." 그러면서 그다음 "성령께서 어떻게 그리스도의 값 주고 사신 구속을 우리에게 적용하시는가?"라고 질문하고 이렇게 답한다. "성령께서 효과적인 부르심으로 우리 안에 믿음을 일으키시어 우리를 그리스도와 연합하게 하셔서 그리스도의 값 주고 사신 구속을 우리에게 적용하신다." 그렇다면 효과적인 부르심은 무엇인가? 그 질문에 대한 답은 이렇다. "효과적인 부르심이란 하나님의 영이 하시는 일로서, 우리의 죄와 비참함을 깨닫게 하시고 우리 마음을 밝게 하여 그리스도를 알게 하시며 우리의 의지를 새롭게 하심으로써 우리를 설득하여 복음 안에서 우리에게 값없이 주어진 예수 그리스도를 영접할 수 있게 하시는 일이다."

이렇게 성령의 효과적인 부르심을 통해서 주 예수 그리스도를 믿게 하시고 영접하게 하여 하나님의 자녀가 된 사람들의 모임이 교회이다. 마태복음 16장은 예수님에 대한 제자들의 생각이 어떤지를 묻고 답하시는 장면이 묘사되어 있다. 우리가 잘 아는 대로 베드로가 나서서 한 유명한 대답은 **"주는 그리스도시요 살아계신 하나님의 아들이니이다"**였다. 그 답변을 통해서 예수님께서 하신 말씀이 곧 **"내가 이 반석 위에 내 교회를 세우리니 음부의 권세가 이기지 못하리라"**(마 16:18)는 말씀이다. 여기서 분명한 것은 교회가 소위 사람들이 말하는 건물이 아니라 신앙공동체를 의미한다는 사실이다. 벽돌로 지었든지, 나무로 만들었든지 혹은 대리석으로 지은 것이든지 그 자체가 교회가 아니라 주 예수 그리스도를 구주로 믿는다고 고백하는 참 신자들의 모임이 교회이다. 이 교회를 흔히 지상에서 사람들의 눈에 보이는 교회를 뜻하는 '유형 교회'와 보이지 아니하는 신자들의 모임인 '무형 교회'로 나눈다. 그러나 전자는 불행하게도 그 안에 알곡만이 있는 것이 아니라 가라지도 존재한다. 그래서 무너지는 교회라고도 할 수 있다. 그러나 무형 교회는 오직 그리스도의 피로 값 주고 산 자들로만 구성되어 있다. 이 교회만 영원한 교회이다. 예수의 구속사역은 영구적으로 유효하다. 예수의 십자가 죽음은 두 번 다시 일어날 사건이 아니다. 어느 특정 종교에서 주장하는 것처럼 선지자로서 예수가 다 이루지 못한 것을 자기가 다 성취했다고 말하는 것은 단번에 영원히 성취하신 그의 구속 사역을 모독하는 일이다.

문제는 유형교회 안에는 가짜들이 존재한다는 사실이다. 알곡과 가라지가 추수하는 날까지 공존하듯이 그리스도의 대심판 날까지는 참믿음의 사람들과 유사 그리스도인들 및 불신자들이 뒤섞여 존재한다. 그러나 산 자와 죽은 자를 심판하시는 그날, 즉 추수할 그날에는 가라지와 알곡은 확연히 구분될 것이다. 전자에 속한 가라지는 망할 것이요 구속함을 받은 거룩한 알곡은 오른편에 선 양들처럼 창세 전에 택함을 받은 자들에게 예비하신 영생을 선물로 받게 된다. 알곡에 해당하는 참 신자들은 하나같이 다 창세 전에 택함을 받은 자들이다. 그들은 무슨 선이나 악을 행한 적도 없는 때에 하나님의 택함의 은혜를 받아 그리스도의 피로 깨끗이 죄 씻음을 받은 자들이다. 그들은 다 그리스도의 완벽한 순종을 통해서 나타난 그리스도의 의로 옷입은 자들이다. 불순종하는 아들들 가운데 역사하는 영을 떠나 그리스도의 영이 내주하여 하나님을 아바 아버지라고 부르는 자들만이 교회에 속한 자들이다. 여기엔 인종차별이나 성별 차별이 없다. 모든 민족, 모든 열방의 사람들이 다 포함되어 있다. 이 교회 구성원의 자격은 철저하게 자신의 인격이나 지적 능력 혹은 재주나 외모로 결정되는 것이 아니라 교회의 건축가이신 그리스도에 의해 좌우된다. 그리스도가 있는 자는 생명이 있어 영원한 주님의 나라 백성으로 살게 되지만 그리스도가 없는 자들은 영벌을 피할 수 없다. 왜냐하면 예수 그리스도가 곧 길이요 진리요 생명이기 때문이다.

이 교회의 창시자, 설립자는 누구인가?

마태복음 16:18은 명확한 답을 준다. **"내가 이 반석 위에 내 교회를 세우리니."** 교회의 설립자도 교회의 소유권도 전적으로 예수 그리스도시다. 살아계신 하나님의 아들이신 예수 그리스도께서 메시아로 이 땅에 와서 죄인들의 구원을 위하여 십자가에 못 박혀 죽으셨다가 사흘 만에 다시 살아나신 하나님의 아들임을 믿는다고 고백하는 이 신앙고백 위에 주님의 교회를 세우시는 것이다. 다시 말하면 예수께서 예수님의 교회를 직접 세우신다는 말씀이다. 그래서 개척교회를 세울 때에 ○○교회 창립 예배라고 하지 않고 ○○교회 설립 예배라는 말을 쓴다. 인간 누구도 교회 창립자가 될 수 없다. 그가 창립하신 것을 우리가 이 땅에 세워간다는 측면에서 설립 예배라고 하는 것이다. 이 말은 인간 누구도 자기 교회를 세울 수 없다는 것이요 사유화할 수 없다는 것이다. 불행하게도 세계 곳곳에서 주님의 나라 세우기에 공헌하는 자들이 아니라 자기 왕국 건설에 열심 있는 자들이 존재한다. 그런 교회가 망하는 교회이다. 예수님의 열두 제자 중 누가 자기 교회를 세운다고 주창한 자들이 있었는가?

교회는 예수님의 탁월한 제자들에 의해서 설립된 것이 아니다. 예수님을 열렬하게 사랑한 여인들이 그들의 헌신적인 마음의 감동으로 주님을 기리고자 세워진 신앙공동체도 아니다. 이 교회의 건축가는 예수 그리스도뿐이다. 모든 만물이 다 그로 말미암아 지어진 것처럼 교회 창립도 다 그로 말미암아 이루어진 것이다. 지금도 주님의 교회는 주님이 세우신다. 그의 구속 사건은 2천년 전 골고다 언덕에서 벌어진 과거 완료이지만 그 적용은 현재 진행형이다. 그리하여 교회를 세워감도 현재 진행형이다. 오늘 본문에서 **"내 교회를 세우리니"**라는 말씀 역시 현재 진행형으로 쓰인 단어이다.

그런 의미에서 눈에 보이는 유형 교회는 누구도 '내가 유일하고도 참된 교회이다, 우리만이 온전한 교회이다'라고 단언할 수 없다. 왜냐하면 교회는 여전히 공사 중이기 때문이다. 다만 유형 교회는 그리스도께서 주신 진리의 말씀을 통해서 온전히 세워지는 준공의 그 날을 향해서 부지런히 달려갈 뿐이다. 그날에 "내가 너희를 도무지 알지 못하노니 내게서 떠나가라"라고 판정받을 일군들과 부정당할 교회가 존재하지 않는다고 확신할 수 있는가? 그래서 공사 중인 교회를 어떻게 세워갈 것인지가 중요하다. 공사 중인 교회가 비록 볼 품없어 보이고 초라해 보여도 그 교회는 주님께서 감독하시고 세워가시는 주님의 온전한 몸이라면 안심해도 된다. 공사 중이기에 어지러움도 있고 혼란도 있을 수 있다. 그러나 결국은 주님이 세우신 설계도대로 지어져 간다면 부결판결은 피할 수 있다. 그런 교회는 주님의 눈에는 지극히 보배롭고 존귀한 존재이다. 왜냐하면 주님께서 직접 지으시는 주님의 교회이기 때문이다. 더욱이 교회를 위하여 자기 몸을 내어주시기까지 사랑하셨기에 귀하지 않을 수 없는 것이다. 그런 의미에서 주님께서 가장 귀히 여기는 교회를 대적하는 자들은 주님의 대원수들이다. 장차 그들에게 쏟을 진노의 불길은 온 바다를 삼키고도 남는 격렬한 것이다. 반대로 교회를 사랑하는 자들은 하늘에 속한 모든 신령한 복과 땅의 기름진 복으로 충만하게 채워주신다. 시편 기자가 예루살렘을 사랑하는 자들은 형통하리라고 노래하는 이유이다(시 122:6).

그러면 예수께서 설계자요 건축주로서 주님의 교회를 세워가신다는 것이 무엇을 뜻하는가? 다시 말하면 교회의 창립자요 소유자가 예수라고 하는 것이 무엇을 의미하는가? 그 주인이신 예수님과 그의 부르심을 받아 교회의 일원이 된 성도들과의 관계는 어떠해야 하는가? 이것은 두 가지 중요한 뜻을 담고 있다. 첫째는 주님의 주인 되심을 인정하는 자들만이 완성된 천상의 교회 일원이 된다는 말이다. 십자가에 못 박히신 예수 그리스도를 구주로 믿는다고 고백하는 것은 가이사가 더 이상 우리의 주가 아니라는 것을 말하는 것이다. 이 세상의 그 어떤 인간이나 물질이 나의 주인이 아니라는 것이다. 나의 왕이신 나의 하나님은 오직 나를 구원하시기 위해서 육신의 몸을 입고 이 땅에 오셔서 십자가상에서 물과 피를 다 쏟아 주심으로 우리의 죄를 사하실 뿐 아니라 우리가 의롭다 함을 받게 하기 위해서 예수 그리스도가 다시 살아나셨음을 고백하는 것이다. 이집트에서 종살이의 폭정에서 신음하던 자들을 구원해 준 것은 크고 강한 팔로 이집트의 모든 권력 집단을 멸하시고 홍해 바다를 육지같이 건너게 하신 전능하신 하나님 여호와 한 분뿐임을 고백하는 것이다. 전에는 이집트 왕 바로를 주인으로 알고 섬겼으나 이제는 나를 구원하신 분은 예수 그리스도뿐이며 그분만이 나의 왕이시요 나의 하나님이시며 나의 주인이심을 고백하는 것이다. 이것을 인정하지 아니하는 자들은 그 누구라도 주님 나라 백성이 될 수 없다. 천국에 들어갈 수가 없다. 이를 인정하거나 고백하지 아니하는 자들의 교회는 반드시 망한다. 우리의 교회 안에는 이런 새 생명의 역사가 이어지고 있는가? 드나드는 사람은 많아도 구원이 감격을 경험하지 못한다면 문제 의식을 가져야 할 것이다.

또 하나는 누구도 자기 자신을 자랑하거나 뽐내거나 주장하는 권세를 부릴 수 없다는 것을 뜻한다. 왜냐하면 교회의 머리이신 예수님만이 우리의 주인이시기 때문에 건축하는 자들은 모두가 다 건축주가 지은 설계도에 따라서 교회를 세워가야 하는 것이다. 자기 자신을 자랑하거나 자기주장을 내세워서 자기가 원하는 교회를 세우는 것이 아니다. 더구나 우리를 구원하신 것은 우리의 행위로 말미암은 것이 아니라 오직 긍휼과 사랑이 풍성하신 하나님의 은혜로 말미암은 것이기 때문에 누구도 자기를 자랑할 수 없다. 이스라엘의 구원은 역량 있는 지도자가 있어서 된 것이 아니었다. 그들만이 가진 특출한 무기가 있어서가 아니었다. 핵폭탄 같은 무기도 전혀 없었을 뿐만 아니라 그들을 도울 만한 외부 세력이 있었던 것도 아니었다. 오직 하나님의 은혜와 그의 능하신 힘으로 종살이에서 벗어났다.

마찬가지로 우리도 본질상 진노의 자식이었고 허물과 죄로 죽은 죄의 종들이었는데 우리가 무슨 재주로 죄와 사망의 권세와 하나님 진노의 불길에서 건져냄을 받을 수 있겠는가? 우리는 다 핏덩어리와 같은 존재였고 죄인이었으며 하나님의 원수들이었다. 그런 우리를 말로 다 할 수 없는 은혜와 긍휼히 여기심을 통하여 하나님께서 죄 없으신 아들 예수 그리스도로 우리의 모든 죄 짐을 담당하게 하시고 우리가 마셔야 할 진노의 잔을 다 들이키게 하시고 우리가 죽어야 할 죽음을 친히 당하게 하시어 우리를 지옥의 형벌에서 구원받게 한 것이다. 그러므로 교회의 참된 구성원들은 오직 은혜로 말미암아 구원받았기에 누구도 자기를 자랑하거나 과시하거나 세도를 부리고자 하지 않는다. 할 수도 없다. 오직 나를 구원해 주신 주님만을 높이는 것이다. 주님의 은혜는 종종 가장 나쁜 사람에게도 임하기에 차별이 없이 주어진다. 이 은혜의 열매는 다양하게 나타난다. 우리의 언어와 품행을 변화시키며 하나님의 교회를 위하여 주변 사람들에게 거룩한 봉사를 하게 한다. 하나님의 은혜는 사람들에게 기도하도록 가르쳐 줌으로 살아계신 하나님과 감미로운 교제를 누리게 한다. 이 은혜는 고난조차도 축복이 되게 하며 원수까지도 사랑하게 한다. 이 은혜는 사람을 복되게 하고, 다른 사람에게도 복이 되게 한다. 이런 모습이 교회 안에서 구현된다.

우리 교회는 어떤 교회인가?

사실 교회 안에는 교회의 머리이신 주 예수 그리스도만이 높임을 받으시기를 열망하는 자들이 가득해야 한다. 그리스도가 높임을 받지 아니하는 교회는 교회가 아니다. 교회의 머리이신 그리스도를 영화롭게 하지 아니하는 신자는 신자가 아니다. 사람들이 교회에 들어와서 교회의 주이신 예수 그리스도를 보지 못하거나 만나지 못한다면 그런 교회는 참된 교회가 아니다. 사탄의 집단이나 우상숭배의 집단과 다를 바가 없다. 참된 성도는 오직 교회의 머리이신 그리스도만을 믿고 따르며 그리스도만을 배우며 그리스도만을 영화롭게 하며 그리스도만을 즐거워하며 그리스도만을 닮아간다. 이것이 그들의 최고 욕구이다. 하나님의 은혜가 그렇게 인도한다. 그런 교회를 주님께서 어찌 버리겠으며 그런 교회를 어찌 떠나가실 수 있는가?

우리가 교회에 나오는 것은 목사를 만나기 위함이 아니다. 장로나 집사나 권사나 성도 누구를 만나려고 오는 것이 아니다. 교회의 주인이신 예수 그리스도를 만나려고 오는 것이다. 그런데도 실제로 사람들이 교회에서 예수님을 만나지 못하는 이유가 무엇인가? 아마도 두 가지 원인 때문일 것이다. 하나는 주인이 없는 교회이기 때문이다(하나님 부재현상이 심하다). 즉, 교회의 주인이 예수님이 아닌 누군가가 예수님 자리를 차지하고 있어서 볼 수도 만날 수도 없다. 또 하나의 이유는 예수님이 주인임은 분명한데 우리의 눈이 멀어서 예수님을 보지 못하는 것 때문일 수 있다. 이 둘 중에 무엇이 우리의 문제인가? 전자라면 사탄의 회에 참여하면서 주님의 교회라고 우기는 것이 되고 후자라면 우리 눈을 가리고 있는 비늘이 벗겨져야 한다. 참교회에는 누가 들어와도 주인이신 예수님을 만나게 된다. 그게 아니라면 내 눈이 멀어서 보아도 알지 못하고 들어도 깨닫지 못하고 있는가? 혹 여러분들 중에 눈이 먼 자들이 있다면 주님께 도움을 구하라. "내 눈을 열어 주를 보게 하소서 내 눈을 열어 주의 법의 기이한 것을 보게 하옵소서"라고 간구하라. 주께서 소경의 눈을 뜨게 하신 것처럼 여러분의 눈도 뜨게 해 주실 것이다.

그렇지 않고 눈은 뜨고 있는데 주님이 계시지 않아서 볼 수가 없다면 그게 곧 망하는 교회이다. 즉시 회개하고 돌이켜야 한다. 주님이 계실 수 없는 상황을 만든 우리의 죄악들을 낱낱이 고백하고 주님이 우리 가운데 좌정해 계시기를 기뻐하는 교회로 회복해야 한다. 상당수의 교회가 여기에 깊이 관련되어 있다. 주님이 계실 수 없는 교회들이 된 것이다. 주님을 높이지 아니하고 사람들을 높이는 교회, 주님은 안중에도 없고 오로지 자신의 안위와 영광만 생각하는 자들이 모세의 자리에 앉아 있는 교회, 하나님의 말씀은 전혀 듣지도 않고 사람들의 소리에 귀를 기울이며 하나님을 기쁘게 하는 것 대신에 사람들을 기쁘게 하는 교회에는 주님이 계실 수가 없는 것이다. 행여나 우리 교회가 그런 교회는 아닌가? 주님이 좌정해 계시고 우리 때문에 기쁨을 감추지 못하는 교회가 되기 위해서는 어떻게 해야 하는가? 앞에서 언급한 대로 주님의 주되심을 인정하고 주님이 기뻐하시는 것을 즐겨 행하면 되는 것이다.

02

───

쇠하는 교회의 특징

　망하는 기업이라는 징조는 주로 네 영역에서 찾아볼 수 있다. 하나는 연구개발 저조, 둘째는 단기 성과 집착, 셋째는 신규직원의 잦은 퇴사, 마지막은 악순환의 고리이다. 신입사원의 이탈로 인한 업무가 축소되거나 남아 있는 직원에게 전이되어 겨우 막고 있는 구멍이 물의 무게를 견디지 못하여 터져 버린다는 것이다. 이런 경우 영업이익의 감소가 필연적으로 이어질 것이고 결국은 파산 지경에 도달할 수 있다. 이 중 어느 특정 부분 하나만 단독적으로 존립하지 않고 네 가지가 다 섞여서 나타나는 현상인 것도 사실이다. 이런 현상을 현재 교회 상태와 비교해 보면서 우리 교회가 무너지는 교회에 속한 것은 아닌지 진단해 보고자 한다.

　보라, 지상의 많은 교회가 세워졌다가 역사의 뒤안길로 사라졌다. 지금의 우리 교회가 그렇게 되지 말라는 법이 있는가? 우리가 사는 이 시대에도 문을 닫았고 닫을 교회는 수를 헤아리기가 어려울 정도이다. 유럽의 많은 교회당 건물들이 멀쩡하게 남아 있지만 더 이상 교회가 아니다. 카페나 술집 혹은 모슬림 처소가 되었다.

그런 현실에서 현대의 교인 대부분은 교회 섬김에 대한 의식이 별로 없다. 단지 맡은 일에 대하여 습관적으로 혹은 형식적으로 임한다. 일 자체를 사랑해서든, 교회를 사랑해서든 혹은 주님을 진심으로 사랑해서든 다람쥐 쳇바퀴 돌 듯 반복적으로 섬김에 종사한다. 대부분이 우리 교회는 좋은 교회라고 생각하기 때문이다. 그 누구도 우리 교회가 쇠하는 교회라고 생각해 본 적이 없다. 그러기에 교회가 제공하는 종교의식에 의무적인 참여로 일관한다. 거기에서 기쁨도 맛보고 슬픔도 경험한다. 적극적으로 매우 큰 열심을 가지고 헌신하는 자들도 있지만, 무덤덤하게 습관적으로 혹은 숙제하듯 형식적으로 참여하는 자들이 다수를 이루고 있다.

　　어느 단체나 단체를 이끄는 회원은 대체로 20% 선에 머문다는 사회적 통념이 정설이 된 지 오래다. 주말마다 시내 중심거리를 시위장으로 만드는 단체들도 앞에서 주동하는 20%가 나머지 80%를 선동하고 있다는 것이 일반적 관념이다. 세상과는 확연히 달라야 할 교회조차도 다르지 않다. 눈에 보이는 교회를 실질적으로 이끄는 회원들 역시 예외가 아니다. 심지어 전체 출석 교인의 10%만 새벽기도회에 나온다는 통념이 오랫동안 지배해 왔는데 요즘은 그것도 깨진지 오래고 새벽기도회조차 폐지되어 가는 세태이다. 종교 편리주의가 만연되고 있는 상황에서 대다수는 교회를 섬긴다는 것이 뭔지도 모른다. 아니 알려고 하지도 않는다. 부담감 가지고 싶지 않을 뿐 아니라 남에게 짐이 되는 일도 극도로 꺼린다. 종교적 업무에 깊이 빠지는 것을 극히 경계한다. 그렇다고 신앙을 포기할 수는 없으니 교회를 다니긴 해도 상당 시간에 먼 산만 바라본다. 참여 횟수가 점점 준다. 참여를 독려해도 전혀 움직임이 없다. 개념 없는 사람들이 늘어나듯 영혼 없는 교인들도 늘어난다. 교회마다 나름대로 최선을 다해서 잠자는 자들을 일깨우고 냉담한 자들의 시선을 끌고자 갖은 방법을 다 들이대도 백약이 무효인 것처럼 보인다. 망조가 들고 있다는 느낌이 오지는 않는가? 한국의 교회는 무너지고 망해가고 있다. 언젠가는 버팀목 자체가 흐물흐물하여 급속도로 무너지는 때가 머지 않았다는 느낌이다. 그냥 구경만 하고 있어야 하는가? 그렇다면 참 그리스도인이 아니다. 쇠하는 교회를 다시 일으켜 세우는 자가 되어야 한다. 무너질 교회를 설립한다는 말이 아니다. 쇠하는 교회를 흥하는 교회로 세우는 '세우미'(세움이의 변형으로 이해해 달라)가 되어야 한다는 말이다.

아마 80%의 나머지 교인들을 적극적인 지지자로 혹은 행동가로, 참여자로 만들 비법이 있다면 특허를 내도 무방할 것이다. 그런 비법을 가진 자는 금방 인기 절정에 오를 것이고 그로 인해 세상이 참 성도를 호객하는 핵심 무기를 손에 쥐게 될 것이다. 다행인지 불행인지 몰라도 현재까지 그런 비법을 발견했다는 자는 없다. 물론 전체 교인이 다 열심히 헌신하는 교회는 드물지만, 그래도 어딘가에는 존재할 것이라는 소망을 가져본다. 이단들을 말하는 것이 아니다. 참된 교회를 세워 가는 일에 진심으로 동참하는 참 그리스도인들이 많은 교회이다. 그런 교회가 흥하는 교회이다. 시쳇말로 잘 나가는 기업의 특징이기도 하다. 전 직원들이 일심으로 단합하여 회사의 가치를 높이고 이익 창출에 매진하는 경우이다. 그러나 교회는 수익 창출 기업이 아니다. 무엇으로 그들을 하나로 묶어서 흥하는 교회를 세워 가는 충성된 일군이 되게 할 것인가? 방법은 복음 진리와 성령의 강력한 역사이다. 그것만이 **"주를 경외함과 성령의 위로로 진행하여 수나 더 많아지는"**(행 9:31) 교회를 세워 가는 병기이다. 망하는 교회가 이것을 몰라서 망하는 것이 아니다. 선과 악 중 무엇이 파괴력이 클까? 당연히 내재하고 있는 악이다. 특별히 이권과 관련되어 있을 때는 그것을 지키기 위하여 선의 가면은 쉽게 내동댕이치는 것이 인간이다.

교회라고 해서 다를까? 달라야 함이 당연함에도 현실은 이기주의적 발상이 위력을 발한다. 그것 때문에 복음을 희석하고 성령의 나타남과 능력 대신 인간의 재치와 재능이 판을 친다. 교회 스스로가 성령의 나타남과 능력이 재물의 위력보다 못한 것으로 처신한다. 성령의 역사가 없는 교회의 가장 큰 특징은 참 복음 선포가 희박한 것이다. 성령의 오심은 감정의 고조를 통해서 잠시 황홀경에 빠지게 하거나 일시적인 흥분의 도가니로 몰아가는 것이 아니다. 진리를 붙들게 하고 진리를 사랑하게 하고 진리를 더 알고자 힘쓰게 하며 진리를 전하지 않고는 견딜 수 없게 한다. 그러나 이런 앙망함을 찾아볼 수 없는 교회의 현실이 무너져가는 증상이다. 이익 중심, 성과 중심, 업적 중심이 강조될수록 쇠하는 교회이다.

자신의 이익을 위해서라면 거짓과 속임수도 불사한다. 지금 우리 사회에서 보는 현상이다. 정치권에서 선당후사(先黨後私)라는 말은 대의를 위한 최소한의 적정선이었다. 그러나 그것도 무너졌다.

선사후당도 아닌 선사후사(先私後私)로 뒤바뀐 현상도 심심찮게 목격한다. 나라를 위한다는 정치가가 국익보다 사익을 앞세운다면 정치 무대에서 사라져야 할 것이다. 그런데도 전체 국민을 기만하는 오보도 버젓이 통용되는 사회가 되고 있다. 거짓으로 진리를 대체하는 일에 기막힌 명수인 사탄의 기만적 술수에 놀아나지 않을 재간이 없다. 그래서, 던지는 질문이다. 나는 쇠하는 교회를 더 빨리 무너지라고 부추기는 '섬기미'(섬김이)인가? 아니면 망하는 교회를 흥할 교회로 세워 가는 일에 이바지하는 '세우미'(세움이)인가? 사람마다 생각이나 관점이 다르겠지만 나는 현실적으로 이 둘은 항상 병행하고 있다고 생각한다. 그 이유는 지구 종말에 지상에 있는 교회들도 쑥대밭이 되기 때문이다. 물론 이것은 가시적인 교회, 종교적 욕구 충족만을 위한 자들이 모인 교회당 건물을 의미한다. 그러나 동시에 하나님 나라는 영원하기에 참 교회를 세우는 자들은 영원히 흥할 교회에 속한 자이다. 쇠할 것 같은 교회가 망하지 않고 영영히 존재하는 이유는 교회 '세우미'로 말미암는 것이 아니라 교회의 머리이신 예수 그리스도 때문이다.

1, 2차 세계대전과 6.25 한국전쟁을 겪은 인류는 전쟁의 참혹한 참상을 익히 알기에 전쟁을 억제하는 장치를 스스로 마련한다. 평화는 힘에서 나온다. 마찬가지로 교회도 망하는 교회가 되지 않으려면 방지책인 힘을 길러야 한다. 그 대책이 뭔가? 영적 세계에서는 평화적 공존이 불가능하다. 마귀와 그의 졸개들과 맞서서 싸워 승리의 개선가를 부르지 않으면 우리는 언제나 마귀의 종복이 될 수밖에

없다. 그리스도와 벨리알이 함께할 수 없지 않은가? 하나님의 성전과 우상이 일치될 수 없다(고후 6장 참조). 성도는 죄와 사망의 권세에서 해방된 영원한 주님의 나라 백성이다. 그 일을 몹시 싫어하는 공중 권세 잡은 악한 영들과의 싸움은 변함없이 벌어지고 있다. 더욱이 천국은 침노하는 자의 것이다. 그런 교회가 쇠하도록 눈 뜨고 구경만 할 것인가?

누군가가 교회가 쇠해도 좋다고 하면 당장 "뭔 헛소리야?"라고 반문할 것이다. 교회가 망하기를 학수고대하는 사단이 아닌 이상 교회가 사라지기를 바라는 자는 없다. 종교에 무관심한 자들에게는 교회가 있든 없든 상관이 없지만 교인이라면 다르다. 교회가 없어질 수는 있어도(교회를 건물로 한정한다면 말이다) 보이지 않는 불가시적(invisible) 교회에 속한 교인은 존재한다. 그러나 교회가 쇠한다는 것은 교인이 사라지고 있다는 것을 의미한다. 주님도 인자가 다시 올 때에 세상에서 믿음을 보겠느냐고 반문하셨다(눅 18:8). 자기 피로 값 주고 산 교회에 참 믿음을 가진 자가 그리 많지 않음을 염두에 둔 말씀이라고 한다면 지구상에 있는 상당수의 교회가 무너지는 교회라고 해도 무방하지 않을까 생각된다.

교회가 무너지고 있다는 소리에 격정적으로 항의하는 분들에게 묻는다. 쇠하지 않는 교회를 세우기 위해서 무슨 일을 하고 있는가? 그대가 하는 일들이 교회가 무너져도 좋다는 뉘앙스를 풍기고 있는 것은 혹 아닐까? 무슨 헛소리냐고? 자신을 깊이 돌아보라. 당신은 쇠해가는 교회 섬기미인가, 아니면 흥하는 교회를 세워 가는 세우미인가? 당연히 일취월장 성장하는 교회를 섬기고 있다고 할 것이다! 우리 교회는 성장하고 있다는 분들은 이구동성으로 주일학교 학생 수도 늘어나고 예배당 시설도 확장되고 교인 수도 증가일로에 있음을 그 증거물로 제시할 것이다. 그것이 계속될까? 지상에서 한때 잘 나가던 교회들이 사라지고 없는 이유들은 무엇이었을까? 과거에 화려한 교회들로 명성이 자자하던 교회당들이 이방 종교 사원으로 혹은 카지노나 동네 술집으로 전락한 이유가 무엇일까? 기업이 망해가는 징조에 빗대어서 무너지는 교회인지 아닌지를 곰곰이 생각해 보라.

연구 투자와 인재 양성의 미비

교회를 이끄는 정책 중 가장 핵심이 되는 투자의 비중이 얼마나 될까? 나는 교육비, 선교비, 구제비 등을 말하려는 것이 아니다. 교회는 그리스도의 영적인 몸이다. 이 몸을 유지하는 가장 기본적인 투자는 영의 양식을 충분히 공급하는 것과 밀접하다. 그 일을 맡은 목자의 영적 수준이 기준 미달인 교회가 참으로 적지 않다는 것은 독자 여러분도 부정하지 못할 것이다. 영적 기갈이 점점 심각해지고 있다. 마실 물이 없는 것도 아니고 먹을 양식이 없는 것도 아닌 영적 굶주림이 확산하고 있다. 구약 시대 아모스 선지자의 외침처럼 하나님의 말씀을 듣지 못하는 기갈이 점점 심화하고 있다. 진리가 아닌 일리있는 것들을 먹으면서도 분별하지 못하는 자들이 늘어난다. 강단에서 선포되는 영의 양식이 고작 일리와 윤리와 도덕적 교훈이 주를 이루며 단순한 계몽 수준에 머물러 있어도 아무런 감각이 없다. 심령의 변화를 일으키는 구원의 우물물을 깊은 곳에서 퍼 올려 생수를 공급하는 목회자가 드물다. 기도와 말씀 전하는 일에 전무한다는 사도들의 다짐은 모든 목사의 결의여야 하는데 그 모습도 엿보기 어렵다. 그런 교회의 기도나 말씀 선포에는 성령의 나타남과 능력의 빛이 잘 나타나지 않는다. 내가 다닌 선교지의 현지 목회자들만 성경과 개혁주의 정통 교리에 대해 무지한 것만이 아니라 선교사들도 크게 다르지 않았다. 선교 사업에 바빠서 깊은 성경 연구와 하나님과 독대하는 깊은 교제의 시간이 거의 없다. 영적 힘과 위로를 찾기 위한 선교사들의 집회에 참석하는 자들도 본질보다 좋은 숙소에서 좋은 음식을 공짜로 먹음에 우선순위가 있지 위로부터 내리는 심령의 채움과 위안과 능력은 관심 밖이다. 그런 자들이 섬기는 교회를 흥하는 교회 모델로 삼을 수 있을까?

일 잘하는 선교사들은 예배당 많이 짓고 구제 활동에 적극적인 자들이다. 복음의 진보가 아닌 것들을 위한 목회자들의 분주한 활동들은 그리스도를 닮아가는 영적 변화와 성숙을 전혀 보장할 수 없는 기능적인 일들이 대부분이다. 선교지의 현장에서 가장 많이 들은 것은 우리가 이러저러한 일들을 했다는 성과제일주의이다. 교회 개척 혹은 예배당 설립, 구제 활동과 장학금 지원 등이 대부분이었다. 그러나 미전도 종족들이 들어야 할 메시지는 선교사들이 와서 무슨 일을 하느냐가 아니라 살아계신 하나님께서 독생자 예수 그리스도를 통하여 죄인의 구원을 위하여 하신 일이 무엇이냐여야 한다. 아니라고 한다면 그대는 하나님도 성경도 모르는 이방인이다.

선교나 목회의 궁극적 목적이 그들의 구원이지 않은가? 그런데 그 구원의 지혜와 능력을 알게 하는 성경에 무지한 '섬기미'들이 너무 많다. 사람의 지혜 있는 말이 아니라 성령의 나타남과 능력으로 역사하는 것을 기대할 수 있는 말씀 연구와 기도에 몰입하는 시간이 별로 없다면 선교 현장이나 목회 현장에서 무엇을 기대할 수 있겠는가? 업적을 자랑하는 이들이 섬기는 교회를 섬기는 것은 쇠하는 교회를 섬기고 있다고 볼 수 있지 않을까?

과거 유학생 시절에 들은 이야기가 있다. 스코틀랜드에서는 목사가 적어도 오후 1시까지 연구와 기도에 전념하지 않고 아침부터 나돌아다니는 것을 보인다면 참 목사가 아니라는 것이었다. 그들은 그만큼 그리스도의 양무리를 맡은 목사의 연구 활동과 경건 생활을 우선적으로 중시했다는 말이다. 그런데 그것이 사라진 교회들은 스코틀랜드에서도 무너졌다. 지금 우리 교회가 흥하는 교회가 되려면 목사의 성경 연구와 경건 생활에 대폭적인 투자가 이루어져야 한다. 성경에 무지하고 교리적 논쟁에서 복음진리를 방어하고 수호할 능력이 없고 참 복음을 전할 줄 모르고 영적 통찰력과 분별력이 없어도 사람만 많이 모으면 성공적인 목사로 추앙받는 현실은 무너지기 딱 좋은 여건이다. 그런 지도자를 둔 교회는 결국 기초가 없어 바람이 불고 풍랑이 일면 무너지는 모래 위에 세운 집과 같은 처지가 될 것이다. 이것을 모르는 목사나 선교사들은 아무도 없다. 그러나 아는 것과 행하는 것은 다른 문제이다. 기본기를 모르는 선수는 없지만 모든 선수가 다 기본기 다지기에 역점을 두고 훈련하는 것은 아니다. 마찬가지로 다 알면서도 실천하지 않는 것이다. 모르고 행하는 것도 죄인데 알면서도 하지 않는 것은 더 무겁다.

성경 연구와 성도들에 관한 연구에 대폭적인 투자가 없는 교회는 쇠해가는 교회로 보아도 무방하기에 그런 교회는 피해야 한다. 보수적 불신자 이상으로 목사의 도덕적 흠결이 없는 좋은 사람이라고 해서, 은사가 출중하고 웅변력이 뛰어나고 사회적 지위가 있고, 회중도 존경하고 예배당를 상당한 규모로 건축한 자가 목회하는 교회라고 해서, 교회가 제공하는 백화점식 다양한 프로그램에 적극 참여함이 여러분의 구원과 영적 성숙을 보장하는 것이 아니다. 목사가 복음 진리의 말씀 선포, 죄인 구원을 위한 복음을 충실히 선포하고 하나님께 붙어 떠나지 않는 경건한 목사의 입을 통해서 증거되는 생명의 말씀만이 우리의 영혼 구원과 영적 성숙을 위한 확실한 은혜의 수단으로 작동한다.

서울의 어느 교회가 후임 목사를 청빙하였다. 원로로 물러날 목사가 후임에 대한 검증을 다양하게 했다. 청빙을 하기 전에도 꼼꼼하게 살폈다. 공동의회를 거쳐 청빙한 후에도 실질적이고 구체적인 검증 작업에 들어갔다. 인수인계를 위한 과정에서 주된 검증 항목은 후임으로 오게 된 당사자의 영적 지식과 변별력과 전달 능력이었다. 그분의 자세한 판단 기준은 모르지만, 들은 말은 성경 지식이나 교리적 이해도(특히 현대신학에 대한 이해)가 부족하다고 판단한 그는 교회에 알리지도 않은 채 부임한 지 두 달 된 목사를 권고 사직하게 했다는 것이다. 당사자 처지에서는 황당하다고 생각할 수 있지만 원로 목사 편에서는 진리의 기둥과 터인 교회를 힘써 세워 놓았는데 계속해서 견고한 교회로서 복음의 빛을 찬란히 비추어야 할 교회의 미래에 대한 염려가 컸었던 것일까? 그러나 그 이면에 있는 사실은 경악을 금치 못한 일이다. 후임이 그만두어야 할 흠은 하나도 없었다. 실제로 회중 앞에서 설교하거나 강의를 한 일도 없었다. 부족한 것을 드러낼 기회도 없었다. 회중의 반발이 있었던 것도 아니었다. 회중 앞에 설 기회도 없었기 때문이다. 문제 될 것이 전혀 없었다. 단지 원로와의 대화 속에서 성경 지식과 교리적 확신의 부족함이 전부였다. 그분의 독단적인 판단이었다. 이 상태에서 맡겼다가 무슨 일이라도 벌어지면 어떻게 하나? 일어나지도 않은 그 염려가 젊은 목사와 여러 사람에게 상처를 주는 결정을 했다. 사실은 자신의 임기연장을 위한 꼼수였다. 나는 이렇게 최선을 다했는데 적임자가 없으니 내가 계속 목회해야겠다는 논리로 많은 사람의 마음을 멍들게 했다.

오랫동안 목회하면서 뒤를 이을 후계자를 양성함이 없이 다 준비된 자를 찾기는 쉬운 일이 아니다. 맘에 쏙 드는 후임 만나기가 쉽지 않을 것이다. 있다면 신학교 교수 중 거액을 주고 모셔 오는 일이 될지 모르겠다. 신학교 교수라고 해서 다 자질을 온전히 갖추었다고도 볼 수 없는 것이 현실이다. 어찌 그 젊은 분만이 그러겠는가? 신학교를 졸업했다고 해서 완벽하게 준비하였다고 단정할 수 없는 일이 곳곳에 널려 있다. 그러나 대부분 교회가 이 교회처럼 목사의 성경적 지식, 교리적 확신 부분은 거의 문제 삼지도 않는다. 교회 행사를 멋들어지게 구상하고 치러내는 기능적 자질이 우선이다. 앞에서 노래 인도를 잘하고 행정력이 뛰어나고 컴퓨터 다룰 능력이 뛰어나고 인간관계가 좋으면 교회의 기능적인 업무 중심의 인물로서 크게 환영받는다.

이것은 또 다른 병폐를 낳는다. 즉, 교회가 인재 양성을 위하여 과감한 투자는 하지 않고 필요할 때 다른 데서 데리고 오는 것이 전부이다. 말이 청빙이지 신임 사장 뽑기이다. 그러니 교회가 무너질 수밖에 없다. 물론 인재를 스카우트하기도 한다. 그러나 기업도 자체 인재 발굴을 위한 투자를 얼마나 많이 하는가? 인재 양성을 위한 시스템을 구축하고 연구개발을 위한 다각적 노력을 기울여서 굴지의 기업으로 키운다. 그것이 국가 발전에 이바지하고 세계인의 삶의 질을 높인다. 그러나 교회는 교회를 이끌 지도자를 발굴하고자 신학교에 적극적인 투자함이 거의 없다. 개교회의 각자도생이다. 그러나 교회 일군을 초빙하고자 할 때 신학적 소양과 자질보다는 어느 교회에서 어떤 사역을 했느냐가 판단의 기준이다. 화려한 외적 스펙 쌓기에 열을 올리게 한다. 그러나 그것이 목사의 영적 자질과 능력을 대변하는 것은 아니다. 좋은 사람이라고 청빙은 했지만 얼마 못 가서 교회에 문제가 발생하고 성도들에게서 불만이 폭주하게 되고 결국은 사임하는 경우들도 많은 것이다. 한국의 교회를 이끌 역량 있는 인재를 양성한 개교회가 얼마나 될까? 총회장을 배출하였고 신학교 교수나 총장을 배출했다는 것을 자랑으로 여기겠지만 사회에까지 영향을 미치는 영적 거목이 얼마나 될까? 많은 영혼을 올바른 길로 인도하는 하늘의 별과 같이 빛날 인재는 얼마나 될까? 그런 인재를 배출하는 교회와 신학교를 가지고 있는 한, 쇠하는 교회가 아니라 흥하는 교회를 세워간다고 자부할 수 있을 것이다. 교단에서 정치적으로 유명세를 타는 일군이 아니라 교회 밖에서도 존중히 여김을 받는 사람들을 많이 보유하고 있는 교회가 흥하는 교회요 교회 살리는 '세우미'이다.

　본래 기업이 설립될 때 기업의 목적은 분명할 것이다. 만들 제품이 뭔지에 대한 확실한 철학과 지식이 물품 생산과 기업 운영을 결정할 것이다. 마찬가지로 교회는 교회로서 원칙이 분명히 세워져 있다. 교회의 주인이신 예수님께서 정하신 원칙이다. 그 원리에 충실한 것은 교회의 가치를 더욱 돋보이게 한다. 세상이 타락할수록 그런 교회의 위상은 견고하다. 그러나 그 원칙이 흐릿하면 분명치 못한 나팔 소리로 인하여 정체성 혼란을 초래할 것이다. 그것은 곧장 교회의 신뢰도 추락으로 이어진다. 세계 초일류 기업의 특징은 기업으로서 존재 원칙에 충실한 약속과 그 약속의 실천으로 형성하는 신뢰도이다. 그런 기업은 브랜드 가치가 월등하다. 교회도 마찬가지이다. 지금껏 교회가 이 땅에 존재하는 가장 큰 원인은 교회의 본질에 충실한 것이었다. 그 본질은 누구도 앗아갈 수 없는 보석이다. 모두가 불신임받아도 교회는 소망이 있다는 소리를 들어야 한다. 그런데 쇠하는 교회는 그 본질이 훼손되었다. 국민의 신뢰도가 바닥을 기고 있다. 교회는 경영자를 찾는 것이 아니라 진리의 일군을 찾아야 하고 길러내야 한다. 그것이 흥하는 교회를 세워 가는 일이다. 복음의 본질에 충실한 교회 일군을 양성하는 일에 가장 큰 노력을 기울여야 한다.

자료가 없어서 연구가 힘들다고 하는 궁색한 핑계를 버리라. 성경에 능통했던 에스라나 아볼로나 사도들은 자료가 많아서 위대한 일을 하였는가? 종교개혁자들이나 청교도들은 남들보다 월등한 자료수집이 잘 되어서 뛰어난 교회의 진리의 일군들로 오늘까지 추앙받는 인물들이 되었는가? 그들은 하나같이 성경 연구와 기도에 몰입한 자들이었다. 그들에 비해 지금 우리는 자료가 넘친다. 내가 유학하기 전 70년대에 한국의 교회에 소개된 신학 서적들은 천여 권 정도였다. 그러나 지금은 둘 곳이 부족할 정도이다. 물론 책들이 많다고 다 연구 성과가 좋다고 말할 수 없다. 오직 성경책만 있었던 때에도 성경을 맡은 일군들의 연구 성과는 지금보다 탁월하였다. 그들이 교회를 세워가던 시대적 상황은 지금의 우리와 비교가 안 될 정도로 열악하였다. 그런데도 그들이 투자한 성경 연구와 기도는 죄와 허물로 죽은 사람의 심령을 바꾸었고 그 사람들이 사는 사회와 국가를 변화시키는 힘을 발휘하였다. 그러나 이 시대는 교회가 세상에 이끌려간다. 세상을 전혀 변화시키지 못하고 있다. 이를 극복하려면 교회 안에 진리의 사람, 기도의 사람이 절실하다. 교회의 경쟁력은 사람 수의 많고 적음 혹은 건물의 웅장함, 혹은 시설의 편리함에 있는 것이 아니다. 오직 진리로 충만한 강단, 기도의 무릎자국이 바닥에 깊이 팬 강단이 최고의 경쟁력이다.

정확무오한 성경책을 묵상하며 끊임없이 탐구를 거듭하는 자, 하나님의 참된 진리의 도를 닦는 자들이 있는 교회에는 분명한 소망이 있다. 연구투자가 기업의 가치를 높이듯이 교회의 가치 역시 진리의 일군이 말씀과 씨름하는 데 달려 있다. 하나님의 진리가 신실하게 선포되고 가르쳐지는 교회는 무너지지 않는다. 교회는 그리스도의 몸이다. 유기체로서의 몸은 숨이 멎을 때까지 양분이 필요하다. 몸 자체는 생존력을 만들어 내지 못한다. 외부에서 공급되어야만 정상적 활동을 할 수 있다. 사도 바울은 이 몸에 대해서 이렇게 설명하고 있다. **"오직 사랑 안에서 참된 것을 하여 범사에 그에게까지 자랄지라 그는 머리니 곧 그리스도라 그에게서 온몸이 각 마디를 통하여 도움을 입음으로 연락하고 상합하여 각 지체의 분량대로 역사하여 그 몸을 자라게 하며 사랑 안에서 스스로 세우느니라"**(엡 4:15-16). 본문은 교회에 유기체적 기능이 있음을 분명히 하고 있다. 이 몸의 특징은 물리적 성장이 아니라 영적 자람에 있다. 목표는 어느 특정한 지체의 독보적 발육이 아니라 모든 지체가 골고루 그리스도의 장성한 분량에 이르기까지 자라는 것이다. 이 몸이 스스로 세움을 입기 위해서는 반드시 외부의 도움이 있어야 한다. 그것은 곧 목사가 공급해줘야 할 영의 양식이다. 사랑으로 진리를 말하고 전하고 가르치는 이 일은 목사의 전업이다. 목사는 평생 갈고 닦는 진리의 고수가 되어야 자신도 살고 그가 돌보는 교회도 산다. 그런 수고의 열매는 교회의 다섯 가지 유기체적 기능으로 분산되어 나타난다. 즉, 예배, 교육, 전도, 교제 및 봉사이다.

그 기능들의 주된 목적은 그리스도의 몸을 온전히 자라게 하는 것이다. 살아 있는 유기체이기 때문에 각 지체는 움직인다. 그 움직임은 임의대로가 아니라 머리의 명령에 따라 각각 주어진 지체의 분량대로 역사하는 것이라야 한다. 그 활동들이 서로 연결되어서 몸을 자라게 하고 하나님이 거처하시기에 적합한 처소로 함께 지어져 가는 것이다.

교육과 훈련의 실효성이 약하다

교회는 진리의 기둥과 터(딤전 3:14-16)이므로 당연히 교회를 떠받치고 있는 교육과 훈련이 빠질 수 없다. 그리스도의 좋은 군사로 잘 훈련하는 교회인가? 앞에서도 언급했듯이 항상 배우는 것 같은데 주님을 아는 참지식으로 풍성해짐을 보기 어려운 것이 현실이다. 물론 다 골라내고 잘라내고 남은 지스러기만으로 만족할지 모르겠다. 상에서 떨어지는 부스러기라도 만족하겠다는 심령으로 나오라는 것이 아니다. 젖만 먹는 어린아이에서 세월이 지나며 단단한 음식도 척척 소화하는 장성한 자로 자라는 것을 보기 힘들다는 것이다. 연단 받을 기회를 피하지 않고 수용하여 지각을 사용해서 옳고 그름을 바르게 분별하는 성숙한 그리스도인을 만나보기가 쉽지 않다. 아이들의 특성은 다툼이 잦은 것이다. 흔히 다투면서 자란다는 말이 있다. 육적인 관계는 그럴 수 있다. 그러나 영적 세계에서는 다툼은 금물이다. 다툼이 많은 교회에는 온기를 찾기 어렵다. 사탄이 좋아하는 악만 남을 뿐이다. 악인에게는 평강이 없다. 이런 일이 우리 안에서 발생하고 있고 주위에서도 심심찮게 목격된다면 망하는 교회를 섬기는 꼴이 될 것이다.

목회의 목적은 사도 바울이 고백하고 있듯이 **"그리스도를 전파하여 각 사람을 권하고 모든 지혜로 각 사람을 가르쳐서 각 사람을 그리스도 안에서 완전한 자로 세우려"** 함이다(골 1:28). 성도들을 온전케 하려면 권하고 가르치는 교육과 훈련을 통하지 않고는 불가능하다. 여기에서 전도와 봉사의 기능이 자연스럽게 연결되는 것이다. 무엇을 전할지, 어떻게 전할지, 세상에서 성도들이 어떻게 살아야 할지, 주님의 교회를 어떻게 섬길지 그 전체가 다 교육에 해당한다. 잘 훈련받은 자가 좋은 일군이다. 품질이 제일 좋은 물건을 알천이라고 하듯이 영적 품질이 가장 좋은 알천 교회가 이 땅에 필요하다. 그 일을 위해서는 숙달된 조교가 절실한 것이다. 그런 일군을 통해서 기업마다 신입사원들 교육에 많은 투자를 하는 것이다. 신입사원들이 교육과 훈련을 통해서 숙련공이 되고 그들의 수고로 회사의 가치와 수익이 높아지고 사원 개개인의 실력까지도 향상되어야 미래가 보장되는 것이다. 그런 회사를 박차고 나가는 이는 어리석은 것이다.

마찬가지로 좋은 교회는 사회적 지위가 높은 자, 혹은 전문직에 종사하는 사람, 인기 작가나 연예인이 많이 출석하는 교회가 아니라 하나님의 말씀이 신실하게 선포되고 그리스도를 아는 지식을 위하여 모든 것을 배설물로 간주하는 교육과 훈련으로 다져진 참 그리스도인이 얼마나 있느냐로 평가한다. 한마디로 알천 신자, 머드러기 신자가 많아야 좋은 교회이다. 전자로 말하자면 영국이나 아프리카에 있는 고교회나 상류층으로만 구성된 교회들이 좋은 교회로 인식할 것이다. 그러나 진짜 좋은 교회는 유대인이나 헬라인이나 자유인이나 종이나 남자나 여자가 다 그리스도 안에서 하나임을 드러내는 가시적 교회이다. 그리스도를 닮은 자들이 많아야 한다. 이것이 없는 교회는 쇠하는 교회이다. 디모데전후서는 바울 사도가 로마 옥중에서 석방되어 에베소를 방문하고 거기에 디모데를 남겨둔 후 자기는 마케도니아로 간 주후 65년 경에 쓴 서신이다. 즉, 에베소서를 옥중에서 쓴 주후 61-63년 이후 최소한 3년이 지난 후에 에베소 교회를 목회하는 디모데에게 보낸 목회서신이다.

그가 이 서신을 쓴 이유는 3장 14절 이하에서 분명히 밝히고 있다. **"내가 속히 네게 가기를 바라나 이것을 네게 쓰는 것은 만일 내가 지체하면 너로 하나님의 집에서 어떻게 해야 할 것을 알게 하려 함이니 이 집은 살아계신 하나님의 교회요 진리의 기둥과 터이니라."** 즉, 디모데가 하나님의 집에서 어떻게 행동하고 잘못된 가르침을 어떻게 경계하며 온전한 성도들을 어떻게 양육할 것인지를 알게 하기 위함이라는 것이다. 1장 3절 이하를 잠시 보자. **"내가 마게도냐로 갈 때에 너를 권하여 에베소에 머물라 한 것은 어떤 사람들을 명하여 다른 교훈을 가르치지 말며 신화와 끝없는 족보에 착념치 말게 하려 함이라 이런 것은 믿음 안에 있는 하나님의 경륜을 이룸보다 도리어 변론을 내는 것이라"**(3-4절).

하나님의 집
하나님의 집이라 할 때 이미 그것이 건물을 의미하거나 가정이나 가문이나 한 민족을 의미함을 내포하고 있다. 구약에서의 성전 개념도 하나님의 집이라는 말에 포함되어 있다. 그분의 집에서 사역자인 디모데가 어떻게 해야 할 것인지를 알게 하려고 사도는 이 편지를 쓴 것이다. 그러면서 교회의 표상에 대하여 "진리의 기둥과 터"라는 새로운 용어를 사용하며 언급한다. 그 용어의 참된 의미가 무엇인가? 로마 제국 당시의 건축물 중에 쉽게 발견할 수 있는 기둥들이 있다. 신전의 기둥들이나 여러 우상의 전각들 혹은 궁전의 돌기둥과 같은 것들이 이에 해당한다. 그 기둥들은 땅 위에다 돌을 쌓아서 높은 좌대를 만들고 그 위에 높은 기둥들을 세운 것이다. 그러므로 본문에서 사용하고 있는 기둥이란, 건축물에 있어서 없어서는 안 되는 것들이다. 그 기둥들을 떠받치고 있는 좌대를 터라고 말한다. 즉, 땅을 말하는 것이 아니라 그 대지 위에 얹은 돌, 즉 기초돌 혹은 주춧돌을 말한다. 성경에서 말하는 터는 넓은 지층에 세운 주춧돌을 말하지 않고 넓은 암반층에 놓은 주춧돌을 의미한다.

주님께서 "이 반석 위에 내 교회를 세우리라"고 하신 말씀도 바로 그런 의미이다. 베드로라는 개인의 이름의 남성 명사에 해당하는 '페트로스' 위에 교회를 세운 것이 아니라 여성 명사인 '페트라' 곧 반석 위에 세운다는 말씀이다. 우리말로 번역하면 '베드로 너는 돌이다. 이 반석 위에 내 교회를 세우리라'는 의미이다. 즉, 돌과 반석은 분명 차이가 있다. 큰 암반석과 같이 지층에 깔린 암석층을 의미하는 것이 반석이다. 또 마태복음 7장에 반석 위에 집을 지은 지혜로운 자에 대한 언급에서 볼 수 있듯이 바위라는 주춧돌을 놓고 그 위에다 집을 세웠다는 말이 아니라 그 집을 지을 대지가 모래 위가 아니라 암석토이며 그 위에 집을 짓는 자를 말하는 것이다. 그래서 집을 지을 때 그 토양을 잘 다져서 그 위에다 다시 기초돌을 놓고 집을 세우는 것이다.

따라서 '교회의 기초'라는 말을 쓸 때는 이 바위를 가리키는 말이 아니다. 에베소서 2장 20절에서 사도들과 선지자들의 터 위에 세웠다는 말씀에서 '터'라는 말은 예수님이 사용하신 이 반석 위에 세운다는 말씀에서의 반석과는 다른 말이다. 반석이라고 할 때는 대지에 있는 큰 암반을 뜻하지만, '사도들과 선지자들의 터'라는 말은 집을 지을 때 세우는 '주춧돌'을 의미한다. 즉, 바울이 염두에 두고 있는 기둥과 터라는 의미는 기둥과 그 기둥을 받들고 있는 주춧돌이 있고 그 주춧돌 아래에는 암반의 대지가 있는 그림까지 연상해야 한다. 암반의 대지가 없이 그냥 대지 위에 세운 주춧돌은 땅이 꺼질 때 쉬이 무너지고 마는 것이다. 그러나 암반의 대지 위에 세워진 주춧돌은 그 위에 세워진 기둥들을 떠받들기에 충분한 것이다. 한마디로 기초공사가 튼튼해야 함을 말한다. 예수 그리스도께서 이루신 구원의 놀라운 은총이라는 토대 위에 그것을 믿는 신앙으로 사도들과 선지자들이 전수해 준 올바른 교훈의 주춧돌을 잘 세워가야 한다.

사도들과 선지자들은 주춧돌과 같은 자들이요 그 위에 기둥을 세우고 전각을 세워 하나의 집이 형성되듯이 주님의 교회가 그와 같다는 것이다. 이런 측면에서 볼 때 음부의 권세가 결코 무너뜨릴 수 없는 교회라고 선언하신 것은 사도들과 선지자들의 터 자체가 누구도 무너뜨릴 수 없는 견고한 암반과 같은 것으로 이해할 수 있는 것이다. 그 위에 세워진 교회를 은유적으로 진리의 기둥과 터라는 말로 묘사하고 있다. 그러나 진리 자체는 은유적인 말이 아니라 실체를 말한다. 주님의 집을 생각할 때 가장 두드러지게 눈에 보이는 기둥과 그 기둥들을 떠받들고 있는 터가 온통 진리로 이루어진 것이라는 말이다.

한마디로 교회는 진리의 전당이다. 다시 말하면 사람들에게 하나님의 진리를 가르치고 전수하는 학교와 같은 것이다. 그런 의미에서 회중들을 가르친다는 의미를 지닌 교회(敎會)라는 한자어는 탁월한 번역이라고 말할 수 있다. 그러므로 가르침이 없는 교회는 교회가 아니라고 해도 틀리지 않는다. 무엇을 가르치는 것인가? 사도들과 선지자들이 전수해 준 가르침이다. 그 가르침이 바른 교훈이다. 이 터 위에 세워진 교회가 아니면 무너지는 교회이다. 그렇다면 우리가 속한 교회가 사도들과 선지자들이 제시한 선명한 교훈을 제대로 가르치고 있고 우리는 그 가르침을 올바르게 교육받고 있는가? 그 교훈하심에 따라 훈련받고 있는가? 바른 이 교훈은 등한히 하고 가려운 귀를 긁어 주는 사욕을 좇게 하는 스승을 많이 두고 또 그 귀를 진리에서 돌이켜 허탄한 이야기를 난사(亂射)하는 교회 강단이라면 망하는 교회이다. 기업으로 비유하면 회사의 설립 원칙이 무시되고 단순히 사원들의 사적 이익만 추구하며 전혀 생산적이지 못한 업무들에만 몰두하는 기업은 폐업 수순을 밟아야 하는 것과 같다. 그러나 제대로 된 기업은 원리원칙에 입각한 교육이 철저하고 사원들을 잘 훈련하여 회사가 살고 개인도 사는 공생의 길을 걷는다. 그중에 군계일학(群鷄一鶴)을 기대할 수도 있는 것이다. 교육과 훈련이 없으면 오합지졸만 늘어갈 뿐이다. 잔챙이가 많은 교회는 쇠하는 교회이다.

대짜배기나 알천이 많은 교회는 흥하는 교회요 세상의 이목을 끄는 교회이다.

　제대로 된 교회로 세워졌어도 사도들이 전수해 준 순수한 복음 원리에 충실한 교육이 반복적으로 이뤄져야 한다. 일반 회사는 창립 원칙에서 벗어난 재창조를 할 수 있다. 기업은 수익을 위한 구조이기에 과거에는 대중의 인기를 한 몸에 끌어서 상당한 가치를 창출했어도 지금과 같은 인공지능 기술이 발달한 세상에서는 전혀 다른 업종으로 전환해야 할 때가 있는 것이다. 안 되는 것을 붙들고 있는 것은 지도자로서 결단력이 부족한 것이고 그 결과 문을 닫는 일이 벌어지는 것이다. 그러나 교회는 회사가 아니다. 주 예수 그리스도께서 자기 피로 직접 세우신 교회요 이 진리의 기둥과 터는 영원히 변하지 않는 불변의 원칙이다. 그러므로 교회는 시대를 불문하고 이 원칙을 고수해야 하며 반복적으로 학습시켜야 한다. 하나님 말씀은 항상 존재하는 진리이기 때문이다.

　그 가르침의 내용을 오는 세대 사람들이 알도록 부지런히 가르쳐야 한다. 기둥과 터는 로마 제국에서 주로 사람들이 멀리서도 잘 보이는 곳에 세워둔 건물이었다. 사람들이 그곳에 가면 신을 만나고 사람들을 만나고 필요한 것들을 얻는 곳이다. 따라서 교회를 진리의 기둥과 터라고 하는 것은 교회가 사람들이 멀리서도 볼 수 있게 두드러진 모양을 띠어야 한다는 것을 말한다. 사람들이 그곳에 와서 그 집의 주인이신 하나님과 교제하고 그 하나님의 교훈하심을 듣고 그 하나님을 섬기는 같은 지체들과 교제하며 경배하는 처소가 하나님의 집이다. 그런데 하나님의 입에서 나온 진리를 들을 수 없는 곳이라면 하나님의 집이 아니다. 앞에서 예배의 요소 중에서 하나님의 말씀 읽기와 말씀 선포를 언급하였었다. 하나님의 입에서 나온 모든 말씀으로 살아가야 할 하나님의 백성들이기에 그 집에서 수종 들어 섬기는 자들은 반드시 하나님의 말씀으로 훈련받아 하나님의 말씀으로 사는 자여야 한다. 진리의 양식을 공급받지 아니하면 하나님의 백성들은 영적 기근에 시달린다. 이것은 무너지는 교회이다.

하나님의 집의 특징은 주인이 하나님이시라는 것 때문에 사람들이 이 집에 와서 집주인이신 하나님을 뵙고 동시에 그 주인이신 하나님이 그 집에 모인 자들에게 교훈하시는 진리의 말씀을 들어야 하는 것이다. 사람들만 잔뜩 모이고 하나님은 보이지 않는다면 그곳은 하나님의 집이라고 말할 수 없다. 하나님은 어느 특정한 건물에 한정되어 계신 분이 아니라는 것을 기억하는가? 하나님의 집이라고 하면서 하나님의 진리가 풍성하게 역사하는 곳이 아니라면 외형적인 건물이 아무리 화려해도 그것은 하나님의 집이 아니기에 쇠하는 교회로 남을 것이다. 하나님의 복음 영광의 광채를 찬란히 비춤 받지 못하는 교회는 쇠하는 교회이다. 세상의 빛이 되지도 못하고 맛을 잃은 소금이 되어 사람에게 짓밟히는 교인들만 우글대는 교회가 쇠하는 교회이다. 흥하는 교회는 단지 소금으로서 부패를 방지하는 것만이 아니라 맛을 낼 줄 아는 자들이 많은 교회이다. 기독교인들 때문에 살맛이 난다는 말을 듣는 교회이다. 그러나 불행하게도 요즘 세상 사람들은 교회들이 없으면 좋겠다고 할 정도로 교회의 신뢰도는 추락하고 있다. 복음이나 교회에 대한 반감으로 인한 것이라면 반기기나 할 것이지만 교회가 보여주고 있는 여러 추태로 그런 소리를 들으니 통탄스럽다.

교회는 복음에 충실해야 하며, 교회의 머리이신 그리스도를 충분히 드러내야 한다. 교회는 목사 개인이나 성도 중 특출한 사람들을 드러내는 곳이 아니다. 교회는 그들을 기념하여 세운 것이 아니며, 주님의 피로 설립된 주님의 소유이다. 교회는 생명의 떡이신 주님의 몸이다. 그러므로, 사람들은 교회에 나올 때마다 우리 죄 때문에 십자가에서 못 박혀 죽으신 예수 그리스도와의 영적 만남을 생각해야 한다. 그분을 뵙게 되는 교회가 흥하는 교회이다. 생명의 떡과 생명의 음료를 먹고 마시는 교회가 흥하는 교회이다. 그 집에서 봉사하는 자들은 구약에서는 레위족속들이었다. 그리고 그들 중에 아론의 반열을 좇은 제사장들이 있었다. 그들을 가리켜서 하나님은 이스라엘 백성들에게 주신 선물이라고 표현하였다(민 18:6-7). 이것은 주님의 백성들이 이 세상에 존재하는 한 항상 있을 영원한 규례였다. 그것이 불변의 원칙임을 소금 언약으로 확정하여 주셨다.

그 말씀을 주신 하나님이 신약에서도 똑같이 주님의 교회에 선물을 주시고 하늘로 승천하셨다. 즉, 에베소서 4장 7절 이하에서 언급하고 있고 11절에서 구체적으로 밝히고 있다. 사도들과 선지자들과 복음 전하는 자들과 목사들과 교사들, 주님의 말씀과 깊은 관련이 있는 이들을 선물로 주신 이유는 그들을 통해서 성도들을 온전케 하여 봉사의 일을 하게 하고 그리스도의 몸을 온전히 세워가게 하려 함이었다. 무너지는 교회를 섬기는 '섬기미'를 남발하는 것이 아니라 흥하는 교회를 세워 가는 '세우미'를 낳고자 함이었다.

그러므로 교회가 진리의 기둥과 터라는 의미는 주님께서 교회에 주신 선물을 통하여 성도들은 신령한 양식을 공급받아 세상에서 소금과 빛으로서의 사명을 감당하고 안으로는 주님의 거룩한 몸을 온전히 세워 가는 일에 최선을 다하는 자들이 되도록 힘써야 함을 말하는 것이다. 이 일에 누구도 제외되는 자는 없다. 적어도 우리가 예수 그리스도를 주로 믿는 자라면 예외 없이 이 일에 충성을 다하는 자가 되어야 함을 요구받는다. 그것이 세상 사람들, 특히 어둠에 속한 자들을 일깨워 빛의 자녀가 되게 하고 사랑이 없어 탄식하는 자들에게 사랑이 무엇인지를 알게 하고 그 사랑에 감동하게 하는 길이다. 그것이 이 세상에 교회가 존재하는 이유이다. 교회는 눈이 어두워서 참 빛이신 그리스도를 볼 수 없는 자들에게 그리스도를 보여주는 길이어야 한다. 이 일은 교회의 자선사업으로 가능한 것이 아니다. 성도 개개인의 선한 행실로 하늘에 계신 우리 아버지께 영광을 돌려야 한다. 그렇지 않으면 그리스도가 없는 교회, 즉 무너지는 교회를 섬기는 것이 될 뿐이다. 그리스도가 드러나지 않는 교회와 성도는 세상에서 생명을 잃어버린 존재일 뿐 아무 의미가 없는 것이다.

그리스도를 드러내는 것은 화려한 건축물이나 장식이 아니다. 화려한 외관이나 최고의 재료도 아니다. 그렇다고 초라한 건물도 교회로서 괜찮다고 말하는 것은 아니다. 다만 건물은 초라해도 얼마든지 그리스도가 임재하는 곳일 수 있다. 외관이야 우상 신전보다 못할지라도, 남루한 옷차림을 한 모습이라 할지라도 그곳에 주님이 계시기에 편안함을 느끼는 곳이라면 가장 아름다운 주님의 교회이다. 그런 교회가 진리의 기둥과 터가 된다. 우리는 우리 교회에 주인이신 주님이 우리로 인하여 편안해하실지, 행복해하실지, 아니면 그 반대가 될지 생각해 보자. 우리 때문에 살맛이 나는 이웃들인지, 아니면 제발 이사가 주기만을 학수고대하는 존재들인지를 생각해 보자. 쇠하는 교회인지 흥하는 교회인지 조금은 분별이 갈 것이다.

건물은 조화를 이루어야 한다. 조화를 이룬 교회는 아름답다. 만일 아름다운 교회가 아니라면 주인이신 주님의 불명예이다. 목사 때문에 혹은 장로나 교인 때문에 아름다운 주님의 교회가 추하고 더러운 교회로 전락하는 일이 없게 되기를 간절히 소망한다. 그러나 교회는 어차피 죄인들의 공동체이다. 그 공동체의 아름다움은 그 구성원들이 아름다워서가 아니다. 그 교회의 주인이 너무나도 아름답기 때문이다. 주님은 사람들의 눈에 흠모할 만한 것도 없고 고운 모양도 고운 풍채도 없었던 존재였으나 하나님은 그를 지극히 높여 모든 이름 위에 가장 뛰어난 이름을 가지게 하셨다. 모든 열방이 다 그 이름 앞에 무릎을 꿇고 그를 주라 시인하는 엄청난 역사를 이루셨다. 그 주님을 모시는 교회이기에 교회가 아름다운 것이다. 왕이 거처하는 왕궁은 세상에서 가장 아름답고 훌륭한 건축물로 이루어졌다. 하물며 만 왕의 왕이시요 만 주의 주재자이신 하나님이 거처하시는 처소야말로 어찌 아름답다 말하지 않을 수 있겠는가? 더구나 자신의 피로 값 주고 산 거룩한 백성들의 모임이기에 교회만큼 아름다운 것이 없다. 그래서 교회는 주님의 아리따운 신부이다. 과연 우리가 섬기는 교회가 주님의 신부다운가? 이 부분은 다음 장에서 자세히 살

필 것이다. 우리 교회는 신랑이신 주님 때문에 더 빛나는가? 아니면 구성원들이 혹은 건물이 아름다워서 아름다운가? 전자가 흥하는 교회, 후자는 쇠하는 교회이다.

에덴동산에서도 모든 만물 가운데 가장 뛰어난 피조물이 인간이었다. 하나님의 형상으로 지음을 받은 존재였기 때문이다. 그러나 그 인간을 파괴하고 하나님의 창조를 조롱하려고 덤비는 사단이 활보하고 있었다. 결국 마귀의 유혹에 넘어간 인간은 하나님의 영광에 이르지 못하는 불행을 낳았다. 모든 인류가 타락하여 죄 가운데 태어나 죄 가운데 살게 되었다. 결국은 죄 없으신 하나님의 아들이 세상에 오셔서 우리의 모든 죄 짐을 짊어지시고 십자가에 죽으셔야 했다. 그리하여 누구든지 저를 믿기만 하면 멸망하지 않고 영생을 얻으며 하나님의 자녀가 되는 권세를 입혀 주셨다. 이것이 타락한 인생을 구원하시기 위하여 하나님께서 친히 제정하신 구원의 유일한 길이다.

이것을 믿음으로 영접하여, 구속함을 받은 자만이 다니는 그 길에 들어선 하나님의 자녀들을 여전히 유혹하는 마귀의 왕성한 활동이 처처에 널려 있다. 그리하여 세상에서 흔히 부모 얼굴에 똥칠하는 자녀들에 대해서 듣듯이 교회의 현실도 예외가 아니다. 정말 주님의 얼굴에 먹칠을 하는 일들이 너무나도 많이 있다. 사단은 지금도 주님의 교회를 더럽히고 무너뜨리고자 갖은 방법을 동원한다. 돈으로, 이성으로, 명예로 유혹하여 넘어지는 일이 속출하고 있다. 주님이 계시기에는 너무나도 불편한 곳이 되어버린 것이다. 주님은 떠나가고 없는 교회가 늘어난다. 우리가 다니는 교회는 어떤가? 물론 우리도 셀 수 없이 죄를 짓는다. 하나님의 마음을 근심케 한다.

그러나 그럴 때마다 회개하고 우리를 깨끗게 하시는 주님 보혈의 공로를 의지하여 주님의 장막을 성결케 하려고 애쓴다. 우리가 교회를 세운다고 할 때 성도들이 모이는 교회여야 하지만 먼저 주님이 좌정해 계시기에 합당한 주님의 집이어야 한다. 어떤 집이 그런 집인가? 우리 주님이 거룩하시듯 우리가 거룩할 때 그렇다. 주님께서 십자가상에서 이룩하신 일이 자기 피로 값 주고 사서 우리를 거룩하고 흠이 없고 책망할 것이 없는 자로 하나님 앞에 세우신 것이었다. 그러므로 십자가를 지신 주님을 줄기차게 굳게 붙드는 일이 있어야 한다. 죄를 지었을 때 더욱 그리해야 한다. 그 길 외에 거룩케 되는 길이 없기 때문이다. 우리가 서로를 살피고 돌아보아 주님의 장막이 더럽혀지지 아니하도록 힘써야 한다. **"누구든지 하나님의 성전을 더럽히면 하나님이 그 사람을 멸하시리라 하나님의 성전은 거룩하니 너희도 그러하니라"**(고전 3:17).

또한 우리 주님이 가장 높임을 받으시는 교회, 세상이 핍박하면서도 내심 두려워하며 우러러보는 교회가 흥하는 교회이다. 진리의 기둥과 터라는 말은 바로 그런 의미이다. 주님이 땅에서 가장 높은 곳에 좌정해 계셔서 천하를 호령하시는 것이다. 이것이 주님의 교회요 진리의 기둥과 터이다. 주님이 호령하실 수 없는 곳이라면 교회가 아니다. 아니 주님의 백성들의 모임이라고 말할 수 없다. 살든지 죽든지 오직 주의 영광을 위해서 애쓰는 교회가 주님이 거처하시기에 가장 좋아하는 교회이다. 어찌하든지 세상에서 부와 영화를 누리는 일에 온통 신경 쓰는 자들에게서는 그런 삶이 절대로 드러나지 않는다. 그런 자들은 어쩌다 최고급 식당에 주님을 모시고 가서 대접한다고 할지라도 주님은 가지도 않으실 뿐 아니라 가셔도 그런 자들을 위해서 축복 기도조차도 하지 않으실 것이다. 비록 포장마차라 할지라도 주님의 이름을 높이기 위해서 몸 둘 바를 모르며 수고하는 이들이 일하는 그곳에 찾아가셔서 그들이 준비한 맛있는 음식을 잘 잡수시는 주님이시다. 그때 주님은 결코 혼자 오지 않으신다. 천군 천사들을 데리고 호령하며 오실 것이다. 그 주님을 사랑하는 자들이 함께 몰려올 것이다. 이것이 신령한 집으로 지어져 가는 흥하는 교회의 모습이다.

그러나 현실의 많은 교회가 그와는 정반대의 길을 걷고 있다. 사람들이 없는 것도 아니고, 헌금이 없는 것도 아니다. 훌륭한 시설과 장식물이 없는 것도 아니다. 그 어느 때보다 화려하고 아름답다. 그러나 교회에는 찬바람만 휘날리고 있다. 사막의 모래 폭풍처럼 일상생활을 힘들게 하는 쓴물을 흘려보내고 있다. 무엇이 잘못인가? 주님을 기쁘게 하기보다 그 집에 오는 손님들을 기쁘게 하기 때문이다. 주인의 잔치에 왔으면 그 주인의 업적을 기리고 그 주인의 인품과 일하심을 들으며 그 주인의 마음을 흡족하게 하는 일에 모든 관심을 쏟아야 하는데 거꾸로 오신 손님들을 즐겁게 하고자 사력을 다한다. 교회에 가서 여러분이 극진한 대접을 받으면 여러분은 쇠하는 교회를 섬기는 자이다. 진정한 종은 손님들도 잘 모셔야 하지만 주인의 안색을 먼저 살핀다. 주인의 입에서 떨어질 명령이 무엇인지를 기다리며 언제나 전하고 실천할 준비가 되어 있는 자이다.

그의 진리가 없는 교회는 공허한 사람들의 궤휼을 따르는 집단이요 진리를 행함이 없는 교회 역시 회칠한 무덤과 같은 것이다. 우리는 교회가 진리의 기둥과 터라고 한 사도 바울의 교훈을 결코 간과해서는 안 된다. 그는 본문에서 이렇게까지 묘사하고 있다. **"크도다 경건의 비밀이여 그렇지 않다 하는 이 없도다."** 이게 무슨 말인가? 주님의 이름만이 지극히 높임을 받게 하는 교회, 그의 진리만이 풍성하게 전해지고 가르쳐지는 교회에 주님이 머물기를 가장 기뻐하시는 그 놀라운 사실이야말로 큰 경건의 비밀을 가진 교회 공동체 혹은 구성원의 영적 힘을 떠받치는 것이다. 그것이 경건 생활의 비밀이다. 성도가 어떻게 거룩한 삶을 살 수 있는가? 진리의 기둥과 터인 교회를 통해서 신령한 양식을 공급받을 때 가능하다. 그 교회 식구들이 하나님과 함께하기를 무엇보다 즐거워하여 기도하기를 쉬지 아니할 때 가능하다.

주님의 집의 아름다움은 진리의 기둥과 터로서 그 본래 모습을 아름답게 풍김에 있다. 즉, 집에 붙어 있는 각각의 지체들이 자기 역할에 충실해야만 아름다운 조화를 이루는 것이다. 그 역할을 충실하게 감당하게 하려고 하나님은 교회 안에 말씀을 맡은 자들을 선물로 주신 것이다. 그런 자들의 자세는 바로 이와 같다. **"나의 자녀들아 너희 속에 그리스도의 형상이 이루기까지 다시 너희를 위하여 해산하**

는 수고를 하노니"(갈 4:19). 바울이 그런 말을 한 것은 갈라디아 성도들이 그리스도의 형상을 제대로 나타내지 못하고 있었기 때문이었다. 가르침을 받은 대로 순종하지 아니하고 다른 복음, 다른 예수, 다른 영을 좇아가는 일들이 있으니 어찌 그리스도의 형상이 드러날 수 있겠는가? 갈라디아 교회 안에 드러난 모습은 그리스도와 상관없는 것뿐이었다. 그런데 그런 모습이 사람들의 눈에는 상당히 매력 있게 보인다는 것이다. 그것은 세상 사람들의 이목을 끌기에 충분한 것이다. 그러나 유대인들이 꺼리는 것이요 헬라인들이 어리석은 것이라고 말하는 그리스도의 십자가 복음은 매력이 없고 볼품이 없는 것 같아도 사람을 구원하는 능력이다. 그것만이 죄에서 자유를 얻는 길이요 어둠에서 빛으로 나아가는 길이다. 다른 종교와는 비교가 안 되는 경쟁력 최고이다.

그러므로 바울은 내가 다시 너희를 낳아야겠다는 의미로 해산의 수고를 한다고 말한 것이다. 기독교가 아닌 것으로 기독교 복음인 양 말하는 거짓 교사들이 판을 치고 있는 교회는 망하는 교회이다. 그리스도를 높이지 아니하고 자신을 높이고 그리스도의 말씀을 전하지 아니하고 인간의 헛된 철학이나 심리학을 전하고 있는 자들이 이끄는 교회는 무너지는 교회이다. 그런 자들은 그리스도와 유사한 형상은 나타나게 할지는 몰라도 고난과 죽임을 당하신 그리스도를 닮지는 못한다. 강제로 화려한 궁궐에 앉혀놓은 그리스도, 아니 그렇게 좌정하셔서 천하를 호령하는 그리스도의 모습은 혹 보일지 몰라도 가난한 자에게 자유를 주고, 눈먼 자를 보게 하고, 갇힌 자들을 풀어주며, 굶주리고 헐벗은 자의 친구가 되시는 그리스도의 형상은 결코 찾아볼 수 없는 것이다. 베풀고 버리고 내어주고 희생하여 하나 되게 하시는 주님의 형상은 보기 어려운 것이다. 그런 교회는 쇠하는 교회요 쇠하는 교회 '섬기미'이다.

그렇지 않은 교회를 세워 가는 일에 이바지하는 것은 우리의 영광이다. 그러나 성도가 누릴 그 영광을 박탈해 버리는 지도자들이 존재하는 교회는 이중적 처벌을 피할 수 없다. 하나는 하나님이 맡겨 주신 생명의 말씀을 등한히 여긴 죄에 대한 처벌과 그들을 통해서 마땅히 하나님의 영광에 이르는 자리에 오를 자들의 영적 성장을 차단한 죄에 대한 처벌이다. 그들 밑에서 알지 못하고 따랐던 자들이 받을 처벌은 뭐가 있을까? 진리를 옳게 분별하려는 노력을 하지 않은 죄에 대한 처벌과 진리를 위한 선한 싸움을 피한 죄에 대한 처벌이 있지 않을까? 어떤 처벌이든 대심판장이신 하나님께서 정하시겠지만, 마태복음 7장 21–23절의 형벌만큼은 피해야 할 것이다. 불법(不法)을 저지르는 자에게는 아무리 큰 업적을 이루었다고 해도 공의로운 재판장의 법을 피해 갈 수 없음을 분명히 하신 것이다. 이처럼 기사회생의 기회가 전혀 없는 영원한 형벌을 피하기 위해서는 하나님이 규정해 주신 법도에 따라 주님의 교회를 세워가야 한다는 것이 명확한 교훈이다. 그 도가 말하고 있는 것이 무엇인지 부지런히 탐구하는 것은 평생토록 갈구해야 할 일이다. 종으로서 섬기는 자의 임무는 주도적인 결정권을 행사하는 것이 아니라 명령받은 일을 성실하게 이루는 것이다. 주인의 명하심에 순종하는 것이다. 알아야 면장이라도 하는 것이 분명하기에 하나님의 말씀을 맡은 일군들은 하나님의 말씀을 즐거워하여 주야로 묵상하는 복된 길을 가는 자이다. 그렇지 아니하면 소경이 소경을 인도하는 꼴불견이라는 꼬락서니가 되는 것이다. 훌륭한 선생이 있어야 훌륭한 제자가 나오듯이 진리의 사람, 기도의 사람이 이끄는 교회가 철저하게 교육하고 훈련할 때 그리스도를 닮은 좋은 제자들을 만들 수 있는 것이다. 그대는 철저한 교육과 훈련을 좋아하는가, 싫어하는가? 지금까지의 내용을 통해 어떤 교회가 쇠하는 교회인지 흥하는 교회인지 충분한 분별력이 생겼을 것이다.

단기 성과 집착

셋째로 단기적인 성과에 집착하는 현상이 교회 무너짐의 또 다른 증거물이다. 명문 가문이라는 소리를 듣는 것은 어느 날 하루아침에 되는 것이 아니라 수십 년, 수백 년, 수 세기에 걸쳐 형성된다. 그런데 그것을 무너뜨리는 것은 순식간이다. 오랜 세월을 지내면서 기업의 가치와 자산이 축적되지만, 모든 재산을 하루아침에 잃고 파산하는 기업도 상당하다. 마찬가지로 교회도 화려한 과거에 비해 초라한 현재를 가진 데는 다 이유가 있다. 앞에서 지적한 목사 개개인의 연구 활동과 경건성 저하, 그리고 단기적 성과에 대한 집착이 당장은 성장을 일으키는 것 같아도 결과적으로는 퇴행의 길을 걷게 했다. 경배와 찬양이라는 매우 성경적인 용어가 수적 증가의 한 방편으로 사용되었고, 전도폭발이나 총동원 전도주일 및 태신자 운동 같은 비

성경적 활동들이 흥밋거리 위주로 돌아갔다.

단기성과를 추구할 때 늘 발생하는 현상은 원칙에 대한 타협이다. 처음에는 조그맣던 바늘구멍이 나중에는 팔뚝으로도 막을 수 없는 큰 구멍으로 이어지는 것을 기독교 역사가 증명한다. 새 시대에 새 부대가 필요하다는 말을 내세우며 과거의 사람들보다 현재의 사람이 월등한 존재인 양 교회의 본질에서 서서히 벗어나게 하는 일들이 있었다. 결과적으로 한국의 교회는 지금 퇴행의 진통을 겪고 있다. 거품에 사람들이 몰리는 것 같았지만, 허탈하게 끝난 것이 한두 번이 아니다. 수많은 사람을 초청하여 일일이 선물 보따리까지 들려주며 보냈어도 그다음 주일에 교회를 다시 찾는 사람은 극소수에 불과한 것이다. 수천만 원이 들었지만 한 영혼이라도 건졌으니, (그 한 사람도 구원받은 자라고 확신할 수 없지만) 일단 그 한 사람이라도 왔다는 것으로 감사하다고 말할 수는 있다. 그러나 효율성 측면에서는 기업이라면 다시는 하지 않을 일이었을 것이다.

일명 디플레이션이라는 말도 있다. 전반적인 물가수준이 지속적으로 하락하는 현상을 말한다. 지금 교회의 상황이 그렇다. 지속적으로 퇴보하고 있다. 좀처럼 나아질 기미가 없다. 소비자들의 소비가 공급보다 적어지고 상품이나 서비스의 가격이 계속해서 떨어지는 디플레이션 현상이 교회 내에서 구체적으로 드러나고 있다. 이것은 다 단기적 성과에 집중하고 연구개발과 참 신앙인으로 훈련하는 투자에 인색한 것에 기인한다. 직원들에 대한 교육을 철저하게 하는 기업이 정상이다. 그러나 한국의 교회는 회원들에 대한 자격심사 기준을 대폭 완화하였고 심지어 교회 직분자들에 대한 자격도 영적 가치에 우선권이 없이 사회적 지위나 신분, 혹은 경제력에 두고 있는 현상이 결국은 교회를 받치고 있는 기둥의 허약함을 초래하였다. 따라서 교회의 무너짐은 시간문제가 되고 있다.

특히, 지교회 담임목사를 공개 모집하는 현상은 공정한 절차를 자부할지 몰라도 교회가 인재 양성에 얼마나 소홀히 하고 있는지를 여실히 보여 주는 것이다. 지금 교회 일군을 길러내는 신학교를 위한 기도나 지원이 일절 없다는 말은 아니다. 그러나 가혹할 정도로 소홀하다는 것에는 이의를 달지 못할 것이다. 지금 교회 일군은 스스로 알아서 커야 한다. 교회가 키우지 않는다. 교회 공동체라는 모판이 전면적으로 사라지고 있다. 신학교와 학생들을 위하여, 가르치는 교수들을 위하여 기도하고 지원하는 일은 시급한 문제인데도 전혀 하지 않고 있다가 담임을 구한다든지 부교역자를 구할 때 교단 기관지에 광고 내는 것으로, 좋은 사람들이 지원하기를 바라며 그중 탁월한 자를 선택하는 지혜가 있기를 바라는 요행만이 난무하고 있다. 후임으로 온 사람과의 갈등이 생기면 틈을 기우지 못하고 더 벌어져 결국 쉽게 갈아치우는 일이 일상처럼 되고 있다. 후임 목사를 귀히 여김이 없다. 자기들이 힘들여 키운 일군이 아니기에 벌어지는 현상이다. 심혈을 기울여 키운 일군이 아니기에 직업인의 한 사람으로 간주하고 하나님이 보낸 하나님의 일군으로 소중하게 여기거나 존중함보다 얼마든지 교체선수를 찾으면 된다고 생각하는 것이다.

연예 기획사와 같은 곳에서 연출과 공연을 지원받아도 능히 해낼 수 있는 흥밋거리 위주의 총동원 주일 행사로 과도한 생산 능력

을 자랑했던 교회가 이제는 교회에 대한 구매력 감소를 초래했다고
한다면 지나친 주장인가? 지금 비기독교 현대인들에게 교회가 배출
하는 매력적 요소가 뭐가 있냐고 물어보면 절대다수가 아무것도 없
다고 할 것이다. 즉, 구매력이나 호감도가 전혀 없는 것이다. 코비
드 19가 한창인 2021년도의 통계이지만 한국인의 절반 정도가 개신
교를 극히 싫어한다고 하며, 100점 만점에 50점 이상을 받은 천주교
와 불교보다 무려 20점이나 낮은 31.6의 호감도였다는 사실이다. 주
목할 지점은 개신교에 대한 부정적인 감정이 너무 강해 24점에도 미
치지 못하는 점수를 준 응답자가 전체의 48%에 달했다는 점이다. 전
체 응답자의 30%가 개신교에 매긴 점수는 4점에도 미치지 못했다.
이런 수치는 원불교와 비슷하다. 원불교의 호감도 점수는 28.8점으
로 집계됐으며, 응답자의 47%는 24점을 밑도는 점수를 매겼다(길벗
강단, 2021년 12월 19일자). 이 통계에서 보여 주는 충격은 종교가 없는
응답자를 대상으로 조사를 진행했을 때 개신교에 대한 반감은 더 강
하게 드러났다는 사실이다. 구매력도 경쟁력도 다 상실했다. 교회가
어쩌다 이렇게 되었는가? 복음의 진수에서 멀어지고 세속적인 이윤
추구에 몰입하는 교회의 타락이 빚어낸 현상이다.

신종 성직 매매(직분자 남발과 과도한 헌신 헌금)와 직분자들의 신행
불일치는 구매력을 더욱 떨어뜨리고 있다. 소위 탈교회 시대가 된
것이다. 성도 수의 감소만이 아니라 신학교 지원도 미달 현상으로
치달았다. 이것은 어떤 이의 말을 빌리면 '기복신앙의 강조'와 조엘
오스틴의 '긍정의 힘'과 같은 인간 행복 중심의 메시지가 잔뜩 거품

을 일으킨 것이라고 한다. 부와 영화를 거머쥐는 호황을 계속 누리고 싶어서 하지 말아야 할 각종 간증 집회와 인기 연예인이나 사회 저명인사 초청대회 등 지극히 세속적인 방식의 도입으로 단기적인 성과를 내고자 하는 안쓰러운 몸부림이 이런 참사를 빚었다고 해도 틀리지 않을 것이다. 심령의 변화가 가장 궁극적인 목적이어야 할 강단의 메시지가 땅에서 잠시 행복을 누리고 만족을 추구하고 겉으로만 윤리 도덕적으로 남보다 조금 고상한 언어사용과 좋은 매너를 진실한 기독교인의 삶 전부인 양 오도한 것이 지금의 무너져가는 교회를 만들어 냈다고 볼 수 있을 것이다. 그런 교회를 섬기는 자들도 동반 하락의 길을 가는 것은 당연한 일이다.

교회는 언제나 영적 전쟁터의 중심에 있다. 세상과 벗하고자 하는 것은 곧 하나님의 원수가 되는 것이라는 야고보서의 강력한 경고를(약 4:4) 망각하고 현실과 공존하려는 몸부림을 치는 것은 하나님이 거처하시는 처소여야 할 교회 자체를 원수의 소굴로 만들어 가는 일이다. 세상과 구별된 교회가 세상과 매우 우호적인 관계를 유지할수록 세상으로부터 조롱과 비아냥거림을 당하는 교회가 되어 망하게 될 뿐이다. 영적 전쟁은 사람 수의 많고 적음에 달린 것이 아니라 교회의 주인이신 삼위일체 하나님과 얼마나 친근히 하느냐에 달려 있다. 그런데 세상과 가까워지는 방책들을 앞세우니 하나님과는 멀어지게 되고 하나님의 강력한 도움의 손길보다 인간의 지략을 더 선호하는 인간 중심의 교회가 된 것이다.

영적 전쟁에서 이기는 길은 세상과의 평화적 공존이 아니라 "모든 이론을 파하며 하나님 아는 것을 대적하여 높아진 것을 다 파하고 모든 생각을 사로잡아 그리스도에게 복종케 하는" 하나님의 강력인 복음에 있다. 교회는 이 복음으로 완전무장해야 한다(고후 10:3-5). 그런데 지금의 교회는 하나님의 전신갑주를 벗어던지고 외형적 화평을 견지하고자 애쓴다. 우리가 섬기는 교회는 어떤가? 육체의 병기를 의존하는 교회인가? 하나님 의의 병기를 의존하는 교회인가?

주님의 참 교회는 영원하다. 망할 수 없다. 그러나 하나님 중심, 성경 중심에서 이탈한 인간 중심의 지상 교회는 망한다. 그런 교회를 섬기는 이들도 더불어 망한다. 물과 성령으로 거듭나지 않으면 누구도 하나님을 볼 수도 없고 하나님 나라에 들어갈 수도 없는데 그 하나님 나라를 예표하는 지상의 교회 안에 거듭남이 없는 자들이 너무 많이 드나들고 있다. 어차피 가라지가 존재하는 교회이니 그러려니 하겠지만 문제는 주객이 전도되는 기현상이 농후하다는 것이다. 당연히 교회의 결정이 성경과 신조에 근거하기보다는 사람들의 반응과 시대 조류의 편승이 위력을 발휘하고 있다. 사람들이 좋아하는 교회, 지식층이 선호하는 교회, 가진 자들이 기뻐하는 교회 쪽으로 발걸음을 옮길 때마다 하나님의 이마에 그어지는 주름살이 늘어가고 있다. 우리 안에 계신 성령을 근심케 하는 일은 개개인의 죄악된 생각과 행동만이 아니라 진리의 정로에서 이탈하고 있는 교회적 타락과 부패함이 더 강하다. 결국은 하나님의 촛대를 옮기는 불행을 낳는 것이다. 단기적 성과에 급급해하고 부교역자들을 달달 들볶아 오로지 숫자에 희비가 엇갈리게 하는 교회를 섬기는 그대는 무너지는 교회를 섬김이 분명하다.

　물론 교회는 성장해야 한다. 교회 성장은 영적 성숙만이 아니라 수적 증가도 수반된다. 옥토에 뿌려진 그리스도의 말씀은 백 배, 육십 배, 삼십 배의 결실을 맺는다. 문제는 인간의 마음 밭을 어떻게 옥토로 가꾸느냐에 있다. 흥미를 유발하는 재미있는 프로그램으로? 사람들의 간지러운 귀를 긁어 주기에 급급해하는 허탄한 이야기들로? 예수 믿으면 복 받는다는 기복신앙 강조로? 감미로운 심리학적 접근으로? 그런 것들은 일시적으로는 마약적 효과와 같은 결과를 낳을 수 있을 것이다. 그러나 장기적으로 보면 돌밭이나 가시밭에 떨어지는 씨에 불과하다. 사람의 심령 골수를 찔러 쪼개기까지 하고 마음에 숨은 것들 모두를 들춰내는 참 복음 외에는 허물과 죄로 죽은 영혼을 옥토로 바꿀 수 있는 길이 없다. 마른 땅을 흙갈이하여 기름진 땅으로 바꿀 수 있는 것은 인간의 지혜로운 말로 가르치는 곳에서는 나오지 않는다. 오직 성령의 나타남과 능력으로만 가능한 것이다. 그 성령의 나타남은 지식과 지혜의 모든 보고를 가지신 참 진리이신 예수 그리스도의 말씀이 순수하게 선포되는 곳에서 발견된다. 일시적 단기성과를 추구하는 이들에게서는 결코 맛볼 수 없는 일이다. 복음은 고난이라는 비바람과 눈보라를 통과해야 한다. 철판보다 더 단단한 인간의 마음을 뒤바꾸는 일인데 이마에 땀이 구슬처럼 흘러내리는 일이 없이 가능한 것인가? 개인 연구실에서 흘리는 이러한 땀이 강단에서 성령의 나타남과 능력을 경험케 하는 것이다.

교회여, 이제는 버리라. 하나님 말씀이 말하지도 않고 합당한 근거도 없는 인간의 모든 지혜로운 방안, 상상 및 일시적인 성과를 내는 것 같은 혁신적인 것들까지 다 포기하라. 교회가 하는 모든 행위에 대해서 성경적으로 하는 것인지, 올바른 신학적 입장을 견지하고 있는 것인지 상관하지 않는 교회는 쇠하는 교회이다. 동조에 가까운 침묵 역시 교회가 무너지는 징조 중 하나이다. **"눈을 감는 자는 패역한 일을 도모하며 입술을 닫는 자는 악한 일을 이룬다"**(잠 16:30). 성경의 역사를 보라. 구약의 이스라엘이 왜 망했는가? 다윗의 보좌가 있던 남 유다가 왜 망했는가? 그들의 종교적 행위가 없어서 망한 것인가? 이스라엘이나 유다 민족의 인구수가 줄어들어서 망한 것인가? 그들이 망한 것은 모세의 율법에 기록된 대로 하지 않은 결과이지 않았는가? 사악한 일에 눈을 감고 침묵하며 짓지 못한 개들로 인한 것이 아닌가? 소아시아 일곱 교회가 지상에서 사라진 이유는 무엇인가? 물론 이교도들에게 점령당하여 파괴된 것도 그 이유이겠지만, 에베소 교회처럼 첫사랑을 회복하지 않았다든지 회개하지 않았다든지, 하나님의 경고하신 말씀에서 멀어졌기 때문이지 않았을까?

물론 그 뒤로도 흩어진 유대인들이 존재하고 지금까지 주님의 교회는 남아 있다. 주님을 신실하게 따르는 자들의 헌신과 영원히 살아계신 하나님의 아들 예수 그리스도의 보배로운 피로 말미암아 하나님께서 붙드시고 계시기 때문이다. 지금도 보이지 않는 주님의 교회는 동서남북 사방에서 구원 얻은 백성들로 날로 늘어가고 있음을 안다. 그런데 우리가 섬기는 교회가 쇠하는 교회라면 어떻게 할 것인가?

우리가 속한 교회가 기록된 말씀 밖으로 벗어나 유희하고 다니는 한, 결국은 소멸하고 말 것이다. 그런데도 지금의 교회가 죽어가고 있는 것도 모르고 희희낙락 노는 데 정신 팔려 있지 않은가? 기록된 말씀에 충실하기보다 사람들의 본능 충족에 더 열심을 내는 교회가 되었음을 인지하지 못하는가? 우리의 신앙은 무엇에 대한 신앙인가? 말씀이신 주님에 대한 신앙이고 주님의 말씀에 대한 불변의 믿음이다. 그 믿음은 주님에게 순종하는 것이요 그 주님의 말씀에 온전히 충성하는 것이다. 그 말씀을 이루며 살라고 권면하고 가르치고 선포하고 훈계하는 것이 목사의 일이다. 그러나 지금 우리가 믿고 있는 것이 무엇인가? 물론 주님을 믿는다고 할 것이다. 신구약 성경이 정확무오한 하나님 말씀인 것도 믿는다고 말할 것이다. 그것을 뭐로 증명하겠는가? 교회 일에 열심을 내는 것으로? 그것은 믿음이 없는 자들도 할 수 있는 것이 아니던가? 주일 예배에 매번 빠지지 않고 참석하는 것으로? 주님의 말씀이 뭔지 모르는 자들도 교회에서 하는 일들이 좋아서 부지런히 참가할 수 있는 것 아닌가? 교회 일이 좋아서 하는 거지 진짜 주님이 좋아서 하는 것이라면 주님께서 하신 말씀을 무엇보다 사랑하고 순종하고자 힘쓸 것이다. 왜냐하면 성경만이 신앙과 행위의 유일한 규범이기 때문이다.

　그런데 우리 목사들의 관심은 교인들이 얼마나 주의 말씀을 따라 살아가는지보다 어떻게 하면 사람들이 교회당에 와서 즐거워하며 기뻐하며 만족할 것인가에 있지 않은가? 교회에서 하는 것이 다 교회의 주인이신 주님이 기뻐하시는 것인지 한 번이라도 고민한 적이 있는가? 교회에서 하는 것이니 당연히 주님이 기뻐하실 거라고 믿는 것이 대부분일 것이다. 우리가 하는 것이 주님의 기록된 말씀을 따라 정말 주님을 기쁘게 하는 것인지, 그리스도의 종으로 주님의 뜻에만 복종하는 것인지, 아니면 사람을 기쁘게 하려는 사람의 종으로 하는 것인지 점검은 제대로 하고 있는가? 안 한다면 그것은 쇠하는 교회를 섬길 뿐이니 쇠하는 교회를 일으켜 세우는 일에 이바지한다고 볼 수 없을 것이다.

교회를 세우기보다 무너지게 하는 일에 더 열의를 쏟고 있다는 증거는 또 있다. 앞에서 지적한 것과 다를 것이 없지만, 세상의 유행과 풍습, 심지어 사람들의 기호를 교회 안으로 끌어들이는 것이다. 그래서 하나님의 법과 진리보다 세상에서 말하는 공정과 상식이 우선이 된다. 교회 안에서 발생한 문제들을 스스로 해결하지 못하고 하나님을 두려워하지도 않고 인정도 하지 않는 세속 법정으로 가져가는 것이 대세가 되었다. 마음에 하나님의 법을 두지 않는 세상 사람들의 선호도에 부지런히 발맞추고 있는 것이 아니라고 부인할 수 있는가? 분명 교인들의 시민권은 하늘에 있다고 하면서도 대부분의 관심은 하늘보다 온통 땅에 있는 것들이 전부인 것을 부정할 수 있겠는가? 하늘의 것을 위하여 땅의 것을 포기하는 교인들이 얼마나 있을까? 내가 너무 비관적이라고 말하고 싶을 것이다. 나도 내가 사랑하는 주님의 교회에 대해서 항상 긍정적으로 보고자 힘쓴다. 나는 교회가 부패하고 타락했어도 여전히 이 세상의 소망은 교회에 있다고 믿는 자이다. 그러나 교회가 하나님이 세우신 지계표로 돌아가지 않으면 무너질 것도 분명하다. 이방 종교인 불교에서도 길을 잃었으면 처음으로 돌아가서 다시 점검하다 보면 길이 보인다고 가르친다.

우리의 종교개혁자들은 *ad fontes*, 원천으로 돌아가라고 외쳤다. 즉, 성경으로 돌아가는 것만이 유일한 해결책이다. 누군가가 말한다. 돌아가기엔 너무 멀리 왔다고. 그래도 살 길은 성경을 붙드는 것이다. 성경으로 돌아가는 것이다. 세상 사람의 눈에 지금의 교회가 보여 주는 혐오스러운 것을 더 이상 끼고 갈 수 없다. 스스로 조금 불편한 가난의 길을 찾고 영적으로 부요한 길을 추구하는 사람들이 많아져야 한다. 땅에서 잘 됨이 마치 하나님의 복을 받은 것으로 착각하게 만드는 일을 이제는 진리로 자리 잡지 못하게 해야 한다. 물론 현실의 위력이 큰 것 인정한다. 그렇다고 마치 사춘기에 있는 아이들 혹은 청소년들이 세상의 유행에 뒤처질까 전전긍긍하는 것처럼 교회도 시대적 욕구에 맞춰주고자 안간힘을 다 기울이고 있는 것이 옳은 일인가? 인간의 본능을 억제하고 성령의 소욕을 좇아 살게 하여야 할 것임에도 교회가 인간 본능에 충실하기를 조장하고 있는 현실에 정당성을 부여할 것인가?

대한민국이 세계 최저 출산율을 가지고 있어서 언젠가는 지구상에서 사라질 날이 올 것이라는 말은 어제오늘의 말이 아니다. 그런 말은 지난 20년 가까이 줄기차게 있어 왔다. 나라가 없어지면 교회도 사라지는 것이 아니겠는가? 물론 로마 제국은 사라졌어도 교회는 존재해 왔다고 말하고 싶을 것이다. 대한제국도 없어졌지만, 교회는 아직도 이 나라에 건재해 있다고 말할 것이다. 그러나 인구절벽 문제는 근본적으로 상황이 다른 문제이다. 한국 사람 자체가 없어지는데 한국에 있는 교회라고 다르겠는가? 그럼 어떻게 해야 할까? 이것 역시 하나님의 말씀으로 돌아가는 것이 해답이다. 하나님을 모르는 자들에게 답을 기대할 수 없는 것이다. 우리가 정말 그리스도인이라면 이 문제의 심각성을 고려해야 한다. 지금까지 세상의 흐름과 유행에 앞장서 달려왔다고 하더라도 그것이 교회를 쇠하게 하는 것이고 그것이 우리나라의 존재를 파괴하는 것이라면 이제라도 성경으로 돌아가야 하지 않겠는가? 거룩한 씨로 번성케 하라는 주님의 명령에 왜 귀를 닫고 있는지도 궁금하다. 그렇다고 전도에 열을 내는 것도 아니지 않는가? 전도하기가 쉽지 않은 상황은 분명하지만, 그 상황이 전도 하지 않아도 되는 변명거리가 될 수는 없지 않은가? 때를 얻든지 못 얻든지 복음을 전하는 일은 그리스도인의 사명이다.

복음에 대한 세상의 태도는 로마 제국 당시나 지금이나 다르지 않다. 세상은 복음에 적대적이다. 복음 전하기 좋은 때란 실질적으로 없다. 더욱이 요즘은 국가의 법으로 전도를 제재한다든지 종교에 대한 무관심, 물질만능주의 등 많은 장벽이 복음의 진보를 가로막고 있다. 이는 과거에도 그랬고 앞으로도 다르지 않을 것이다. 그래도 복음은 전파되어야 한다. 손쉬운 방법은 무엇일까? 우리나라 현실에서 충분히 적용할 만한 것이 있다. 그것은 결혼해서 자녀를 많이 낳아 주님을 아는 지식 가운데서 자라게 하는 일이다. 물론 이는 하나님의 말씀을 따라 살려는 그리스도인의 희생과 헌신이 있어야만 가능하다. 비혼주의까지 생긴 현실에 기독교인도 영향을 받고 있기에 세상을 본받지 아니하고 오직 주님의 말씀을 따라 살려는 각오가 있지 않으면 안 된다. 우리가 진짜 주님의 자녀라면 사탄의 씨가 흥왕케 되는 것을 수수방관만 할 것인가? 주님을 아는 지식인이 많아지고 거룩한 씨가 많아지면 자연스럽게 하나님의 교회가 흥하지 않겠는가? 그렇게도 외쳐온 민족 복음화를 이루는 최단 방편이 될 수 있지 않겠는가? 그러나 많은 현대 기독교인 청년들도 결혼을 선택 사항으로 간주하고 결혼해도 아이는 싫다는 세상 사람의 사고방식의 영향 속에 빠져 살고 있다. 그런 행태가 교회의 망함과 쇠퇴함에 이바지하는 것이요 결국은 무너지는 교회를 섬기는 것이 아니라고 우길 수 있겠는가?

쇠하는 교회를 섬기고 있다는 또 다른 증거는 지상에서의 행복을 천국에서의 영생 복락보다 더 귀히 여기는 것이다. 영원불변하신 전능자의 손에 잡혀 사는 것보다 잠시 있다가 사라지고 말 부귀영화를 제공하는 세상에 대한 집착도가 너무 크다. 성경에서 말하는 복은 땅에서 누리는 물질적 풍요와 권세에 초점이 맞춰져 있지 않다. 그러나 현실 교인들은 세속적 가치관이 제시하는 부귀영화를 마치 하나님이 주시는 복처럼 여기고 있다. 그렇게 믿고 살아가는 이유는 인간의 능력이 전능자를 능가하는 것처럼, 인공지능 발달에 매료되고 그로 인하여 자신의 제한된 지식과 역량을 극대화할 수 있고 그로 인하여 원하는 것들을 손에 쥘 수 있다는 착각 속에 빠져 살기 때문이다.

세상은 전능자가 필요 없는 곳이 되고 있다. 세상은 초능력자의 출현을 기대하며 인간이 직면하는 문제들을 그들이 해결할 수 있으리라는 망상에 젖어 산다. 그러나 모로코의 지진이나 리비아의 홍수가 가져온 피해를 인공지능이 막아줄 수 있다고 믿는 자는 아무도 없을 것이다. 기상이변의 현실을 인공지능이 능히 해결할 수 있다고 믿지도 않는다. 그러면서도 그 모든 일을 주재하시는 하나님을 찾지 않는다. 현대과학은 인간 삶의 질을 향상하는 일에 어느 정도 이바지할 수는 있어도 생명을 보장해 주지는 않는다. 돼지의 심장을 이식해서 잠시 생명을 연장하는 일은 할 수 있어도 생명을 창조하거나 죽지 않게 하는 길은 없다. 생명은 오로지 창조주 하나님, 전지전능하신 하나님께 속한 것이다. 이것을 인정한다면 자기의 재물을 의지하고, 재물이 풍부하므로 자긍하는 인생이 누구도 자기 형제를 구속하지 못하며 저를 위하여 속전을 바칠 수도 없다는 사실을 기억해야 한다(시 49:6-7). 왜냐하면 그 생명의 구속이 너무나도 귀하기에 하나님이 하시는 것이 아니면 불가능하다. 불멸의 인간이 되고자 밤낮으로 노력하여도, 과학의 영역이 제아무리 커져도 이 일은 영원히 이루지 못할 일이다.

우리는 공수래공수거(空手來空手去)라는 말을 잘 알고 있다. 우리 인생은 빈손으로 와서 빈손으로 돌아가는 인생이다. 무슨 수를 써서라도 하나라도 더 움켜쥐려 하지만, 죽으면 그 재물을 다 타인에게 줄 뿐이다. 지혜자도 죽고 우준 하고 무지한 자도 같이 망한다. 권세있는 자도 죽고 파리 목숨보다도 천하게 취급되는 자들도 다 죽음의 문을 통과한다. 옛 중국 문헌에 이런 글이 있다. "살기에 급급해 앞날의 재앙을 못 보는 자들은 자기가 무지한 존재라는 것도 모른다." 인간의 힘으로 대신할 수 있는 것은 전혀 없다. 일시적 번영을 위하여 사람을 의지하고 인공지능을 신뢰하고 감각과 이성적 판단을 우위에 두는 한 그대는 쇠하는 교회를 섬기고 있을 뿐이다. 진리의 내구성은 영원하다. 그 진리를 부여잡는 것이 진짜 흥하는 교회를 세워 가는 길이다. 진리는 상황에 따라 변하는 것이 아니다. 시대 조류에 맞춰서 변경되는 것이라면 더 이상 진리가 아니다.

신규직원들의 잇따른 퇴사

망하는 기업의 또 다른 특징은 신규직원들의 잇따른 퇴사이다. 신규직원이 버티지 못하고 퇴사할 수밖에 없는 것이 현실이다. 더 나은 보수와 직장을 찾아 이직하는 경우가 대부분이겠지만 희망이 없어서 이탈하는 것도 상당수이다. 여기서 실력을 배양하여 더 나은 환경에서 꿈을 실현할 기회를 엿보지만 있어보았자 배울 것도 없고 시간만 소비하는 불합리성 때문에 이탈하는 것이다. 소망을 주는 기업이라야 끝까지 남아서 긍지와 자부심으로 힘을 다해 일하게 되는 것이다. 회사가 보여 주는 비전이 무엇인지, 그 꿈을 이루는 일에 내가 이바지할 기회가 얼마나 주어지는지, 그에 상응하는 보상이 따라오는 건지 등 다양한 각도에서 살피며 확정할 것이다.

교회는 어떤가? 신입사원들을 뽑는 기관은 아니지만 새 물이 공급되고 있는 것인지, 이어갈 젊은 층이 있을 만큼 소망을 주는 교회인지를 생각해 보자. 타 교회에서 이주해 오는 교인이 많은 교회가 아니라 처음 예수 믿겠다고 오는 교인들이 늘어나는 교회에는 뭔가 다름이 있을 것이다. 나는 그것을 복음의 *선명성*과 교육의 *효율성*,

그리고 미래에 대한 신원 보장의 확실성이라고 말하고 싶다. 복음이 선명하게 선포되고 가르쳐지는 교회는 새 생명을 낳는 일이 자연스럽게 일어난다. 전국의 지방 사정은 애기 울음소리를 들을 수 없다는 현실이 잘 설명해 주고 있다. 없어질 촌이나, 면 지역 심지어 군까지도 상당할 것이라는 말이다. 그런 지역에 있는 교회들이 생존할 수 있을까? 대도시로의 이주는 어제오늘만의 일이 아니지만 지금의 지방 현실은 심각하다. 그래서 목회자의 정년 연장 문제도 늘 헌의가 올라오지만, 젊은 사역자들의 기회를 박탈한다는 우려가 더 크기에 성경적이지도 않은 정년제를 아직도 고집하고 있다.

교인이 줄어드는 것은 고령층의 죽음, 저출산의 영향력과 같은 사회적 요인도 무시하지 못 한다. 그러나 인류의 마지막 소망이라고 할 교회가 방황하는 인생들에게 참 소망을 심어주지 못하는 것도 큰 요인이다. 교회는 세상을 이기는 믿음을 가진 자들의 모임으로서 영적 위안과 평안과 소망의 닻을 든든히 내리고 있어야 하는데 교회를 생각하면 도리어 위로보다 슬픔이 밀려오고 평안보다 고통과 짜증이 일고 소망보다 좌절과 아픔을 더 겪게 하니 그런 교회를 누가 오고 싶어 하겠는가? **"모든 사람으로 더불어 화평함과 거룩함을 좇으라 이것이 없이는 아무도 주를 보지 못하느니라"**(히 12:14). 함께 웃자고 회자하기도 하지만 언중유골과 같은 지적이기도 한 말은 이것이다. '화평교회라 해서 갔더니 화평이 없고, 은혜교회라 해서 갔더니 은혜가 말랐고, 믿음교회라 해서 갔더니 믿음은 없고, 사랑교회라 해서 갔는데 사랑을 발견할 수 없다.' 이러한 현실 때문에 사람들이 교회를 등지며 이탈과 이직이 유행하게 된 것이다.

　대형 교회가 대형 교회가 된 것은 작은 교회에서 이러저러한 이유로 앓던 이들에게 대형 교회는 기둥 뒤에 숨은 익명성을 보장해 주기 때문이다. 작은 교회 목사들의 피눈물 나는 전도 활동을 통해서 사람을 심어놓았더니 이러저러한 핑곗거리를 대고 이직하는 것이다. 목사 맘에 비수를 꽂듯 아픈 것이 성도의 이탈이다. 성도들은 오죽하면 옮기겠냐고 항변하겠지만 진리가 좋아서라기보다 편리를 좇아가는 세태인 경우가 훨씬 많다. 교회도 바뀌지 않으면 안 되지만 성도 개개인도 무너지는 교회 '섬기미'로 자처할 것이 아니라 흥하는 교회 '세우미'로 나서는 자기 부정과 헌신을 앞세울 줄 알아야 한다. 지금의 교회는 진정한 개혁이 필요하다. 예배 개혁만이 아니라 자기 계발을 위한 강도 높은 교육과 훈련이 체계적으로 이뤄져야 한다.

　훈련은 좋은 선생 밑에서 받아야 한다. 훌륭한 일군은 훌륭한 스승 밑에서 탄생한다. 그런 의미에서 기업이 흥하려면 신입사원에 대한 철저한 교육과 기존 직원에 대한 재교육이 활발하게 일어나게 해야 한다. 일명 '삼성맨', '현대맨'이 있듯이 교회도 그리스도인이라는 별명이 확실한 가치를 발휘할 수 있어야 한다. 그것은 사도들이 전수해 준 교육과 훈련이다. 교회 교육과 훈련은 두 가지 전제에서 시작된다. 하나는 거듭난 그리스도인으로서 그리스도 생명의 냄새를 풍기는 자가 되게 하는 것이요 다른 하나는 더 이상 자기의 소유권이 자기에게 있지 않고 오로지 사나 죽으나 주의 것으로 확신하게 하는 것이다. 이 부분이 교육과 훈련의 최고 목표이다. 20여 년을 사회에서 지내다가 징집병이 되어 군사 훈련소에 갔다가 휴가를 나온 아들들이 보여 주는 것은 대부분이 그 짧은 시간에 군인정신이 몸에 배어 들었다는 것이다. 어투도 태도도 군인으로 행동한다. 물론 전역하면 언제 군인이었는지 모를 정도로 세속화가 되지만 일단 군에 있는 동안은 군인으로서 자질을 갖추도록 훈련받는다. 군인 냄새가 진하다. 국가와 민족을 위해 목숨 바쳐 충성하는 군인이 된다.

아들이 소위로 임관된 후 최우수 소대장상을 받은 적이 있었다. 일명 '동춘상'이라는 상을 받은 12명의 소대장과 부모들을 초대하여 제주도로 3박4일 여행을 함께했을 때 나는 군인에 대해서 잘 모르는 입장에서 몸조심하라는 것만이 아니라 지나가는 소리로 보직을 잘 받도록 신경 쓰라는 말을 했었다. 그때 아들이(지금은 특전사 소령인데 진급 때문에 고민하는 자로 변하기는 했지만) 들은 말이 이것이었다. '군인은 국가와 민족을 위해서 목숨 바쳐 충성하는 것입니다, 보직이나 상을 바라고 하는 것은 용병이지 참 군인이 아닙니다'라고 단호하게 말하던 것이 지금도 생생하게 기억난다. 그때 나는 비로소 군인과 용병의 차이를 실감하며 참 목자와 삯군의 차이가 무엇인지를 깨달았다.

주님의 나라와 영광을 위해서 목숨을 다하여 충성하는 일군이 진짜 목사요 삯을 바라고 하는 일은 삯군으로 자처하는 것이다. 요즘 평생 목회하고 나서 은퇴할 즈음에 퇴직금과 전별금 문제로 심심찮게 맘 아픈 소리를 듣게 된다. 교회는 평생 수고하신 목자에게 합당하게 예우함이 옳다고 본다. 그러나 목사는 목사로서 과도한 것을 요구해서는 안 된다. 교회에 짐을 지우는 일이 되어서는 안 된다. 이 것도 몇몇 소수의 사람 이야기라고 치부할 수 있지만 노년에 노욕으로 말미암아 평생 수고의 땀 흘린 것이 결국 돈 때문이었느냐는 비아냥거림에 노출되는 일은 모든 목사에게 찾아오는 유혹거리이다. 참 목자는 양을 위해서 목숨을 내버리거니와 삯군은 삯군이기에 위험에 처하면 양을 버리고 도망가는 것이다. 하나님의 일군들은 하나님이 맡겨주신 하나님의 양들에게 그리스도의 형상이 새겨지기까지 해산의 수고를 아끼지 않아야 한다.

필리핀에서도 경험했고 아프리카 케냐 땅에서도 목격한 것이 결혼식 장면이었다. 두 지역이 다 선교지이다. 부자들도 있지만 국민 대부분이 가난하다. 그런데 결혼식을 성대하게 하는 것을 보았다. 물론 호텔에서 결혼식을 할 정도면 다 중산층 이상이라고 한다. 이방인인 나로서 그들의 결혼식을 유심히 보면서 아름다운 신부의 모습을 물끄러미 바라보게 된다. 한국에서도 이것은 별다르지 않다. 인생 최고의 날로서 평생을 함께 살 신랑과 신부의 단장, 그들 부모의 치장, 신랑 신부의 들러리들까지 화사하게 차려입은 모습은 분명 뭇사람의 시선을 모으기에 충분한 것이다. 나는 이 광경을 생각하면서 흑인이든 백인이든 황인이든 결혼식에 아름답게 단장한 신부이기에 사람의 이목을 한눈에 끌게 하듯이 그리스도의 신부로서의 교회가 세상 사람의 이목을 사로잡고 있는지를 반문해 보았다. 이목을 끌기는커녕 역겹게 하는 일이 잦다. 엄청 부끄럽다. 다 나를 비롯한 지도자의 허물과 성결치 못한 삶 때문이다. 신뢰의 대상은 하나님뿐이지만 목사와 성도 사이에 기본적으로 깔려 있어야 하는 신뢰도가 무너져 있다. 거기에서 나오는 것은 이맛살을 찌푸리는 일뿐이다.

그래도 흥하는 교회 '세우미'는 그리스도의 신부로서의 교회를 준비시켜 신랑이신 예수 그리스도와의 혼인 잔치에 참여할 준비가 되게 해야 한다. 그 일을 돕도록 준비된 목사는 그리스도인을 **"정결한 처녀로 한 남편인 그리스도에게 드리려고 중매"**하는 수고를 아끼지 않아야 한다(고후 11:2). 그 수고가 해산의 수고다. 이것은 단순히 아이 낳을 때 겪는 고통의 순간만을 의미하는 것이 아니라 성숙한 아이로 자라기까지 온갖 구슬땀을 흘리는 것과 살을 에는 듯한 고통까지도 포함한다. 그런 목자가 존재하기에 구정물에 맑은 샘물이 흘러들어온다. 부르시고 세워주신 주님의 일군으로서 충성되게 맡은 일을 감당하는 지도자 밑에 있는 이들은 분명 흥하는 교회를 세우는 자로 남게 될 것이다. 그리스도의 신부로서 아름답게 단장하는 것은 몇 시간에 끝낼 일이 아니라 일생에 걸쳐서 해야 할 일이다. 세월 지나갈수록 주님 생명의 향기를 발하며 내가 온통 주님의 것임을 온천하에 알게 하는 것이어야 한다. 그러나 오늘날 교회 구성원들은 사람들의 시선을 끌기는커녕 고개를 돌리게 하는 악취를 풍기고 있다. 그러니 교인들 숫자도 줄어들게 된다. 교회에 나가보았자 아름다움을 옷 입기보다는 혐오스러움을 입게 된다면 때려치워야 한다. 그것은 쇠하는 교회를 섬기는 일이 될 뿐이다. 우리의 몸에서 나는 향기는 무엇이며 우리 교회가 풍기는 냄새는 어떤가? 단장이 중요하다. 어떻게 단장할 것인가? 정결한 신부로 단장하는 것은 잠시 후에 볼 에스더가 아하수에로 왕의 부인으로 간택을 받았을 때의 광경이 도움을 준다.

우리는 그리스도의 신부로서 교회를 세워 가는 자인가? 아니면 망하게 하는 자인가? 선택은 우리의 몫이다. 신부로서 선택을 받았으면 만 왕의 왕이시요, 우리의 신랑이신 그리스도에게 나아가기 전까지 정결케 하는 농도 짙은 훈련을 거듭해야 한다. 신부로서 매력을 마음껏 발휘하여 사람들의 시선을 끌고 혼인 잔치에 참여하는 자가 되고 싶게 할 책임이 목사에게 있는 것이다. 그런데 이런 교육과 소망을 전혀 심어주지 못하는 교회에 단순히 마당 뜰만 밟고 다니는 자가 되고 있으면 우리는 망하는 교회를 섬기는 것이다. 교회의 기초는 예수 그리스도에 대한 신앙고백이다. 예수님이 하나님께서 죄인의 구원을 위하여 보내신 메시아이며 하나님의 아들임을 믿는다는 신앙고백 위에 건축가이신 예수 그리스도께서 교회를 직접 세우시는 것이다. 따라서 교회를 믿는 자들의 모임이라고 규정한다. 이것은 세상으로부터 불러냄을 받아 하나님의 자녀가 된 자들의 신앙 공동체를 말한다. 그 구성원들은 하나같이 예수 그리스도를 주라 시인하며 그리스도를 따르는 그리스도인들이다. 성경은 이들을 신랑을 영접할 신부로 표현하고 있다.

마지막 날에 신랑이신 예수 그리스도를 영접하게 될 슬기로운 다섯 처녀가 있는가 하면, 기다리는 일은 똑같은데 정작 신랑을 만나게 될 그 시간에 결코 만나지 못하는 어리석은 다섯 처녀도 있다. 교회에 목사와 교사를 세운 이유는 그리스도의 신부들로 간택함을 받은 자들이 신랑이신 그리스도 앞에 거룩하고 흠이 없고 책망할 것이 없는 자로 세움을 받게 하기 위함이다. 다시 말하면 고린도 후서 11장 2절에서 말씀하고 있는 대로 성도 한 사람 한 사람을 다 신랑이신 그리스도에게 중매하는 일을 잘 감당하게 하고자 함이다. 성도 스스로가 그리스도에게 신부로 나아갈 수 없다. 이것을 오해하지 말라. 모든 그리스도인은 다 왕 같은 제사장들이기 때문에 하나님의 보좌 앞에 그리스도의 이름으로 나아갈 수 있다. 여기에 어떤 중재자가 필요한 것이 아니다. 그러나 지금 사도 바울이 중매쟁이로서의 자신의 역할을 설명하고 있는 것은 교회에 세우신 목사와 교사들의 중대한 책임을 지적하는 것이다. 그것이 무엇인가?

그것은 어떻게 하든지 성도를 그리스도의 신부로 간택되게 만드는 것이다. 다시 말하면 신랑 되신 그리스도의 품에 안기게 되도록 훈련하는 것이다. 그 훈련은 결코 쉬운 일이 아니다. 사도 바울은 그 일을 위해서 하나님의 열심을 가지고 열심을 낸다고 하였다. 하나님께서 가지신 열심은 천지를 창조하시고 일절 오차가 없도록 세밀하게 운행하시는 열심만이 아니다. 하나님의 열심은 죄인을 구원하시기 위하여 하나밖에 없는 독생자를 아끼지 아니하고 내어주신 것이다. 그것도 가장 저주스러운 십자가 죽음의 자리에 나아가게 하셨다. 세상에서 어느 누가 그런 열심을 나타내는 사람이 있겠는가? 가치 있는 존재도 아닌 하나님의 원수들에게 퍼부을 진노의 잔을 하나님의 독생자에게 다 쏟아버린 그 사랑의 열정을 누가 따라갈 수 있겠는가? 열렬한 사랑에 빠진 청춘 남녀들은 죽음도 불사하지 않는가? 아무리 막대한 방해거리가 있다고 하더라도 그 장애를 넘어 사랑을 이루고자 사력을 다한다. 하나님께서는 우리를 사랑하시는 그 사랑의 열심을 가지고 죄인의 구원을 성취하고 계신 것이다. 그 열정이 사도 바울의 마음에도 부어졌다. 그 열정을 가지고 사도는 고린도교회 성도들을 한 남편이신 그리스도에게 정결한 처녀로 중매하고자 힘을 다하고 있다.

바울의 그 열정을 골로새서에서는 이렇게 나타내고 있다. **"우리가 그를 전파하여 각 사람을 권하고 모든 지혜로 각 사람을 가르침은 각 사람을 그리스도 안에서 완전한 자로 세우려 함이니 이를 위하여 나도 내 속에서 능력으로 역사하시는 이의 역사를 따라 힘을 다하여 수고하노라"**(골 1:28-29). 힘을 다하여 수고한다는 것은 그리스도께서 그를 완벽한 신부로 받아들이도록 사력을 다한다는 말이다. 젖 먹는 힘까지 다 쏟아붓는다는 것이다. 그것도 자신의 속에서 역사하시는 성령 하나님의 능력을 힘입어서 해산의 수고를 아끼지 아니하겠다는 것이다. 이것이 목사가 할 중요한 일이다. 저들 속에 그리스도의 형상이 새겨지기까지 해산의 수고를 다해야 한다. 그것 때문에 다른 일을 생각할 수 없는 것이다. 목사가 이중직을 수행할 수 없는 이유이다. 그런 의미에서 교회는 목사가 이 일에 전념하도록 필요한 모든 것을 제공하며 적극 도와야 하는 것이다. 사실 이 일을 맡은 목사의 일을 황후 선택을 위한 책임을 맡은 헤개와 단장을 해야 하는 후보생들의 이야기에서 반추해 보자.

앞에서 살짝 언급한 에스더의 간택과정을 보자. 에스더는 다른 후보생과 더불어 왕실의 법도에 따라 왕비 간택의 일을 맡은 내시 헤개가 내어주는 것으로 모두 12달 동안 단장하였다. 에스더와는 달리 다른 후보자들은 자신들이 생각한 물품을 따로 갖추어 치장하였다. 왕의 맘에 드는 일이라면 무슨 일이든 하고자 했다. 그들은 왕에게 나아갈 때 필요한 것을 다 구하여 준비하였다. 그런데 에스더는 왕실의 법도에 따라 왕실이 내어준 것만으로 단장했다. 처음 여섯 달은 몰약과 기름을 쓰고 나머지 여섯 달은 향품과 여자에게 쓰는 다른 물품을 가지고 정결케 하는 시간을 가진 것이다. 결과적으로 에스더가 황후로 간택이 되었다. 여기서 우리가 얻는 중요한 교훈은 이것이다. 그리스도에게 속한 그리스도의 사람임과 그리스도의 생명 향기를 물씬 날려야 하는 훈련을 무려 완전 숫자인 열두 달 동안 했다. 그리스도 안에서 완전한 자로 세움을 입는 날까지 해산의 수고를 아끼지 말아야 하는 이유가 여기에 있다. 그리스도의 장성한 분량에 이르기까지 훈련에 훈련을 거듭해야 함을 내포하는 말씀이다. 여기서 흥하는 교회 '세우미'의 자질을 충분히 엿볼 수 있다.

제대로 된 훈련은 무엇보다 궁중에서 제정한 규례대로 해야 한다. 헤개가 임의대로 한 것이 아니었듯이 목사 역시 만왕의 왕이신 주님께서 제정하신 왕실 규례대로 신부를 단장시켜야 하는 것이다. 목사 개인의 선호도에 따라서 단장하는 것이 아니다. 그렇다고 신부 후보생들이 원하는 대로 단장하도록 내버려 둬도 안 된다. 그런 자들은 한 사람도 간택되지 못했다. 일개 한 나라의 임금 앞에 내세우는 것도 그리할진대 만 왕의 왕이신 주님께 나아가게 하는 것을 목사 개인의 독단적인 생각과 의도를 가지고 훈련해서야 되겠는가? 반드시 왕이 정한 하늘나라 규례대로 행하는 것이라야 한다. 그 시간이 무려 총 12개월이나 되었다. 6개월은 몰약과 기름을 바르게 하였다. 몰약은 일반적으로 종교의식을 행할 때 쓰는 기름이었다. 아마도 자신을 온전히 바친다는 의미가 담겨 있을 것이다. 왕비가 되려는 자는 왕에게 온전히 바쳐진 자가 아니면 불가능한 것이다. 그리스도에게 드려질 신부가 될 자도 마찬가지이다. 종교적 헌신을 날마다 다지는 것이 필요하다. 나는 그리스도의 것이라는 고백이 끊이지 않아야 한다.

그리고 남은 6개월은 향품을 발랐다. 우리는 생명의 향기를 발하는 자라야 한다. 썩은 냄새가 아니라 생명에 이르는 향기로운 제물이어야 한다. 사도 바울은 이렇게 말했다. **"우리는 구원얻는 자들에게나 망하는 자들에게나 하나님 앞에서 그리스도의 향기니"**(고후 2:15). 왕후로 간택되기 위해서 훈련받고 있는 자들은 향품을 쓰는 동안 왕에게만이 아니라 내시들과 후궁들 및 조정에 출입하는 모든 자들에게 향기로운 냄새를 발한다. 그런데 그 냄새가 어떤 이에게는 생명으로 좇아 생명에 이르는 냄새요 어떤 이에게는 사망으로 좇아 사망에 이르는 냄새가 된다. 우리가 쓰는 향품은 그리스도의 향기를 내는 것인가? 아니면 사탄의 냄새를 풍기는 것인가? 정결한 몸과 마음을 나타내는 냄새인가? 아니면 부정하고 더러운 냄새를 풍기고 있는가? 이에 따라 쇠하는 교회 '섬기미'가 되기도 하고 흥하는 교회 '세우미'가 되기도 한다.

생명에 이르는 냄새가 되려면 생명의 주이신 그리스도로 충만한 냄새여야 한다. 그 냄새는 다름이 아닌 그리스도의 입에서 나온 진리의 말씀이어야 한다. 그렇지 않으면 생명에 이르는 냄새가 날 수 없다. 향품이라고 해서 다 그리스도가 받아들일 수 있는 향품이 아니다. 헤개가 왕실이 정한 국법에 따라 정해 준 물품만을 사용한 에스더는 신랑이신 왕을 품에 안게 되었다. 간택되지 못한 처녀들은 왕이 정해 준 것 외에 다른 것들도 구하여 자신을 단장하였지만 택함을 받지 못하였다. 반면에 에스더는 왕에게 나아갈 때에 **"궁녀를 주관하는 내시 헤개의 정한 것 외에는 다른 것을 구하지 아니하였으나 모든 보는 자에게 꼼을 얻더라"**고 하였다.

이것이 오늘날 성도들에게 주는 교훈이 크다고 본다. 성도들은 자신들의 생각을 가미하여 치장한다고 해서 내가 다른 사람보다 우월한 존재로 보인다고 착각해서는 아니 된다. 다른 사람이 어떻게 생각하는지는 중요하지 않다. 다른 사람들이 다 다른 물품들도 구하여 그것들로 치장한다고 할지라도 왕이 정해 준 것은 그것으로 충분하다고 믿어야 한다. 물론 필요한 것을 구하는 대로 헤게는 다 마련해 주었다. 그것은 헤개의 실수였다. 그러나 에스더는 구하지 않았다. 그래서 다른 사람들에 비하여 화장품이 덜 들어갈 수도 있었고 옷도 덜 화려한 것일 수 있다. 그러나 왕실이 정해 준 법치에 조금도 어긋남이 없었다. 그 에스더를 아하수에로 왕은 왕후로 택한 것이다.

오늘날도 많은 교회가 더 정성을 들인다고, 더 품위 있게 한다고 성경에 명시되지 않은 것들을 가져다가 무분별하게 사용하고 있다. 자신들을 더욱 돋보이게 된다면 동원할 수 있는 것은 다 사용하고자 한다. 그러나 우리의 신랑이 되시는 주님께서 맡고자 하시는 향기는 진리의 향기뿐이다. 그리스도께서 정해 주신 규례와 법도는 신앙과 행위의 유일한 규범이신 성경 말씀이다. 이 말씀으로 우리를 단장해야 한다. 이 진리 외에 무엇인가를 덧붙이려고 하는 우리의 노력은 가상하나 하나님이 용납하시지 않는다. 준비되는 과정에서 얼마든지 허용될 수 있으나 최종 선택에서는 탈락할 수 있다. 그래서 기록된 말씀 밖으로 넘어가지 아니하는 것이 중요하다.

올바른 교회의 모습은 무엇을 하든지 항상 오직 성경 말씀에 근거한 것이라야 한다. 시대의 요구가 그렇다고 하여 그 요구 충족을 위한 교회여서는 안 된다. 사람들의 욕구가 이렇다고 하여 그들의 욕구 충족을 위한 단체가 되어서도 안 된다. 우리는 그리스도의 십자가 보혈만으로 깨끗해지고 온전해진다. 그 진리의 말씀으로 우리가 정결한 신부로서 준비되는 것이다. 사도 바울은 정결한 신부로 한 남편이신 그리스도께 중매한다고 하였다. 죄와 허물로 죽은 자들이 무엇으로 정결한 자가 될 수 있는가? 오직 말씀으로 살아난다. 진리로 거룩하게 된다. 주님의 말씀 외에는 그 어떤 것으로도 온전케 하는 비법이 없다. 교훈과 책망과 바르게 함과 의로 교육하기에 유익한 말씀뿐이다. 우리가 생각하는 지혜로운 상상이 하나님의 구원 능력에 보탬이 된다고 생각하는가?

왜 기록된 말씀뿐이어야 하는가? 사탄의 속임수가 기가 막히기 때문이다. 사탄의 간계로 아담과 하와가 넘어진 것과 같이 우리도 우리의 신랑이 되신 그리스도를 향하는 우리의 진실한 마음과 깨끗함에서 떠나 부패로 전락하게 될 위험이 늘 도사리고 있기 때문이다. 바울은 에베소서를 쓰면서 **"사람의 궤휼과 간사한 유혹에 빠져 모든 교훈의 풍조에 밀려 요동칠"** 위험을 지적하고 있다(엡 4:14). 그 위험을 방지하기 위해서는 반드시 진리 가운데 서 있어야 하며 오직 그리스도의 장성한 분량에 이르기까지 성장해야 한다. 그것이 중매쟁이로서의 목사가 해야 할 중요한 일이다. 성도는 그 중매쟁이조차도 사탄의 미혹을 받아 자신을 의의 일군으로 가장할 수 있기에 분별하는 능력이 매우 중요하다. 우리가 진리를 사모하며 그 진리 안에 거해야 할 이유가 여기에 있다.

또한 기록된 주님의 진리만이 불변하는 영원한 진리이기 때문이다. 세상의 흐름과 유행은 결코 주님의 마음을 시원케 할 수 없다. 주님의 눈에 은혜를 얻기 어렵다. 왜냐하면 세상의 것들은 그것이 무엇이든지 하나님의 사랑을 쏟을 만한 것이 되지 못하기 때문이다. 그래서 세상이나 세상에 있는 것을 사랑하지 말라고 하였다. 왜냐하면 그 속에는 아버지의 사랑이 머물러 있을 곳이 하나도 없기 때문이다. 세상을 사랑하는 것은 하나님과 원수가 될 뿐이다. 누가 원수를 자기 신부로 맞이할 수 있는가? 오직 그리스도의 피로 값 주고 산 자들만이 거룩하신 하나님, 완전하신 하나님, 의로우시고 지극히 선하신 하나님의 신부가 될 자격자이다. 그리스도를 닮은 자들이 그리스도의 신부가 되며 하나님의 보좌 앞에 나아갈 수 있다. 더구나 하나님의 말씀을 매우 혼잡하게 전하는 자들도 넘쳐나서 하나님께 속한 자들은 하나님의 말씀에 귀를 바짝 기울어야 하며 진리의 말씀을 옳게 분별하는 자로서 부끄러울 것이 없는 자로 하나님께 인정받는 일에 날마다 최선을 다해야 한다. 그것은 우리 안에 계신 진리의 영이 인도하심으로 가능하다. 왜냐하면 진리의 영이신 성령께서만 우리를 진리 가운데로 나아가게 도우시기 때문이다. 그런 의미에서 바울도 자신이 열정을 가지고 중매쟁이로서 일하지만, 자신의 속에서 능력으로 역사하시는 이의 역사를 따라 자신도 힘을 다한다고 한 것이다. 성령 하나님의 도우심이 있어야 사람들의 심령을 변화시켜서 보지 못한 진리를 보게 되고 듣지 못한 하나님의 음성을 듣게 되며 깨닫지 못한 것을 깨닫는 역사가 가능한 것이다. 이런 역사를 맛보지 못하는 교회는 무너지는 교회이다.

신랑이 되신 우리 주님을 영접하지 못한 미련한 다섯 처녀를 보라. 그들도 다시 오실 주님을 기다린 자들이었다. 언제 올지 모르는 것은 영접한 지혜로운 다섯 처녀와 마찬가지였다. 그 두 부류의 처녀들이 다 등을 들고 있었다. 그런데 그 둘을 갈라놓은 것은 그 등불을 밝히는 기름이었다. 한쪽은 충분했고 다른 쪽은 부족했다. 성령의 역사를 의지하지 아니하고 자신들의 노력으로 주님을 영접하겠다고 나선 것이든지, 아니면 성령의 은혜를 힘입어서 우리 안에 주어진 주님의 빛을 더욱 찬란하게 비출 선한 행실들, 즉 행함이 없는 믿음의 등만 가지고 있었을는지는 몰라도, 그 등을 계속 밝게 비출 착한 행실이 없었던 것이었다. 그 행실은 갑자기 돈 주고 사 올 수 있는 것이 아니다. 설혹 파는 자들이 있다고 해서 나간다고 해도 사 와서 밝히 비추게 될 날까지 주님이 기다려 주시는 것이 아니다. 그의 오심은 도적같이 임하신다. 그때가 언제인지 알지 못하지만, 하나님이 말씀을 좇아 사는 자들은 염려할 것이 없다. 다른 무엇이 있어야만 하지 않을까 염려하지 않아도 된다. 오직 기록된 말씀의 가르침을 따라 하나님의 섬기고 이웃 사랑을 실천하는 것은 창세 전에 예비 된 하나님 나라를 유업으로 받을 믿음의 사람들로 인정될 것이다. 신랑이신 그리스도를 영접하지 못할 자가 하나도 없을 것이다. 흥하는 교회 '세우미'의 전형적인 모습이다.

혹 우리는 등만 가진 성도는 아닌가? 혹 우리는 등불을 밝히는 기름이 있는지 없는지 상관하지도 않고 오로지 믿음만을 강조하는 자들은 아닌가? 우리는 행함이 수반되는 복된 믿음의 사람들이어야 한다. 헌신이 필요할 때 기꺼이 헌신해야 한다. 도움의 손길이 필요로 하는 곳에 즉시 도움의 손을 내밀 수 있어야 한다. 사랑의 수고가 필요한 곳에서 그 수고의 땀 흘리는 것을 주저하지 말아야 한다. 그러한 것들은 다 우리를 사랑하신 우리 주 예수 그리스도 안에서 행하는 것이라야 한다. 그것이 우리를 신랑 되신 우리 주님을 맞이하게 될 때 우리의 얼굴을 찬란하게 빛나게 할 것이다. 다른 어떤 여인들보다 꾐을 받는 돋보이는 신부가 될 것이다.

신랑이신 주님께서 늦게 돌아와 문을 두드리는 자들에게 무슨 말씀을 하셨는지를 보라: **"대답하여 가로되 진실로 너희에게 이르노니 내가 너희를 알지 못하노라 하였느니라"**(마 25:12). **"내가 너희를 알지 못하노라"**고 한 말씀은 마태복음 7장 23절에서도 발견되는 것이다. 주의 이름으로 선지자 노릇도 하고 주의 이름으로 귀신도 쫓아내며 주의 이름으로 많은 권능을 행한 그들이었지만 하나님 말씀이 정한 규례대로 하지 않은 불법을 행한 자들이기에 도무지 알지 못한다고 내쳐짐 당했다. 물론 마태복음 7장에서 '안다'는 단어는 '기노스코'이고 25장에서 안다는 말은 '에이다'이다. 이 두 단어의 차이는 무엇인가? '기노스코'는 체험적으로 아는 것을 의미하는 것이다. 그리하여 인격적인 서로 교통함이 있어 상호 잘 아는 사이를 말한다. '에이다'는 누군가가 가르쳐 주어서 아는 것을 의미한다. 이것은 인격적 교통함이 없는 단순한 지적인 지식에 한정된다. 그러므로 주님과 인격적인 만남과 교제함이 없이 주님의 이름으로 선지자 노릇이 가능하다. 주님의 이름으로 귀신을 쫓아내는 일도 가능하다. 주님의 이름으로 많은 권능을 행하는 것도 가능하다. 그런 자들의 관심은 우리 주 예수 그리스도께서 얼마나 높임을 받으시는가에 있지 않다. 그들의 관심은 종교 사업가로서의 자기의 성공과 명성이다. 그 야망 달성을 위해서 주님의 이름을 도용하는 것이다. 주님의 뜻보다는 자신들의 의지가 더 앞선다. 그래서 사람들의 교훈으로 헛되이 하나님을 경배하는 꼴이 되는 것이다. 그 결과는 주님이 도무지 알지 못한다는 것이다. 망하는 교회의 특색이다.

그러나 미련한 다섯 처녀를 모른다고 하신 것은 누군가가 가르쳐 주어서 아는 지식이 전부라서 인격적 교제보다는 알고 있다는 사실로 만족하는 것 때문이다. 이것 역시 교회의 머리이신 그리스도와 인격적인 체험이 없는 단순한 지적 활동에 머무르고 만 것이었다. 그래서 그 지식을 좇아 다시 오신다는 신랑을 기다리기는 했는데 정작 불을 밝혀 줄 기름을 준비하는 일은 무시해 버린 것이다. 하나님 말씀에 순종함이 없는 삶이었다. 그런 자들은 주님의 아신 바가 되는 자들이 아니다. 결국 주님께서 요구하시는 것은 머리로만 수긍하는 정도의 지식이 아니라 가슴에 새기고 그 진리를 실천하고자 몸부림치는 삶이다. 올바른 지식을 배워서 알고 있는 자들이 꽤 된다. 하나님의 말씀을 들어서 말씀이 뭘 요구하는지를 적지 않게 파악하고 있다. 그러나 그 지식이 그들의 삶의 동력이 되지 못한다. 주님을 안다는 지식이 자신의 삶에 전혀 영향을 미치지 못한다. 심지어 교회 생활까지도 그렇다. 성경을 늘 배운다고 하지만 그 지식이 그들의 인생관을 뒤집어 놓지 못한다. 그들의 삶의 목적을 분명하게 드러내지 못한다. 그냥 세상 흘러가는 대로 스스로를 방임할 뿐이다. 문제는 마지막 날 그 피상적인 지식으로는 신랑이신 주님을 영접할 수 없다는 것이다. 그대는 쇠하는 교회를 섬기며 더불어 무너질 자가 될 것인가? 아니면 기록된 말씀 안에서 선포되는 말씀을 좇아서 순종함으로 그리스도의 생명 향기를 품어내어 신랑의 품에 영원히 안기는 자가 되겠는가? 교회는 성도 개개인의 심장에 그리스도의 생명이 깊이 새겨지도록 힘써야 한다. 그것만이 교인들의 이탈을 막고 교회와 성도가 다 같이 사는 길이다.

악순환의 고리

앞에서도 언급했듯이 신입사원이 이탈하면 그 자리를 메꿀 인력 부재로 업무가 축소되거나 남아 있는 직원에게 과부하가 걸리게 된다. 그리하여, 결국은 겨우 막고 있는 구멍이 물의 무게를 견디지 못하여 터져버리는 현상이 반복적으로 일어나는 것이다. 이런 경우 영업이익의 감소는 필연적으로 이어질 것이고 결국은 파산 지경에 도달할 수 있다. 이것을 교회에 적용해 보자. 연구개발이 저조하고 단기성과에 급급해하며 교인들의 이탈이 계속되는 악순환의 고리를 끊을 방법이 없을까? 이미 앞에서 다루었듯이 목사의 연구 활동과 개인 경건 생활이 지속적으로 이루어지고 씨를 뿌리고 가꾸는 해산의 수고가 원활하게 이루어진다면, 쇠하는 교회 '섬기미'를 양산하지 않고 흥하는 교회 '세우미'를 늘려갈 수 있다. 이는 영업이익을 창출하는 기업처럼 영적 유익이 풍성하게 나누어지는 교회를 이루는 바탕이 되는 것이다.

작은 교회들이 겪는 고통 중 하나가 여기에 있다. 나름대로 최선을 다해 성도를 키워놓았더니 훌쩍 떠나버리는 일들이 허다함을 작은 교회 목회자들과의 대화에서 종종 느낀다. 난 그들이 잘못 교육했다고 생각하지 않는다. 중소기업에서 충실하게 업무를 익히고 필요한 기술 습득을 잘 했을 경우 대기업으로 이직하는 자들이 늘고 있는 현실이 속앓이하는 중소기업 대표들의 눈물로 나타나듯이 작은 교회 목사들도 성도의 이적에 강단을 눈물로 적실 때가 한두 번이 아니다. 그들을 붙잡아 둘 방법이 없을까?

사람들은 누구나 이기적이다. 교인도 편리하고 안락하고 유쾌한 것을 좋아한다. 그러나 전에는 육체대로 알았고 육체대로 판단했어도 이제는 그리스도 안에 있는 새로운 피조물이다. 더 이상 자기 자신을 위하여 살지 않고 오직 우리를 위하여 죽으셨다가 사흘 만에 다시 살아나신 우리 주 예수 그리스도를 위하여 사는 자가 그리스도인이다. 그런데 이런 말을 백번 천번 들려줘도 자신들의 이익을 찾아 미련 없이 떠나는 일이 반복된다. 목사는 그들을 탓하기도 지쳐버린다. 작은 교회 섬김에 지친 그들에게 작은 교회 '세우미'로 헌신하는 자들이 되기 위해서는 그리스도의 몸으로서의 교회에 대한 분명한 자기 인식이 필요하다고 본다. 교회는 그리스도의 몸이요 성도는 그 몸에 붙어 있는 지체이기에 지체가 몸을 위하여 존재하지, 몸이 지체를 위해서 존재하는 것이 아님을 분명히 할 필요가 있다. 몸은 지체를 위하고 지체는 몸을 위하는 것이 가장 이상적이지만 지체로서 자기 정체성과 역할에 대한 분명한 인식은 교회 '섬기미'로서의 부담감보다 교회 '세우미'로서의 자긍심이 훨씬 크게 다가올 것이다.

그리스도의 몸으로서의 교회란 어떤 것인가?

03

쇠하는 교회의 예배와
흥하는 교회의 예배

우리가 섬기는 교회에 예배가 없는 것도 아니고, 필요한 교육이 없는 것이 아니다. 전도하지 않는 것도 아니고 성도의 친밀한 교제가 빠진 것이 아니다. 그렇다고 봉사활동이 없는 교회도 아니다. 어느 때보다 더 친밀한 교제가 풍성하다고 느낄 것이다. 그런데 왜 쇠하는 교회라고 하나? 나중에 자세히 살펴보겠지만 우리의 예배를 하나님이 참으로 받으시는 예배라고 확신하는가? "아니 하나님이 받지 아니하는 예배가 있나요?"라고 반문할 사람도 있을 것이다. 가인의 제사가 거부되었고 나답과 아비후가 망했다. 구약의 이스라엘이 성전에서 하는 모든 제사가 역겨운 것이라고까지 했다. 하나의 실례를 보자. **"슬프다 범죄한 나라요 허물 진 백성이요 행악의 종자요 행위가 부패한 자식이로다 그들이 여호와를 버리며 이스라엘의 거룩한 자를 만홀히 여겨 멀리하고 물러갔도다"**(사 1:4). 그렇게 평가받은 이스라엘 백성에게 하나님께 제사를 드리는 것이 없었던 것이 아니었다. 그들은 열심히 제물을 가져와서 제사를 드렸다. 그러자 주님이 나서서 말씀하셨다. **"여호와께서 말씀하시되 너희의 무수한**

제물이 내게 무엇이 유익하뇨 나는 수양의 번제와 살진 짐승의 기름에 배불렀고 나는 수송아지나 어린 양이나 수 염소의 피를 기뻐하지 아니하노라 너희가 내 앞에 보이러 오니 그것을 누가 너희에게 요구하였느뇨 마당만 밟을 뿐이니라 헛된 제물을 다시는 가져 오지 말라 분향은 나의 가증히 여기는 바요 월삭과 안식일과 대회로 모이는 것도 그러하니 성회와 아울러 악을 행하는 것을 내가 견디지 못하겠노라"(사 1:11-13). 나중에 예수님도 인용한 이사야 29장 13절의 탄식이 나타난 것이다. "이 백성이 입으로는 나를 가까이하며 입술로는 나를 존경하나 그 마음은 내게서 멀리 떠났나니 그들이 나를 경외함은 사람의 계명으로 가르침을 받았을 뿐이라." 여러분은 어떤가?

이러한 사례들은 이스라엘 역사 속에 무수히 많다. 오늘 우리는 혹 성전 마당만 밟고 다니는 것은 아닌가? 하나님께서 견디기 힘든 악을 저지름이 예배와 함께 존재하지 않는가? 예배당 뜰 안팎으로 왔다갔다 하지만 예배의 참 대상이신 하나님께서 역겨워하는 의식에 참여하고 있는 것은 아닌가? 그래서 기도해도 응답이 없고 손을 내밀어도 잡아주지 않으며 정성을 다해도 열납됨을 경험하지 못하는 것은 아닌가? 사람의 계명으로 교훈을 삼아 하나님을 헛되이 경배하고 있지는 않은가? 아버지께 예배하는 자는 영과 진리로 예배하라고 했는데 우리의 예배가 과연 성령의 인도하심을 받아 진리로 충만한 예배인가?

그렇다면 하나님이 받으시는 참된 예배는 무엇인가?

예배의 대상자는 전능하시고 거룩하시며 자비로우시고 은혜가 풍성하신 하나님 한 분뿐이다. 그 하나님을 경배하는 자들은 물과 성령으로 거듭난 하나님의 자녀로서 하나님에게서 난 자들이다. 그들은 천하에 주와 같은 신이 없음을 고백하고 그 주님에게만 경배와 찬양을 올려드린다. 예배는 엎드려 절한다는 문자적 의미를 지니고 있지만 그것은 단순한 주종 관계에서 성립하는 의전행사가 아니다. 삶 전체가 다 그에게 의존되어 있음을 고백하는 행위이다. 절하는 자의 모든 것이 다 절을 받는 분의 의지와 행동에 달려 있음을 고백하는 것이다. 그러므로 그에게 나아가는 자들은 그 앞에 설 수 있는 영광을 가지게 된 그 자체로도 감격스러운 일이다. 그 감격이 우리의 예배 가운데 드러나는가? 감사한 마음과 찬송함으로 그 궁정에 드나드는 것 없이는 하나님을 올바르게 예배할 수 없다. 천천만만의 소와 양들을 드린다고 할지라도 마음 깊은 곳에 감사한 마음이 없는 헌물은 마른 풀만도 못하다. 아무리 토실토실한 우량의 제물이라 할지라도 한 줌의 흙만도 못한 것이다. 감사하는 마음으로 제사 드리는 것이 하나님을 하나님으로 대우해 드리는 것이요 그것이 곧 하나님을 영화롭게 하는 것이다.

참 하나님을 모르는 자들이 가지는 일반적인 생각은 자신들이 섬기고자 하는 신들을 감동하게 하려는 것이다. 그 감동을 신에게 바치는 제물을 통해서 자아내고자 한다. 그래서 '지성이면 감천'이라는 말이 통한다. 그러나 기독교의 하나님은 사람들이 만들어 낸 그런 유형의 신하고는 전혀 차원이 다르다. 사람들은 자신들이 고안해 낸 신적 존재를 자신들과 공감할 수 있는 한계선 안에 놓아두고자 한다. 자신들이 원하는 대로 응답하지 아니하는 신들은 안중에도 없고 쉽게 떠나 다른 신을 찾아 나서는 것이다. 이것이 참 하나님을 순종하고 따르는 기독교인들보다 하나님을 거부하고 헛된 우상을 섬기는 사람이 훨씬 많은 이유이다. 사람들은 자신의 편협된 생각과 느낌에 따라 자신이 만든 신을 판단한다. 그러나 기독교의 하나님은 인간의 의지에 놀아나는 무기력한 존재가 아니라 절대 주권을 가지신 전능자이시다. 기도 응답은 인간의 공로에 달린 것이 아니라 하나님의 자비하신 품성 때문이다.

기독교의 하나님을 올바로 예배하는 길은 타락한 인간에게서 찾을 수 없다. 마치 왕궁에 들어가고자 하는 자가 왕의 법도와 제도에 따라 왕 앞에 나아가는 것이 되지 않는 한 왕을 만나보는 것은 불가능한 것과 같다. 기독교의 하나님을 섬기는 일은 그가 계시해 주신 말씀에서 그 방도를 찾아야 한다. 그래야 올바른 예배자가 될 수 있다. 그 방식이 무엇인가? 예수님께서는 사마리아 여인과 나눈 대화에서 예배자의 태도에 대하여 이렇게 말씀하셨다. **"예수께서 가라사대 여자여 내 말을 믿으라 이 산에서도 말고 예루살렘에서도 말고 너희가 아버지께 예배할 때가 이르리라 너희는 알지 못하는 것을 예배하고 우리는 아는 것을 예배하노니 이는 구원이 유대인에게 남이니라 아버지께 참으로 예배하는 자들은 신령과 진정으로 예배할 때가 오나니 곧 이때라 아버지께서는 이렇게 자기에게 예배하는 자를**

찾으시느니라 하나님은 영이시니 예배하는 자가 신령과 진정으로 예배할지니라"(요 4:21-24).

이 말씀에서 우리는 예배 처소가 어디여야 하는지, 그리고 누구를 예배해야 하는지, 어떻게 예배해야 하는지를 발견한다. 우리는 영이신 하나님을 예배한다. 영이란 형체나 모양이 없는 것을 의미한다. 그리고 시공간을 초월해 계시는 분임을 뜻한다. 그래서 하나님은 하나님을 어떤 형상으로도 만들거나 조각하는 일을 결코 해서는 아니 된다고 십계명에서 천명하셨다. 이것이 기독교가 다른 종교의 식과 다른 점이다. 이방 종교에서는 자신들이 만든 형상을 바라보고 절하고 섬긴다. 세월이 가면 그것도 부식되어 새것으로 교체해야 한다. 때로 불타 없어지거나 전쟁통에 파괴되어 사라져 버리고 만다. 그러나 기독교의 하나님은 영이시기에 불에 타거나 사람들의 손에 훼손당하여 수리해야 하거나 교체해야 할 이유가 하나도 없다. 사람들이 하나님을 섬긴다고 만든 성전이나 예배당 건물들은 있다가도 없어져도 우리가 섬기는 하나님은 사라지거나 새것으로 갈아치워야 할 그런 존재가 아니다. 그는 어제나 오늘이나 영원토록 동일하신 분이시다. 그러므로 그 하나님을 경외함에 있어서도 특정한 장소에서 해야 하는 것이 아니다. 하나님은 특정한 장소에 매이시는 분이 아니기 때문이다.

예수님이 사마리아 사람들이 주장하는 그리심 산에서도 말고 유대인들이 주장하는 예루살렘에서도 말고 어디에서든지 하나님 아버지께 예배할 수 있음을 말씀하신 이유이다. 실제로 구약성경에서도 예루살렘 성전을 지은 솔로몬은 하늘들의 하늘일지라도 천지의 주재자이신 하나님을 둘 수 있는 공간이 없다고 하면서 하물며 인간이 지은 이 성전이겠냐고 묻지 않을 수 없었던 것이다.

더욱이 하나님은 천지에 충만하신 분이시다. 계실 수 없는 곳은 있어도 계시지 아니하신 곳이 한 곳도 없다. 하늘에 자리를 펼지라도 그곳에 계시고 땅 깊은 곳에 갈지라도 그곳에도 계신다. 바다 끝에 간다고 하더라도 천지와 바다를 주관하시는 하나님은 계신다. 그래서 그 하나님을 언제 어디서든지 경배할 수 있는 것이다. 마치 예배당에 와야만 하나님을 만날 수 있는 것은 아니다. 특정한 장소에 가야만 하나님을 더 잘 경배할 수 있는 것이 아니다. 물론 은혜의 터가 있을 수 있다. 옛 선조들이 하나님을 만났던 특별한 장소를 우리가 중요하게 생각할 수 있다. 기념비를 세울 수 있다. 그러나 그런 장소가 중요한 것이 아니다. 만일 그러한 효험 있는 장소가 있다고 한다면 가장 효험 있는 곳은 불교에서는 부처상 만드는 공장이어야 하고 기독교에서는 하나님의 아들 예수님이 직접 걸어 다니시고 손으로 만지시고 갖은 병자를 고치시며 이적과 기사를 행하신 팔레스타인 땅이어야 하지 않겠는가? 모든 병자마다 그곳에까지 가서 기도해야 할 것이고 모든 문제 있는 자마다 그 땅으로 가서 예수님을 생각하며 기도해야 할 것이다. 그러나 실제로 그 현장에 사는 사람들의 기도 효험이 대한민국 땅에서 살면서 기도하는 자의 응답보다 낫다고 누가 장담할 수 있는가?

우리가 예루살렘에 가지 않고도 이 장소의 예배당에서 모여 예배하는 것은 영이신 하나님이 이곳에도 함께하시기 때문이다. 더욱이 주님께서도 두세 사람이 내 이름으로 모이는 그곳에 나도 함께 있다고 하셨기 때문에 주의 이름으로 구원받은 사람들이 주님의 이름을 부르며 경배하는 곳이 어디든지 주님께서 함께해 주시는 것이다. 물론 이것을 오해하여 잘못 적용하는 것은 피해야 한다. 마치 주님은 어디에든 계신다고 하셨기에 우리가 도박장에서 혹은 술집에서 혹은 나이트클럽에서도 하나님을 예배할 수 있다는 논리를 내세워서 그런 곳에서 모이는 일을 정당화해서는 안 된다. 왜냐하면 다 같은 헌금이라도 구별하여 드리고, 다 같은 소라도 구별하여 드리고, 다 같은 음식이라도 따로 떼어 구별하여 대접하듯이 전능하시고 살아 계신 하나님께 구별하여 드리는 공간에서 구별되게 예배하는 것이 필요한 것이다.

주님을 위한 특별한 용도를 위해서 따로 구별해 두었다는 측면에서 성물이라고 하는 것이지 그 물건 자체에 무슨 신비한 능력이나 효능이 있어서 성물이라고 하는 것이 아니다. 구별해 놓았다는 의미에서 소중히 여기거나 존중하는 마음으로 대하는 것이다. 그것이 우리가 섬기는 하나님을 경외하는 태도이다. 하나님을 하나님으로 영화롭게 해 드리는 것이다. 우리를 낳아주시고 길러주신 부모님이기 때문에 그분들을 귀히 여기고 효도하는 것이 자연스러운 것이듯이 우리를 죄 가운데서 구원하여 하나님의 자녀로 삼아주신 하나님의 놀라운 은혜에 보답하는 것이 지극히 마땅한 일이다. 억지로 혹은 강압적이고 위압적인 권위에 눌려서 굴복하는 것이 아니라 자연스럽게 즐거운 마음으로 그것도 그 은혜에 한없이 감격해서 엎드려 절하는 것이다. 모든 만물이 다 그 앞에 경배하는 것이다. 하나님 한 분 외에는 경배받으실 분이 없으시다. 우리의 주군은 둘이 아니요, 한 분뿐이다. 재물과 하나님을 겸하여 섬길 수 없다. 우리가 명령을 듣고 절대적으로 순종해야 할 분도 하나님 한 분뿐이다. 그 자리에 누구도 끼일 수 없다. 그런 자는 누구라도 하나님의 엄위한 심판을 피할 수 없다. 그런 자는 죽은 목숨일 뿐이다. 그런 의미에서 하나님은 하나님이 받으셔야 할 영광을 다른 어떤 피조물에게 허락하지 않는다고 단언하시고 있다. 그 영광을 가로챘던 헤롯 대왕은 벌레에게 먹혀 죽임을 당하였다. 그 영광을 가로챈 느브갓네살 왕은 왕의 자리에서 쫓겨나 7년을 야생 짐승처럼 살아야 했다. 우리의 예배 가운데 하나님만이 받으셔야 할 영광을 가로채는 일이 없다고 확신할 수 있는가? 우리의 찬양도 기도도 헌금도 다 주님이 기뻐 받으시는 것이라고 단언할 수 있는가?

인간의 제일 되는 목적은 하나님을 영화롭게 하고 그 이름을 영원토록 즐거워하는 것임을 소요리문답 1문이 가르치고 있다. 이 본분을 망각하면 그자가 노벨상을 몇 개나 받았다고 할지라도 파리 목숨보다 못한 존재일 뿐이다. 성도의 예배는 그처럼 막중하고도 귀중한 의미를 담고 있다. 하나님께 나와 예배하면서 단순히 종교적 의전 행사로 간주하지 말아야 할 이유가 여기에 있다. 한 나라의 대통령이 방문하게 되면 국가적 의전행사로 사열대 앞을 지난다. 거기에 차출된 병사들이나 의전 요원들은 그 행사를 위해서 특별히 공을 들인다. 여러 날 동안 준비하며 한 치의 오차 없이 실시하려고 애를 쓴다. 그렇다고 해서 그것이 그 의전행사를 받는 타국의 수반을 향한 열렬한 존경심을 표하는 것이라고 누구도 장담할 수 없다. 그런 자들도 더러 있겠지만 의전 행사를 위한 행위일 뿐 그 이상도 그 이하도 아니다. 그러나 기독교인의 예배는 그런 것이 아니다. 예배하는 그 순간적 행사에 동원된 사람이 아니다. 예배자의 신분이 무엇이든, 또 예배자의 학식이 어떠하든지, 또는 예배자의 외형이나 재주가 어떤 것이든지 그의 삶 전체에 구속자이신 우리 주님과의 자발적 주종 관계를 형성하는 감격스러운 섬김이다. 그 섬김은 세상에서 가정생활에도 이어지고 직장 생활에도 미친다. 모든 일을 다 주님께 하듯 하는 것이기 때문이다. 세상에서 하는 사업 현장이라고 하여 다른 적용이 필요한 것이 아니다. 매 순간 하나님을 뵈옵는 마음으로 일한다. 매사에 다 사람에게 하듯 눈 가리고 속임수로 하는 것이 아니라 주님에게 하듯 일하는 것이다. 왜냐하면 우리는 다 그리스도 예수를 섬기는 자들이요 그 아버지 하나님을 경배하는 자들이기 때문이다.

여러분은 주일마다 의전 행사에 동원되어 온 자들인가? 아니면 우리를 사랑하사 우리를 위하여 자기 목숨을 아끼지 아니하고 내어 주신 그 주님을 뜨겁게 사랑하는 마음이 우리를 강권하여 나오는가? 그 사랑이 우리를 일찍부터 나와서 기다리며 그 주님을 만나기를 소원하며 그 주님을 섬기는 것을 인생 최대의 영광으로 생각하게 하고 주님을 예배하게 하는가? 우리의 생각이 어떠하든 그와 같은 마음으로 나오는 것이 아니면 사슴이 시냇물 찾기에 갈급함같이 내 영혼이 주를 찾기에 갈급하다고 고백하더라도 그것은 사기일 뿐이다. 우리의 중심을 보시는 하나님을 예배하는 일은 동원된 의전 행사에 차출된 자의 의무감에 의한 것이 아니다. 자발적 참여요 자발적 헌신이요 자발적 사랑의 고백이어야 한다. 내 것이 더 이상 내 것이 아니라 전부 주님의 소유라는 고백을 해야 한다. 이 예배를 통해서 살아도 주를 위해서 살고 죽어도 주를 위해서 죽는다는 헌신과 다짐이 이루어지는 것이다. 우리의 예배가 그런가? 그렇다면 쇠하는 교회를 섬기는 것은 아니라고 보아도 무방할 것이다.

예배가 그토록 중요하고 가치 있는 일임은 천지의 주재자이신 하나님을 섬기는 것에만 있는 것이 아니다. 더욱 중요한 것은 그 하나님이 나를 직접 만나주시고 함께하신다는 사실이다. 이것은 지음을 받은 피조물이 이 땅에서와 저세상에서 가지는 최고의 복이다. 이 복은 무엇과도 바꿀 수 없다. 이 복을 어떤 이유라도 빼앗길 수 없다. 그러나 우리 중 얼마나 많은 사람이 예배를 그토록 중히 여기며 주님을 섬기고 있는가? 우리는 우리 스스로가 주인 노릇하고 있는 것은 아닌가? 하나님만이 받으셔야 할 영광을 내가 온몸으로 받고자 몸부림치고 있는 것은 없는가? '하나님께 영광의 박수를'이라는 헛된 말로 자기 수고에 대한 격려를 포장하고 있는 것은 아닌가? 하나님은 우리가 원하는 시간에 등단해 주기만 하면 되는 것으로 족하게 여기지 않는가? 그리고 나머지는 우리들의 잔치가 아닌가? 마치 주인공이 빠진 손님들만의 흥겨운 시간을 가진 후 흩어지는 그러한 예배 광경은 아닌가? 그가 쇠하고 우리가 흥하게 되는 예전이 아닌가?

이런 교회의 예배 안에는 하나님이 계실 수 없기에 무너지는 교회이다. 예배는 하나님이 정하신 시간과 하나님이 정하신 방식대로 하나님께 나아가는 것이다. 하나님이 그의 손에서 홀을 빼어 인정하지 않으면 죽든지 다시는 하나님 앞에 나아갈 수 없는 존재로 추락하여 쫓겨나는 것이다.

작금의 한국의 교회 예배는 주님의 불호령이 떨어지기 일보 직전에 와 있다. 하나님에 대한 배려와 생각이 아예 없는 것처럼 보인다. 오로지 예배하는 자들의 입장과 처지가 먼저 고려된다. 예배자가 만족한다면 하나님이 불만족스러워 하셔도 그냥 무시된다. 그것은 예배가 아니다. 사교 집단의 광란 짓거리에 불과하다. 예배는 거룩해야 한다. 왜냐하면 하나님이 거룩하신 분이기 때문이다. 예배는 온 몸과 마음으로 하는 것이라야 한다. 왜냐하면 하나님이 전심으로 주께 나아오는 자들을 받으시기 때문이다. 예배는 하나님을 영화롭게 하는 최고의 방편이다. 왜냐하면 우리를 지으시고 구원하신 가장 큰 목적은 우리를 하나님 경외하는 자들로 삼으시기 위함이다. 예배는 최고의 순종과 헌신을 드러내는 사랑의 고백이다. 왜냐하면 사랑의 하나님은 우리의 최고의 순종과 헌신을 받으시기에 합당한 분이시기 때문이다. 그분은 우리를 그렇게 사랑하셨고 그렇게 구별하셨고 그렇게 인도하시는 분이시다. 그 예배를 소홀히 여기는 것은 곧 우리에게 그토록 놀라운 특권을 입혀 주신 주님의 이름을 욕되게 하는 것이다.

나는 예배하는 자들이 진지하고 두려운 마음으로 주 앞에 서는 것을 보고 싶다. 손을 높이 들고 찬양은 하면서도 순종과 헌신의 높은 수고가 수반되지 않는 삶은 위선이요 사기일 뿐이다. 우리의 중심을 보시는 하나님께 나아가는 자는 그가 영이신 하나님이심을 잊지 말아야 한다. 그가 우리 중심을 살피시는 하나님이심을 늘 기억해야 한다. 그가 우리의 몸과 마음까지도 원하시는 분이심을 기억해야 한다. 그분만이 천지에 충만히 계신 주재자이시다.

그렇다면 하나님이 흠향하시는 진짜 예배를 생각해 보자. 교회의 머리이신 예수 그리스도께서 신령과 진정으로 예배하라고 말씀하신다. 하나님이 영이시기 때문에 하나님이 기뻐 받으시는 영적 산 제물로 우리를 드릴 때 그것이 하나님이 받으실 참 영적 예배이다. 제물은 자신의 의지를 내세우지 않는다. 제물은 흠이 없어야 한다. 제물은 피를 흘리기까지 순종한다. 자신을 죽이지 아니하면 제물로 바쳐질 수 없다. 그러나 성경은 '산 제물'(living sacrifice)로 드리라고 하지 않았는가? 반문할 것이다. 로마서 12:1에서 '우리 몸을 하나님이 기뻐하시는 거룩한 산 제물로 드리라는 것'이 곧 영적 예배라고 하였다. 여기서 말하는 우리 몸은 우리 존재 전부를 가리킨다. 우리의 지정의가 다 포함된 우리 자신이다. 주님을 위해서 하는 특정한 일을 말하는 것이 아니다.

세상은 몸이 우리의 의지를 주장한다고 말한다. 그러나 성경은 우리의 의지가 우리의 몸을 통제하는 것으로 말한다. 우리의 의지로 우리 몸을 하나님이 기뻐하시는 산 제물로 드리라는 것이다. 몸은 정말 탁월한 종이지만 무시무시한 폭군이기도 하다. 그래서 하나님의 제단에 산 제물로 드리는 일, 육체의 소욕을 죽이고 영의 소욕을 따르는 일을 지속적으로 수행해야 한다. 그렇지 않으면 결코 우리 안에서 주님이 사실 수 없다. 고대 헬라 문화에서는 육신은 영적인 것이 아니기에 영이신 하나님은 육체에 관심이 없다는 생각이 지배적이었다. 그런 시대에 사도는 우리의 몸도 값을 주고 산 것이기 때문에 우리의 몸으로도 하나님의 영광을 위해서 사용할 것을 명하였다(고전 6:20). 이것을 사람들은 몸 찬양으로 변형하여 사용한다. 예배당에서 몸으로 하나님을 찬양한다는 명목으로 일명 '워십댄스' 혹은 '몸 찬양'을 하도록 권장한다. 그러나 우리 몸으로 하나님께 영광을 돌리라는 것은 단순히 성적 문란을 일으키지 않는 것만이 아니라 우리 몸이 성령이 거하시는 성전으로서 주님에게 속한 것을 헛되이 낭비하거나 주님의 뜻을 구현하는 일에 게으름을 피우는 일을 하지 말라는 권면이다. 하나님이 속전을 지불하여 구속해 준 하나님의 것으로서 우리 자신의 몸과 마음을 다 전폭적으로 주인에게 굴복시키라는 것이다. 참 예배는 여기에서 시작된다. 이것은 굴욕적인 굴종이 아니라 감격스러운 사랑의 순종이다. 그런 순종과 헌신과 영광을 받으시기에 합당하신 분은 천지에 충만히 계시는 하나님뿐이다.

그렇기에 그 하나님께 나아오는 자들은 빈손으로 오지 말라고 하신다. 왜 그러한가? 천지에 충만히 계신 분이 욕심이 많아서인가? 아니다. 아니면 그 분에게 재물이 필요해서인가? 그것도 아니다. 천지에 있는 것이 다 그분의 소유다. 그가 무엇이 부족하여 누군가로부터 도움을 받으셔야 할 분이 아니다. 그런데도 자기에게 나아오는 자가 빈손으로 오지 말라고 하는 것은 마음만이 아니라 우리 것이라고 주장하는 것조차도 주님의 소유라는 믿음의 고백을 표출하라는 것이다. 하나님께 나아감은 마음이 중요하지, 형식이 중요하지 않다는 말에 우리는 쉽게 속임 당한다. 물론 틀린 말은 아니다. 그렇다고 옳은 것도 아니다. 하나님은 우리 마음을 먼저 요구하신다. 마음이 가야 몸도 따라온다. 따라서 마음이 실리지 않은 헌금은 그 액수가 상상을 초월한 것이라 할지라도 하나님에게는 과부의 동전 두 닢하고 비교할 수 없는 티끌에 불과하다. 그런데 왜 하나님은 빈손으로 오지 말라고 하는가? 그는 우리의 마음이 진실인지를 보고 싶어 하신다. 그 마음의 표현이 헌물로 나타난다. 마음이 있으면 입으로 나오고 입에서 나오는 것은 행동을 낳게 되는 것이다. 다시 말하면 행동이 수반되지 않는 마음은 공허한 것이다. 부모 공경도 마음과 씀씀이가 함께 움직이지 않으면 우리의 말은 허식에 불과하다.

하나님을 진정으로 섬기라고 하는 것은 오직 그의 진리를 따라 섬기라는 말이다. 다시 말하면 그가 말씀하신 방편을 좇아서 하나님을 경외해야 한다는 것이다. 하나님께 나아가는 예전은 예배자가 정하는 것이 아니다. 예배를 받으시는 분이 자신의 권위와 영광과 위엄을 최대한으로 드러내는 방안을 그의 기록된 말씀 안에서 주신 것이다. 아론의 두 아들 나답과 아비후가 여호와께서 명하시지 않은 다른 불로 분향하다가 하늘에서 불이 나와 죽임을 당했다. 그들은 기록된 말씀을 좇아 행하지 않고, 하나님이 명하시지 않은 다른 불로 분향하다가 그렇게 된 것이다. 이 사건은 예배하다가 죽는 일이 다시는 발생하지 않도록 하나님이 정하신 일이었다. 그러나 놀랍게도 나답과 아비후 못지않은 무서운 일들이 오늘날 예배라는 명목으로 벌어지고 있다. 성경에 전혀 근거가 없는 것들을 예배의 요소로 받아들여 실천하고 있다. 하나님이 명령하신 적이 없는 것들을 가지고 하나님을 섬긴다고 하는 것이다. 한 마디로 사람의 교훈을 가지고 하나님을 헛되이 경배하는 일을 하는 것이다. 하나님께서 감동하시는 것은 우리 정성이 아니라 기록된 말씀 안에서 그 말씀대로 하나님께 나아오는 것이다. 하나님은 그런 자들의 하나님이라 일컬음을 받으시기를 결코 부끄러워하지 아니하신다. 우리는 하나님이 찾으시는 참된 예배자인가? 그렇다면 안심이나 그렇지 않다면 무너지는 교회를 섬기는 망하는 자가 될 것이다.

열납되는 참 예배의 요소는 무엇인가?

사실 16세기 종교개혁은 예배 개혁이었다. 그들은 미신적이고 우상 숭배적인 로마 가톨릭의 미사를 버리고 오직 기록된 말씀에 근거하여 하나님의 정하신 방식대로 하나님께 나아가는 참 예배의 회복을 추구한 것이다. 그것은 예배 구경꾼이 아니라 참 예배자로 적극 동참하는 회중으로의 개혁이었다. 그들이 제시한 예배 요소는 다섯 가지이다. 첫째는 찬송, 둘째는 기도, 셋째는 말씀 선포, 넷째는 헌금, 다섯째는 성례이다. 이 부분을 가지고 우리가 망하는 교회를 섬기는 자인지 아닌지를 분석해 보자.

찬송

먼저 찬송이다. 국어사전에 따르면 찬송은 미덕을 기리고 칭찬하는 말이나 노래이다. 특히 종교에서는 신봉하는 절대자를 높이는 노래를 말한다. 기독교의 찬송은 살아계신 삼위일체 하나님의 덕을 칭송하는 노래로서 하나님께서 하신 일들과 그 하나님의 성품을 담아내는 교훈적인 예배 의전이다. 다시 말하면 찬송의 대상과 목적은 철저하게 하나님이시며 하나님을 드높이는 것이어야만 한다. 이것은 찬송의 어원적 설명에서도 분명하다. 가장 대표적인 '할렐'이라는 의미는 할렐루야를 이루는 어원으로서 주를 기뻐하고 선포하는 감격적인 노래를 뜻한다. '야다'라는 히브리말은 감사의 찬양을 뜻하는 말로서 예배자의 의지적 결단에 의한 노래이다. 특히 고난 중에서도 주님의 선하심과 인자하심을 인한 헌신적 노래를 말한다. '토다'라는 말은 '야다'의 결과물로서 직접적인 감사 행위를 말한다. 즉, 감사의 노래나 헌금 및 서원을 담고 있다. 그리고 '바락'이라는 말이 있는데 우리를 향한 주님의 놀라우신 복을 드높이는 송축행위이다. 이것은 그 주님의 복으로 성도들 서로에게 복을 비는 행위도 포함한다. 성경에 찬양이나 찬송이라는 단어가 사용된 곳이 무려 300여 곳이 넘는다. 그 모든 사례를 살펴보면 하나같이 삼위일체 하나님과 연계되어 있다. 이것이 시사하고 있는 것은 찬송을 부르는 자는 예배자이지만 그 대상은 철저하게 하나님께 향하는 것임을 의미하는 것이다.

찬송의 주인은 하나님이시다. 이사야 선지서를 통해서 하나님은 이렇게 말씀하신다. **"이 백성은 내가 나를 위하여 지었나니 나의 찬**

송을 부르게 하려 함이니라"(사 43:21). 여기에서 우리는 찬송은 누가 해야 하는지, 누구에게 해야 하는 것인지 그리고 찬송의 주인은 누구인지를 분명하게 알 수 있다. 찬송은 하나님께 지음을 받은 피조물의 일이다. 특별히 그리스도의 피로 값 주고 산 하나님 백성들의 일이다. 찬송은 모든 피조물이 해야 할 일이지만 특히 하나님의 거듭난 자녀들의 특권이요 의무이다. 그것이 창조 목적이요 구속의 목적이기 때문이다. 하나님께서 창세 전에 우리를 택하여 주신 이유를 신약성경은 이렇게 설명하고 있다. "곧 창세 전에 그리스도 안에서 우리를 택하사 우리로 사랑 안에서 그 앞에 거룩하고 흠이 없게 하시려고 그 기쁘신 뜻대로 우리를 예정하사 예수 그리스도로 말미암아 자기의 아들들이 되게 하셨으니 이는 그의 사랑하시는 자 안에서 우리에게 거저주시는 바 그의 은혜의 영광을 찬미하게 하려는 것이라"(엡 1:4-6). 같은 장에서 성도들에게 그 기업의 보증으로 성령을 주신 것도 "그의 영광을 찬미하게 하려 하심이라"(14절)라고 하였다. 이렇게 그리스도 예수의 피로 구속함을 받은 모든 자들은 주님께서 주신 그 큰 은혜의 영광을 기쁨으로 노래하며 예배함이 마땅한 일이다. 이것은 의무이기도 하지만 구속함을 받은 성도들의 영원한 특권이다. 왜냐하면 찬송은 땅에서만 일어나는 예전이 아니라 하늘나라에 가서도 행할 영원한 것이기 때문이다. 하나님은 영원히 찬송과 존귀와 영광을 받으실 분이시다. 하나님을 찬송하는 일이야말로 지음을 받은 피조물이 하나님께 돌릴 수 있는 최고의 보답이다. 찬송이 없는 예배와 신앙생활은 불가능한 것이다.

그런 의미에서 믿지 아니하는 훌륭한 성악가들이나 합창단이 기독교 찬양곡을 부르는 것은 그 자체로는 아름답고 감사한 일이지만 하나님을 예배하며 감사하는 행위와는 아무런 상관이 없는 것이다. 마치 국가수반을 위한 의전행사에 동원된 사람들의 축하 의식과 같은 예전은 될지언정 진정으로 하나님이 받으시는 영광의 찬송은 아니다. 하나님은 음악적 기교와 재질이 뛰어난 자들의 노래보다 기교적으로 떨어져도 하나님을 사랑하고 존경하며 순종하는 자들의 마음에서부터 나오는 감사의 노래를 더욱 기뻐 받으신다. 그런 의미에서 성경은 감사함으로 그 궁정에 나아가며 기쁨으로 여호와를 섬기며 노래할 것을 주문하는 것이다(시 100편).

기독교만큼 사람에게 주신 목소리를 아름답게 하는 종교는 없다. 오직 지음을 받은 성도들만이 자발적으로 주의 이름을 높여드리는 일에 기쁨으로 종사할 수 있다. 그러므로 거듭나지 아니한 사람들은 참 예배자가 될 수 없고 같은 노래를 불러도 거듭난 영혼의 찬양과 그렇지 못한 자들의 노래는 질적으로 다른 것이다. 그러나 우리가 적어도 그리스도의 구속의 은혜를 경험한 자들이라면 주님을 높이는 것이야말로 일생 최대의 특권이며 자랑이다. 수많은 백성을 주려 죽게 하고 가난과 굶주림에서 헐떡이는 백성들은 안중에도 없고 권력에 집착하며 호의호식하고 있는 북한에서조차 최고 지도자를 곁에서 섬기고 노래하는 자리에 있음을 가문의 영광으로 알고 있는데 하물며 만왕의 왕이시오 만주의 주이신 하나님, 그것도 인자하심과 성실하심이 영원하고 대대에 미치게 하시는 그 하나님을 경배하며 노래하는 것이 어찌 가문의 영광이 되지 아니할 수 있겠는가?

그런 의미에서 한 찬송가 작사자의 고백은 충분히 이해되는 대목이다. '나의 기쁨 나의 소망 되시며 나의 생명이 되신 주 밤낮 불러서 찬송을 드려도 늘 아쉰 마음 뿐일세'(찬송가 82장 1절). 또는 '만입이 내게 있으면 그 입 다 가지고 내 구주 주신 은총을 늘 찬송 하겠네'(찬송가 23장 1절). 우리는 어떠한가? 찬양대원으로 열심히 봉사하고 있으니 참된 예배자라고 장담할 수 있는가? 탁월한 목소리로 찬양하는 자들은 다 천국 백성이라고 볼 수 있는가? 아니라면 그와 같은 화려한 경력자들로 구성된 찬양대가 있는 교회 예배가 있다고 해서 쇠하는 교회를 섬기는 것이 아니라고 단언할 수 없는 것이다.

나의 친구 중에 이광우 화백이 있다. 그가 시편 100편을 묵상하며 페이스북에 올린 글이 참으로 귀하다. 그래서 소개한다.

"하나님은 찬양받으시기에 합당하므로 그에 합당한 찬양을 드림이 마땅하다. 그 찬양을 드리는 사람은 즐거움으로 드려야 한다. 그것은 의도적으로 만든 즐거움이 아니라 하나님을 진정으로 사랑해서 드리는 즐거운 노래다. 신자가 하나님을 사랑하는 것은 당연하다. 그리고 신자 대부분은 자신이 하나님을 사랑한다고 생각하고 있다. 그러나 실제로 사랑하는 행동은 보이지 않는다. 즉, 실천적 무신론자의 삶을 살고 있다. 찬양을 드릴 때 내가 즐기며 즐거워하는 것과, 하나님을 사랑해서 즐거워하는 것은 다른 이야기다. 요즘의 크리스천들은 자신이 즐기며 즐거워하는 것을 하나님께 기쁨으로 드리는 것으로 착각한다. 심지어 예배에서조차 자기가 즐기는 노래를 부르며 하나님께 드린다고 거짓말을 하고 있다. 찬양을 통하여 마음의 평안이나 찾고, 찬양을 통하여 닫혀진 마음을 열고자 하는 것은 다분히 이교도적이며, 미신적 사고방식이다. 진정한 찬양은 나의 마음을 만족하기 위해 부르는 것이 아니고 하나님만이 즐기시는 노래다. 찬양을 통하여 마음을 여는 행위는 주술적이다. 그러므로 찬양을 통하여 마음을 연다는 말은 기독교가 무엇인지 모르는 사람의 말이며, 하나님을 모독하는 말이다. 우리의 마음은 나의 어떤 행위로 열리는 것이 아니라 하나님의 은혜로 열릴 뿐이다. 노래를 부르며 마음이 편안해지는 것은 꼭 찬송이 아니라도 가능하며, 마음이 너그러워지는 것도 일시적인 감정일 뿐이다. 마음을 열고 안 열고는 나의 행위로 되는 일이 아니다. 그것은 온전히 하나님의 소관이다."

평신도가 이해한 찬송에 대한 개념을 목사가 몰라서야 되겠는가? 하나님 이름의 거룩함과 위엄과 영광을 드러내지 않는 찬송이 참된 것일까? 참 이스라엘은 바로와 그 군대를 홍해에 엎드러뜨리신 하나님께 감사하는 것과 동시에 본질상 진노의 자식을 구원하시기 위하여 독생자를 내어주신 그 인자하심이 영원함을 찬송해야 한다. 스펄전이 말했듯이 자애로운 구세주로서만이 아니라 원수들을 향한 무서운 복수자로서의 하나님도 찬양받으셔야 한다. 물론 이것 때문에 죄로 치닫는 인간의 악한 마음은 도리어 하나님께 반항하고 연민으로 인해 정의를 약화시키는 연약한 하나님을 원하는 것이다.

하나님의 사랑과 자비만 강조하는 노래하고는 근본적으로 다른 찬양을 꼽는다면 하나님의 영감으로 주신 시편 말씀이다. 하나님이 부르라고 주신 하나님의 시편은 노래하지 않으면서 영적 깊이도 성숙도 확인할 길이 없는 작사작곡자들이 만든 노래들을 부르는 것이 진짜 하늘에서 하나님이 웃으시고 받으시는 찬양이요 예배가 된다고 확신하는가? 찬양은 반드시 하나님을 노래하는 것이요 하나님께 드리는 송축인데 청중들을 격려하고 위로하고 권면하고 북돋아 주는 내용으로 구성된 것들이 진정으로 하나님이 좋아하시는 예배 찬송이라고 말할 수 있는가? 찬송을 전도의 수단으로 주었다는 근거를 성경 어디에서도 찾을 수 없는데 전도팀들의 공연이 정말 하나님이 기뻐하시는 정당한 찬송행위라고 생각하는가? 그런 노래를 하나님을 예배하는 공예배에서 사용해도 된다는 근거를 댈 수 있는가? 이런 질문에 제대로 답할 수 없다면 무너지는 교회를 섬기고 있다고 의심해도 되지 않을까?

성경은 찬송을 부를 때의 자세에 대해서 큰 소리로 노래할 것을 요구하고 있다. 온 마음을 다하여 노래하라고 요구한다. 손뼉 치며 소고치며 노래할 것을 요구하고 있다. 이에 대한 몇 가지는 신학적 이유로 인하여 개혁교회에서 사라졌지만, 그러나 그러한 교훈이 주는 찬양의 원리는 변함이 없다. 즉, 온 마음을 다하여 부르는 노래여야 한다는 것이다. 입만 뻥긋뻥긋하는 것이 아니다. 건성으로 박수치는 것도 아니다. 립서비스하라는 말도 아니다. 내게 주신 목소리로 온 마음을 다해 힘차게 불러야 한다. 찬송을 큰 소리로 부르는 것과 단지 소리를 위한 소리를 내는 것과는 그 감흥에 있어서 엄청난 차이가 있다. 박수를 대충 대충하는 것과 열렬하게 치는 것과는 박수받는 사람에게 다가가는 감동 자체에도 차이가 있지만 박수치는 사람 자체에도 많은 차이가 있다. 어떤 것이 좋은지는 우리가 다 잘 알고 있다. 그러나 문제는 그렇게 알고 있으면서도 실천하지 아니한 다는 것이다. 사람들이 나를 향하여 박수칠 때 우레와 같은 함성으로 박수치는 것이 기분 좋게 한다는 것을 알면서도 남에 대한 박수는 건성으로 하는 경우가 많다. 그러나 좋아하는 인기 연예인들이나 존경하는 분들을 향해서는 정말 열성적으로 박수하며 환호한다.

하나님을 찬송하는 우리의 마음가짐과 태도는 어떤가? 우리 하나님은 죄인에 불과한 인기 연예인이 받는 환호만큼도 받지 못할 분인가? 우리는 큰 목소리로 마음을 다해 찬양해야 한다. 그러나 지금의 교회 예배는 어떠한가? 동원된 악기 소리와 몇몇 사람의 노래 인도로 인하여 목소리를 거의 내지 않아도 된다. 절로 흥을 돋우는 것은 될지 몰라도 거룩하신 하나님, 지존자 하나님을 노래해야 하는 나 자신은 뒷전으로 밀려난다. 악기가 목소리를 대신할 수 없다. 찬양 중에 임하시는 하나님을 경험하는 찬송이어야 한다.

이제 잠시 어떤 찬송을 불러야 하는지 생각해 보자. 성경은 **"시와 찬미와 신령한 노래로 서로 화답하며 너희의 마음으로 주께 노래하며 찬송하며 범사에 우리 주 예수 그리스도의 이름으로 항상 아버지 하나님께 감사하며 그리스도를 경외함으로 피차 복종하라"**고 말씀한다(엡 5:19–21). 골로새서에서도 같은 말씀을 한다. **"그리스도의 말씀이 너희 속에 풍성히 거하여 모든 지혜로 피차 가르치며 권면하고 시와 찬미와 신령한 노래를 부르며 마음에 감사함으로 하나님을 찬**

양하고"(골 3:16). 여기서 우리가 주목할 것은 "시와 찬미와 신령한 노래"를 부르라는 말씀이다. 물론 이 내용은 교회에서 모여 예배할 때 그렇게 해야 할 것을 주문한 것이 아니라 성령 충만한 신앙생활의 실천적 행실이 그렇게 되어야 함을 강조한 말씀이다. 앞에서 성령의 충만함을 받으라고 말씀하신 후에 그 결과로 나타나는 신앙적 실천 행위는 시편을 노래하는 것과 감사하는 것과 서로 권면하면서 피차 복종하는 자가 되어야 할 것을 말씀한 것이다.

그렇다면 공예배에서 불러야 할 노래는 그와 전혀 다른 것인가? 아니다. 실천적 삶이 그러해야 한다면 공예배에서 부르는 노래 역시 시와 찬미와 신령한 노래여야 한다. 쌀모스(ψαλμός)는 찬양의 노래로서 시편을 가리킨다. 그 단어의 동사는 원래 줄을 잡아 뜯는다는 의미였고 명사적 사용은 악기 연주에 따른 신성한 노래를 지칭할 때 사용된 단어이다. 휨노스(ὕμνος)는 찬양하기 위해서 작사 된 신성한 시적 표현을 의미한다. 오데(ᾠδή)는 특별히 은율적 시를 노래하는 일반적인 용어이다. 그런데 중요한 것은 이 세 단어에 신령하다(영어의 spiritual)는 말이 다 붙여져 사용되었다는 사실이다. 다시 말하면 하나님께서 구별하여 주신 시적 표현을 가지고 노래하는 것을 의미하는 것이다. 그렇다면 당대 초대 교회에서 부른 음악적 노래가 구약 시대 성도들이 불렀고 예수님과 사도들이 불렀던 시편 찬양이라고 결론지을 수 있다.

개역개정 성경은 이사야서 43장에서 **"나를 노래하게 하려 함이라"**라고 번역하였지만 실은 **"나의 찬송"**을 부르게 하려 함이라고 하신 것을 변경한 오역이다. 더욱이 히브리서 기자가 **"이러므로 우리**

가 예수로 말미암아 항상 찬미의 제사를 하나님께 드리자 이는 그 이름을 증거하는 입술의 열매니라"(히 13:15)라고 한 말씀에서 '찬미의 제사'라는 용어를 사용한 것을 보면 그 의도는 더욱 분명하다. 찬미의 제사를 항상 드리자고 한 것은 이것이 계속해서 할 일임과 동시에 정한 법대로 해야 할 일임을 말하고 있다. 구약의 모든 제사 제도는 신약에서 그리스도의 속죄 제사로 인하여 다 폐지되었다. 그러나 신약에서도 계속 이어지는 제사가 있으니 그것은 감사와 찬미의 제사이다. 감사로 제사를 드리는 것은 신구약이 다 강조하는 가르침이다. 동시에 찬미의 제사 역시 호흡이 있는 자들이 해야 할 영적 제사이다. 사도 베드로는 이렇게 권고하고 있다: **"너희도 산돌같이 신령한 집으로 세워지고 예수 그리스도로 말미암아 하나님이 기쁘게 받으실 신령한 제사를 드릴 거룩한 제사장이 될지니라"**(벧전 2:5).

그렇다. 신약시대의 모든 성도는 다 왕 같은 제사장이요 거룩한 나라요 하나님의 소유된 백성이다. 그러므로 제사장으로서 신령한 제사들을 드릴 책임과 의무가 있다. 단수로 쓰인 것이 아니라 복수로 쓰인 점을 주목하라. 여기에 감사와 찬양의 제사가 포함되어 있다. 그리고 이웃에게 선한 일을 행하는 것 역시 하나님이 기뻐 받으시는 제사임을 말하고 있다. 착한 행실을 제사로 규정한 것은 하나님이 받으시는 믿음의 열매가 되기 때문이다. 구약의 제사는 제사장이나 하나님의 백성들이 임의대로 정할 수 있었던 것이 아니었다. 모세의 제사법은 하나같이 다 제사를 받으시는 하나님께서 제정하신 것이었다. 그 방식도 그 과정도 그 내용도 모세가 임의대로 창안

한 것은 하나도 없다. 그렇다면 '찬미의 제사'라는 말을 사용한 것도 하나님께서 정해 주신 하나님의 것으로 하나님께 나아가야 함을 담고 있는 교훈이라고 봐야 하지 않을까? 그것이 곧 예수님과 사도들 및 초대 교회 성도들이 즐겨 부른 시편 찬양이라고 말하는 것이다. 그것이 성도들의 삶에서 구체화되는 것이요 그 찬송과 감사가 세상에서 구현되는 것은 선한 일에 열심하는 일이다. 그것 또한 우리가 구속함을 받은 큰 이유 중의 하나이다.

진짜 그리스도인은 주 예수 그리스도로 말미암아 하나님 아버지께 감사하는 자여야 한다. 이것이 하나님을 예배하는 이유이며, 예배하며 찬송을 부르는 이유이다. 그리고 동시에 또한 하나님이 기뻐 받으시는 신령한 제사 중에는 이웃에게 그리스도의 이름으로 선을 행하는 것이 있다. **"우리는 그의 만드신 바라 그리스도 예수 안에서 선한 일을 위하여 지으심을 받은 자니 이 일은 하나님이 전에 예비하사 우리로 그 가운데서 행하게 하려 하심이니라"**(엡 2:10). 선한 일에 열심하는 하나님의 친 백성이 되게 하신 것이다(딛 2:14). 선한 사업에 부요한 자가 되어야 할 이유가 여기에 있다. 그 일이 하나님을 기쁘시게 하는 영적 제사이다. 그러므로 성도들의 교제 가운데서 하나님의 구원하심을 노래하는 찬미의 제사는 중단됨이 없이 실천되어야 할 중요한 제사이며 동시에 그 하나님에 대한 사랑과 감사의 표현이 이웃에게 선한 일을 열심히 감당하는 것으로 나타나야 한다.

선한 사업과 관련하여 한 가지 짚고 넘어가고 싶다. 성도들이 고아원이나 양로원이나 불우한 노인들 돕기 혹은 소년 소녀 가장 돕기, 탈북자들 돕기와 미혼모들 돕기 등 이 모든 착한 행실을 하는 것은 하나님의 영광을 위한 것이지 자기의 영예나 만족을 위한 것이 아니라는 점이다. 우리의 이름을 높이는 행위가 아니라 오로지 주님의 이름과 그의 사랑을 부각하는 착한 행실이 될 때 믿지 않는 자들이 우리의 착한 행실을 보고 하나님 아버지께 영광을 돌리게 될 것이다. 쇠하는 교회를 섬기는가? 흥하는 교회를 세워가는가?

기도

둘째로 예배의 두 번째 요소인 **기도의 영역**도 생각해 보자. 기도는 하나님 없이는 결코 살 수 없음을 고백하는 가장 겸손한 행위이다. 하나님께 예배할 때 기도가 빠진 것은 참된 예배가 될 수 없는 이유는 기도 역시 하나님 찬양을 담고 있고 감사함을 표현하는 방식이기 때문이다. 기도는 하나님을 하나님으로 인정하는 것이요 인간은 지음을 받은 피조물로서 하나님 없이는 살 수 없다는 자기 인식이다. 그러므로 여호와께 부르짖고 그의 이름을 부르는 기도 행위는 우리가 하나님께 속해 있는 하나님의 자녀임을 고백하는 것이 된다. 하나님의 도우심이 없이는 말하는 것도 숨 쉬는 것도 일하는 것도 아무런 의미가 없음을 고백하는 것이다. 하나님이 나의 주인 되심을 인정하는 것이다. 찬송과 감사가 없는 신앙생활을 생각할 수 없듯이 기도 없는 신앙생활은 결코 불가능한 일이다. 더구나 기도는 살아계신 하나님과의 친밀한 교통이다. 이것이 없거나 축소되어 있다면 망해가는 교회에 남아 있는 것이다.

참 성도에게 기도는 선택이 아니라 필수적인 일이다. 하나님은 자기 백성들에게 항상 좋은 것을 주기를 원하시지만, 우리의 기도를 통해서 이루어 주기를 기뻐하신다. 지존자 하나님께서 낮고 천한 우리와의 교제함을 기뻐하시기 때문이다. 그 일을 통해서 성도는 하나님께 감사하는 법을 배운다. 하나님의 뜻을 더욱 깊이 이해하는 자리로 나아간다. 부르짖음과 간구함이 없는데도 많은 것을 누리는 것들은 내가 알지 못하는 누군가의 기도 덕분임을 알아야 할 것이다. 그리고 현재 누리고 있는 것을 당연하게 여기는 자에게는 마음 깊은 곳에서 우러나오는 감사가 희박하다. 나의 땀과 수고와 노력이 깃든 일들에는 자부심과 자랑하고 싶은 마음이 간절하듯이 주님의 도우심으로 이룩한 일들이라는 고백은 영광을 주님께 돌리는 위대한 신앙고백이다. 말이나 일이나 매사에 주 예수 그리스도의 이름으로 하며 하나님께 감사하는 자리에 나아가는 것이 되기 때문이다. 칼빈은 "하나님께 나아가거나 구하지 않는다면 그것은 우리에게 유익이 되기는커녕 마치 보물이 있다는 이야기를 듣고도 마냥 땅속에 묻어놓은 채 내버려 두는 것이나 다름이 없다"라고 말했다.

사실 예배 자체가 하나님과의 만남인데 직접적으로 그 주재자이신 하나님을 만나는 길은 기도라는 수단이다. 그 수단 사용은 하나님의 보물을 손에 쥐는 도구이다. 그러므로 기도는 믿음의 현실화 작업이다. 기도는 영혼의 호흡이라고 한다. 한 마디로 숨이 멈추면 죽은 인생이 되듯이 기도 없는 신앙생활은 죽은 자가 설쳐대는 무시무시한 일이다. 죽은 자들이 날뛰는 곳에서 벌어지는 일들을 생각해 보라. 음부에서 서로 으르렁거리며 피 흘리기를 즐겨하는 자들의 처절한 고통과 분노를 생각해 보라. 교회에서 가장 문제를 많이 일으키는 자들은 기도 없이 중직을 맡고 있는 자들이다. 그런 자들이 교회를 망하게 하는 자들이다. 기도하는 외형적 행위는 사람들에게 보일 수 있다. 바리새인들과 서기관들처럼 길거리에 서서 두 손을 하늘을 향해 치켜들고 큰소리로 기도할 수 있다. 그러나 하나님은 그런 자들의 보여주기 식의 기도는 듣지 않으신다. 왜냐하면 그들은 진정으로 주님의 뜻을 구하고 주님의 뜻에 복종할 의사가 전혀 없기 때문이다. 그들이 기도하는 것은 사람들에게 명성을 얻고 권력 행사를 위한 명분에 불과한 것이다.

참된 기도는 내가 생각하는 무엇을 아뢰기 전에 먼저 주님의 뜻을 구하는 것이다. 내 뜻대로 하나님이 양보해 주시길 간청하는 것이 아니다. 내가 처한 절박한 상황에 있어서도 하나님의 뜻이 이뤄지기를 갈망함이 참된 기도이다. 그러나 오늘날 하나님의 이름이 모독당하는 것을 보거나 하나님의 교회가 훼손되는 것을 보면서도 상한 심령으로 통회 자복하는 절규가 없다. 내 아픔에 대해서는 외치지만 주님의 마음을 근심케 한 것은 신경도 거의 안 쓴다. 하나님과의 교제는 한가한 사람들의 일이고 일상생활에 분주한 이들에게는 소 귀에 경 읽기이다. 하나님의 말씀이 자리 잡을 틈이 없다.

그래서 사도 바울은 골로새서를 기록하면서 **"그리스도의 말씀이 너희 속에 풍성히 거하여 모든 지혜로 피차 가르치며 권면하고 시와 찬미와 신령한 노래를 부르라"**고 한 것이다. 찬송과 기도에 있어서 그리스도의 말씀이 우리 안에 풍성히 거하는 고백적 기도와 찬송이어야 한다. 이것이 매우 중요하다. 칼빈은 "하나님께서 그 말씀을 우리 입에 넣어주셔서 그 말씀으로 하나님을 찬양케 하신다"고 말했다. 마찬가지로 기도 역시 우리는 그가 주신 말씀대로 주께 아뢰는 것이다. 나의 입술의 모든 말과 마음의 묵상이 주께 열납되기를 간구한 시편 기자의 고백은 찬양과 기도의 특징이 무엇인지를 잘 보여준다. 예수님께서 하신 말씀을 생각해 보라. **"너희가 내 안에 거하고 내 말이 너희 안에 거하면 무엇이든지 원하는 대로 구하라 그리하면 이루리라"**(요 15:7).

어떻게 생각하는가? 기도는 내 맘에 생각나는 대로 내 의지의 욕구대로 마음껏 발설하는 것이 아니다. 우리 심령에 풍성히 거하는, 혹은 우리의 심령에 풍성히 새겨진 그리스도의 말씀이 교훈하는 것을 따라 기도하는 것이다. 기도가 안 되는 가장 큰 이유는 우리 안에 하나님의 말씀이 살아 있지 아니하고 우리 자신의 욕망이 득실대기 때문이다. 기도는 그 욕망을 죽이고 내 안에 그리스도께서 풍요롭게 사시게 하는 것이다. 기도의 중요성에 대한 성경의 가르침을 잘 실천한 분이 17세기 위대한 성경 주석가인 메튜 헨리이다. 그가 쓴 《기도》라는 책을 보면 시종일관 하나님의 거룩한 말씀으로 이루어진 기도를 본다. 그러한 기도는 하나님께 상달함이 100%이다. 기도할 때 우리가 기억해야 할 것이 두 가지가 있다고 본다. 하나는 긍정적인 면이요 다른 하나는 부정적 측면이다.

긍정적으로 먼저 기억해야 할 것은 하나님이 우리의 기도를 들으신다는 것을 믿는 것이다. 이것은 히브리서 기자가 교훈하고 있다. **"믿음이 없이는 기쁘시게 못하나니 하나님께 나아가는 자는 반드시 그가 계신 것과 또한 그가 자기를 찾는 자들에게 상주시는 이심을**

믿어야 할지니라"(히 11:6). 하나님이 계신다는 사실을 인정함과 동시에 자기를 찾는 자들이 누구든지 응답하시는 하나님이심을 믿지 아니하면 기도할 수 없다. 이 말을 뒤집어 말하면 기도하지 않는다는 것은 하나님이 없다는 것과 구해 보았자 헛수고라는 불신앙을 증명하는 것이다. 그러므로 하나님을 믿는다고 말하는 자들은 반드시 기도하는 사람이어야 한다. 여기에는 일말의 의심도 허용하지 아니한다. 기도 응답에 관한 많은 성경 구절 중에서 사람들이 많이 인용하고 있는 예레미야 29장을 보라. **"너희는 내게 부르짖으며 와서 내게 기도하면 내가 너희를 들을 것이요 너희가 전심으로 나를 찾고 찾으면 나를 만나리라"**(렘 29:12-13). 성경에서 기도 응답에 대한 약속은 무지기수이다. 겨자씨만한 믿음만 있어도 산을 들어 바다에 던지우라 하면 그대로 될 것임을 약속하셨다. 하나님은 언약을 지키시는 신실한 하나님이시기 때문에 우리가 기도한다는 것은 그의 존재를 인정하고 그의 약속의 말씀을 신뢰한다는 신앙고백이다. 그런 자들을 주님은 기뻐 받으시는 것이다. 하나님은 그런 자들의 부르짖음을 결코 실망하게 하지 아니하는 분이시다.

동시에 부정적인 측면에서 기도하는 자들이 반드시 기억할 것은 우리의 정욕대로 쓰려고 잘못 구해서는 안 된다는 것이다. 제아무리 미사여구를 동원하여 듣는 자들이 감탄할 만한 내용으로 구한다고 할지라도 정욕대로 구하는 기도는 주님께 응답받을 기대를 하지 말아야 한다. 이 두 가지 점에 대해서 야고보서가 명확하게 지적하고 있다. **"오직 믿음으로 구하고 조금도 의심하지 말라 의심하는 자는**

마치 바람에 밀려 요동하는 바다 물결 같으니 이런 사람은 무엇이든지 주께 얻기를 생각하지 말라 두 마음을 품어 모든 일에 정함이 없는 자로다"(약 1:6-8). "…너희가 얻지 못함은 구하지 아니함이요 구하여도 받지 못함은 정욕으로 쓰려고 잘못 구함이니라"(약 4:2-3). 이 말씀은 자신이 즐기고자 하는 악한 의도로 구하는 것을 의미한다. 하나님의 영광이 아닌 우리 자신의 이익과 명예를 위한 것이 악한 의도이다. 세상적 가치관에 따라 예수 믿고 복 받는 것만을 생각하는 것으로 가득한 곳은 무너지는 교회이다.

참 성도는 먹든지 마시든지 무엇을 하든지 다 하나님의 영광을 위하는 자이다. 그러므로 기도의 목적도 여기에서 벗어나지 않는다. 그냥 입만 열면 줄줄이 쏟아져 나오는 말들이 기도가 아니다. 기도할 때 내가 무엇을 위해서 기도해야 하는지를 깊이 묵상하고 생각하며 주님의 기록된 말씀에 부합한 것에 따라 하나님의 뜻이 이루어지기를 간구해야 한다. 하나님의 뜻에 기쁨으로 양보해야 한다. 그리할 때 하나님은 그의 말씀을 보내사 우리를 위경에서 건져주시고 응답하신다. 그러므로 늘 주의 말씀에 합당한 것을 구해야 한다. 물론 때로 하나님은 우리가 보챌 때 우리의 욕구대로 허용하실 때도 있다. 그러나 대체로 그러한 경우는 축복이 되기보다도 올무가 되어 넘어지는 걸림돌이 될 가능성이 높다. 그러므로 주님의 말씀에 합당하게 구했음에도 불구하고 응답이 없다고 할 때, 나의 모든 것을 헤아리고 계시는 하나님께서 가장 적절한 때에 가장 좋은 것으로 응답하실 것을 믿고 기다리는 것이 필요하다.

이처럼 기도에는 인내도 요구된다. 비상시에 즉각적인 응답이 주어질 때도 있지만 오랜 세월을 기다려야 하는 경우도 필요하다. 예를 들어, 남북통일을 위한 기도는 70년이 넘었다. 믿지 않는 친구들이나 가족들을 위한 기도 역시 오랜 세월이 소요될 수 있다. 때론 내가 죽은 이후에 응답이 올 수도 있다. 그러나 중요한 것은 기도에는 반드시 그 응답이 있음을 알고 늘 기도에 힘쓰는 자가 되는 것이다. 인내의 열매는 달다. 칼빈은 그의 《기독교강요》에서 기도가 주는 여섯 가지 유익에 대해 말하고 있다. 첫째, 기도는 하나님을 찾고 그를 사랑하며 섬기고자 하는 진지하고도 열렬한 소원으로 우리 마음이 항상 불타오르게 해 준다. 또한 어떠한 사정이 생기든 하나님을 거룩한 닻으로 여겨 그에게 의지하는 습관을 지니게 한다. 둘째, 기도는 하나님 앞에 내어놓기 부끄러운 욕망이나 바람이 우리 마음에 들어오지 못하도록 막아준다. 그리고 우리의 모든 소원들을 하나님이 보시도록 그대로 내어놓기를 배우며 또한 그리하여 우리의 마음을 그 앞에 쏟아놓는 법을 배우게 된다. 셋째, 기도는 하나님이 베푸시는 모든 은택을 진정한 감사와 찬송으로 받게 해 준다. 우리의 기도가 그 모든 은택이 다 하나님의 손으로부터 오는 것임을 깨닫게 해 준다. **"중생의 눈이 주를 앙망하오니 주는 때를 따라 저희에게 식물을 주시며 손을 펴사 모든 생물의 소원을 만족케 하시나이다"**(시 145:15-16). 기도는 때를 따라 돕는 은혜를 얻는 수단인 것이다(히 4:15). 넷째, 우리의 구한 것들을 받음으로 하나님이 우리의 기도에 응답하신 것을 깨닫게 되면 하나님의 긍휼하심을 더욱 더 간절히 사모하게 된다. 다섯째 우리의 기도로 말미암아 얻어진 축복을 더 큰 기쁨으로 환영하며 귀히 여기게 된다. 여섯째, 우리의 연약함 정도에 따라 다르지만, 기도는 하나님의 섭리를 체험하게 하며 확증하게 해 준다.

그러므로 기도 없는 신앙생활은 말 자체도 성립이 안 되지만 사실상 불가능한 것이다. 기도하지 않는 자들이 교회에 많아지는 것은 쇠하는 교회를 섬기고 있는 것으로 보아도 무방하다. 간구하는 자의 기도를 들어주시는 하나님이시다. 칼빈은 그것만큼 하나님의 본성에 어울리는 것이 없다고까지 말했다. 이제 우리는 사적인 기도 시간만이 아니라 교회가 정한 공적인 기도 시간도 잘 사용해야 한다. 특히 공기도를 맡은 이는 온 교회 회중들을 대표하여 간구하는 것이기 때문에 더욱 잘 준비해야 한다. 중언부언하지 않기 위함이다. 기도를 통해서 거룩한 명성을 얻고 싶어 하는 것이 되면 헛된 기도가된다. 공기도는 예배와 교회가 필요로 하는 것과 성도들과 백성들의 죄를 회개함과 또한 하나님께서 예비하신 은총을 감사함으로 받음과 말씀하심에 적극 순종하는 은혜와 예배 참여자들의 영적 감흥을 위해서 그리고 국가와 민족의 평안과 안정을 위하여 간구해야 한다.

특별히 말씀의 사자들을 위하여 기도함으로 선포되는 말씀이 온 회중들의 심령에 감동을 끼치도록 구해야 한다. 공적 기도를 대표하여 맡은 이는 횡설수설하지 않도록 미리 기도 내용을 준비하고 성령의 인도하심을 사모해야 한다. 혹여나 실수할 것을 대비하고 중언부언을 방지하기 위하여 미리 기도문을 적어 두는 것도 유익하나, 적지 않고 가능한 마음을 다한 기도를 하도록 훈련해야 한다. 이것은 사적인 기도 시간에 실천함으로써 훈련할 수 있다. 그런 의미에서 집에서나 혹은 은밀한 곳에서 하나님과 만나는 교제를 즐기지 못하는 자는 공기도에 나설 자격이 없는 것이다. 사적인 기도 실천이 없이 공기도에 나서는 것은 은밀한 중에 들으시는 하나님을 의식하고 그 하나님이 기뻐 받으시는 기도가 되기를 열망하기보다 사람들의 생각과 반응을 더 중시하는 죄를 범하기 쉽다. 하나님과 함께하는 시간이 많을수록 기도의 능력은 강렬해진다. 구하라, 찾으라, 두드리라고 하신 주님의 음성을 생각해 보라. 왜 그렇게 말씀하셨는가? 들어주시겠다는 것이다. 찾는 것을 얻게 하시겠다는 것이다. 닫힌 문을 열리게 하실 것이라는 의미이다. 그런데도 기도하기를 주저하고 있거나 아예 무시하고 산다는 것이 가당한 일이겠는가? 참된 예배자들은 참된 기도의 사람들이요, 참된 찬양과 감사의 제사를 주님께 드리는 좋은 제사장들이다. 이런 기도가 많은 것은 흥하는 교회를 세워 가는 표지일 것이다.

성경 읽기와 말씀 선포

셋째로 하나님이 받으시는 참 예배는 **성경 읽기와 말씀 선포**가 신실하게 실행되는 교회이다. 이것은 종교개혁자들이 교회를 설명할 때 가장 먼저 제시하는 표지였다. 그리스도의 몸으로서 교회는 예배 공동체이다. 성령으로 하나 되게 하신 것을 힘써 구현하는 실체이다. 같은 성령으로 중생함을 받고 같은 성령으로 세례를 받아 그리스도의 몸에 연합된 성도들의 예배는 특정한 시간에 전 회중이 함께 모이는 공예배와 개인적으로 갖는 사적인 경건 시간 혹은 몇몇 사람이 모이는 사적 회합으로 구분한다. 공예배에서나 사적인 경건 시간에 빼놓을 수 없는 것이 찬송과 기도와 함께 성경 읽기와 말씀 선포이다. 물론 사적인 시간에는 설교를 회중 전체를 대상으로 하는 것처럼 할 수 있는 것은 아니다. 간단한 의미의 설명이 수반될 수 있다. 그러나 공예배에서는 온 회중이 함께 성경을 읽는 것이 필요하다. 하나님과의 만남을 뜻하는 예배에서 성도들이 먼저 해야 할 일은 하나님의 음성을 듣는 것이다. 설교는 온 회중에게 여호와의 말씀을 선포하는 것이다. 회중은 그 선포되는 말씀을 사람의 말로가 아니라 하나님의 입에서 나온 말씀으로 받는다. 과거 청교도들이 제시한 예배 모범에는 신구약 성경에서 한 장씩 낭독하거나 서로 교차적으로 읽는 순서가 나온다(이를 교독문이라고 한다). 지금도 개혁파 교회에서는 예배 시간에 성경을 읽는다. 이것은 설교할 분문과는 다른 것이다. 본문의 내용과 연관된 장을 읽을 수도 있고 그렇지 않고 차례대로 읽어갈 수 있다. 이 성경 읽기는 목사가 읽고 간략한 내용을 부연 설명하는 것이다. 오늘날 한국의 많은 교회가 평신도가 설교 본문을 읽고 있다. 더욱이 성경 읽기 자체가 거의 없다. 그러나 설교 본문인 성경 봉독도 예배 순서로 정해진 이상 말씀을 맡은 목사가 자기 음성으로 또박또박 읽되 "여호와께서 말씀하시는"(Thus says the Lord) 것을 들으라고 선포하는 것이 필요하다. 그런데 합법적으로 하나님의 말씀을 맡지 않은 일반 성도가 성경을 읽고 난 후이든 전이든 '이것은 하나님의 말씀입니다'라고 선언하는 것이 무슨 권위로 그렇게 회중 앞에서 말할 수 있는지 의문을 제기한다.

그리고 성경 읽기와 함께 중요한 것은 말씀 선포이다. 이것은 읽은 본문의 의미를 자세히 풀어 증거하는 것으로서 구원에 이르는 참 지식을 가지게 할 뿐 아니라 그 지식 가운데서 자라도록 하는 은혜의 방편이다. 동시에 설교는 세상에서 하나님의 증언하신 뜻대로 실천하며 살 것을 명하고 권함으로 우리가 하나님께 속한 백성이요 우리가 하는 모든 일이 세상의 흐름과 유행이 아니라 오직 기록된 말씀을 따라 사는 것임을 세상 사람이 알게 하는 방편이다. 여기엔 회개와 의지적 결단이 수반된다.

하나님의 말씀을 선포하는 일은 모든 신자가 다 해야 할 일이 아니다. 물론 성도 개개인도 복음을 전할 책무가 있다. 그러나 회중들 앞에서 하나님을 대신하는 대언자로서 말씀 선포는 합법적으로 안수를 받은 말씀 선포의 은사를 부여받은 자의 몫이다. 즉, 교회에 세우신 목사와 교사의 일인 것이다. 초대 교회인 예루살렘 교회에 있던 사도들은 공궤하는 일에 많은 시간을 빼앗기게 되자 우리는 기도하는 것과 말씀 전하는 일에 전무하겠다고 선언하였다. 그리고 공궤하는 일을 전담하는 일곱 명의 대표를 선출한 것이다. 다시 말해서 복음을 위한 교회의 일군으로 교회의 주인이신 예수 그리스도께서 제정하신 직분의 주된 기능은 말씀을 가르치고 전하는 일에 전무해야 할 전문가여야 한다. 이 일을 일곱 명의 대표와 공유한 것이 아니었다.

교회의 성숙은 말씀 선포자의 역량에 달려 있다고 해도 과언이 아니다. 이 부분은 앞에서 이미 연구에 얼마나 투자하는지에 대한 언급에서 다루었기에 반복하고 싶지는 않다. 다만 회중은 말씀을 맡은 일군들을 위해서 더욱 기도로 동역해야 한다. 목사를 위해서 기도하지 않는 교회도 쇠하는 교회를 섬기는 징조이다. 그들이 입을 벌려 담대하게 주님의 복음 진리를 선언토록 하나님의 은혜와 강권적인 역사하심을 구해야 한다. 말씀 선포가 없는 교회는 교회가 아니다. 그러므로 선포되는 하나님의 말씀을 들음이 없는 성도는 성도로서 자기 역할을 감당할 수 있는 능력을 발휘할 수 없다.

우리가 기억할 것은 예배에 참여한다는 것은 단지 설교 듣기 위해서 오는 것이 아니다. 찬송도 기도도 예배 순서 하나하나가 다 중요하다. 그 모든 순서에서 우리는 주님의 은혜와 임재를 경험해야 한다. 그러나 설교가 예배의 최정점을 차지하는 것은 단지 제일 긴 시간이어서가 아니다. 설교는 하나님 백성을 향한 하나님의 예언적인 음성이기 때문이다. *설교란 성경을 가지고 사람이 전하는 가르침이 아니라 성경을 가지고 설교자의 입을 통해서 지금 듣는 회중들에게 하나님이 말씀하시며 가르치는 것이다.* 예배의 다른 요소들은 우리가 하나님께 드리는 것이지만 성경 읽기와 말씀 선포는 하나님이 우리에게 말씀하시는 것이다. 그러므로 청교도들은 말씀 듣기를 위하여 사전에 기도로 준비할 것을 강조하였다. 기도로 마음의 묵은 밭을 옥토가 되도록 흙갈이해야 한다. 감사함으로, 기꺼이 순종하겠다는 헌신적인 자세로 말씀을 들어야 한다. 흙갈이가 되지 않은 마음 밭은 열매가 없는 강퍅한 마음이어서 버림받을 위기를 피할 수 없다. 믿음으로 받아 그 말씀이 믿는 자 속에서 살아 역사하도록 해야 할 책임은 받는 자에게 있다.

주님이 말씀하심은 우리의 유익을 위하여 우리가 마땅히 가야 할 길로 가도록 인도하시기 위함이기 때문에 사모하는 심령을 충분히 만족시키실 것이다. 이런 일을 주일마다 경험함이 없는 것은 무너지는 교회를 섬기는 증거가 될 수 있다. 같은 복음 진리를 듣고도 은혜가 되지 못하는 것은 믿음을 화합하지 아니하는(히 4:2) 청중 자신의 책임이 크다. 전하는 자와 듣는 자가 다 같은 마음으로 화합할 때만이 말씀의 위력이 드러난다.

헌금

넷째 요소는 헌금이다. 헌금은 하나님에 대한 사랑의 표현이다. 헌금은 나의 소유권 전부가 다 주님에게 있음을 인정하는 신앙고백 행위이다. 하나님에게 뭔가 결핍함이 있어서 우리들의 도움이 필요하여 헌금하게 한 것이 아니다. 그렇다고 헌금이 목회자를 먹여 살리기 위하여 혹은 교회 사업을 성황리에 감당하도록 자발적으로 내는 기부금도 아니다. 헌금은 교회에 위임해 주신 사명을 감당하기 위한 물질적 필요를 채우기 위한 수단이다. 복음 전파와 선교를 위하여, 그리고 구제와 봉사를 위하여, 또한 성도들의 양육을 위하여 필요한 부분에 사용하는 것이다. 그 모든 필요에 대한 성도들의 헌신이 헌금이라는 이름으로 봉헌된다.

이런 헌신의 기본적인 자세는 고린도후서 8장에서 발견할 수 있다. 첫째는 매 주일 모일 때마다 주님께 드린다. 성경은 빈손으로 여호와 앞에 나오지 말라고 한다(신 16:16). 그리고 하나님이 주신 복을 따라 그 힘대로 드릴 것을 말씀하신다(신 16:17). 이러한 교훈적 실천을 사도 바울은 마케도니아 교회 성도들의 열심으로 소개하고 있다. 그들은 극심한 가난 중에서도 힘에 지나도록 자원하여 풍성한 연보를 했다(고후 8:2-3). 또한 헌금도 기도와 마찬가지로 미리 준비하여야 참 연보답고 억지로 하는 것이 아니다(고후 9:5). 주님께 드리는 것이기 때문에 미리 준비해서 드리는 것이 합당하다. 그런데 놀라운 것은 연보에 대한 가르침을 마치 씨를 심는 것으로 말한다는 것이다. 즉, 심는 대로 거둔다고 말한다. 헌금이나 봉사가 하나님 앞에서 마치 투자하는 것과 같은 느낌을 준다.

흥하는 기업은 투자자들이 많다. 성도가 헌금하는 것은 하나님 나라에 보물을 쌓아두는 일과 같다. 물론 하나님을 시험의 대상으로 간주해서는 안 된다. 그런데도 말라기를 보면 십일조와 관련하여 주께서 약속하기를 **"너희의 온전한 십일조를 창고에 들여 나의 집에 양식이 있게 하고 그것으로 나를 시험하여 내가 하늘 문을 열고 너희에게 복을 쌓을 것이 없도록 붓지 아니하나 보라"**(말 3:10)고 하셨다. 이것은 헌금이 하늘 창고에 보물을 쌓는 일이지만 동시에 땅에서도 하나님의 복을 받는 행위임을 강조하는 것이다. 그러나 복 받기 위한 투자가 아니라, 교회를 흥하게 하는 헌신이며 하나님을 사랑하는 믿음의 표시이다. 동시에 주님의 소유권을 인정한다는 것은 사실 겸손의 한 방편이기도 하다. 겸손은 머리의 각도로 판단하지 않고 마음의 각도로 검증된다. 보물이 있는 곳에 우리 마음이 있다. 하늘에 기울어진 마음이라야 중심을 보시는 하나님 앞에 겸손한 자로 인정받으며 흥하는 교회 세우미가 된다.

사실 하나님은 인간이 살기에 필요한 전부를 준비해 놓으시고 마지막으로 인간을 창조하셨다. 그러므로 인간이 누리는 것은 모두 다 하나님으로부터 온 것이다. 지구상에 수십 억의 인구들이 살고 있는데 그들의 입으로 들어가는 하루의 양식이 얼마나 되겠는가? 상상할 수 없는 분량의 음식들이다. 그런데 그 모든 산물이 공급되고 있다. 바다의 어족들과 공중의 새들과 산 짐승들까지도 다 먹이고 입히신다. 그런데 유독 하나님은 하나님의 형상으로 지음을 받은 인간에게만 공수로 나오지 말라고 요구하신다. 왜냐하면 하나님이 지으신 것을 다 다스리는 권세를 주셨기 때문이다. 그 권세를 행함에 있어서 인간은 하나님의 주권적인 통치 아래에 놓인 자들임을 늘 기억하고 살라는 것이다. 헌금은 바로 그 사실을 인정하는 신앙적 행위이다. 헌금 하고 안 하고는 자유이다. 강제로 구속하는 것이 아니다. 그래서 자원하는 심령으로 드릴 것을 말씀하고 있다. 나에게 있는 것 모두가 다 주님의 소유임을 인정하기에 헌금한다. 하나님은 심은 대로 거두게 역사하신다. 고린도후서 9:6에서 **"적게 심는 자는 적게 거두고 많이 심는 자는 많이 거둔다"**고 하였다. 그러면서 하나님은 즐겨내는 자를 사랑하신다고 7절은 말씀한다.

사실 흥하는 교회를 세워 가는 성도들의 헌신은 거두는 복도 복이지만 받은 은혜가 크기 때문이다. **"하나님이 능히 모든 은혜를 너희에게 넘치게 하시나니 이는 너희로 모든 일에 항상 모든 것이 넉넉하여 모든 착한 일을 넘치게 하게 하려 하심이라"**(고후 9:8). 하나님은 극심한 가난 중에서도 풍성한 연보를 드린 자들에게 필요한 모든 은혜를 넘치도록 부어 주신다. 그 은혜를 받은 자로서 기꺼이 주님의 쓰심에 합당한 것을 드리는 것이다. 모든 착한 일을 넘치게 하게 하시려고 모든 은혜를 넘치게 주시는 것이다. 다시 말하면 하나님의 선한 사업에 부한 자가 되게 하려 함이다. 재물과 부요를 누리는 것이 분복이지만 그것을 이웃과 함께 나누는 것은 많은 이를 유익하게 하는 것이다. 이 일을 위하여 남보다 더 가지게 하신 것이다. 성도에게 특별한 은총을 주신 것이 모든 착한 일을 인색하게 억지로가 아니라 넘치게, 즉 풍성하게 하라는 이유이다. 바울은 에베소서에서 이렇게 말씀하였다. **"우리는 그의 만드신 바라 그리스도 예수 안에서 선한 일을 위하여 지으심을 받은 자니 이 일은 하나님이 전에 예비하사 우리로 그 가운데서 행하게 하려 하심이라"**(엡 2:10). 혹하나님이 우리에게 재물을 늘려주심은 생활의 수준을 높이라기보다는 나눔의 기준을 높이는 기회를 내리심이다. 성경에는 믿음과 기도에 대한 구절이 1,000절 정도 기록되어 있지만, 재물에 대한 구절은 2,000절 넘게 기록되어 있다. 이는 인간의 이기심과 변덕스러움을 우려하시기 때문이라고 생각한다. 그래서 주님은 "너희는 나와 재물을 함께 섬기지 못한다"라고 말씀하신 것이다.

여기서 한 가지 생각할 것은 '교회는 다 부자여야 하는가?'이다. 아니다. 교회가 물질적 부요를 누리면 쉽게 타락한다. 이권에 눈이 먼 자들이 생긴다. 교회는 돈을 쌓아두면 안 된다. 그때마다 지출해야 한다. 연구 투자와 인재 양성에 온 힘을 기울이며 동시에 선한 일에 앞장서야 한다. 교회는 자선단체는 아니지만 교회 내에 있는 가난한 사람들, 고아와 과부들을 외면해서는 안 된다. 교회 안에는 은과 금은 없어도 교회에 반드시 있어야 하는 나사렛 예수의 이름으로 일어나 걸으라고 말할 수 있어야 한다. 가난한 자 같아도 부요한 자요 아무것도 없는 것 같아도 모든 것을 가진 자로 우뚝 설 수 있어야 한다. 교회는 물질적 풍요를 추구하는 곳이 아니라 영적 풍성함을 구하는 곳이다. 교회 분쟁의 대다수는 재산권에서 기인한다고 해도 틀리지 않을 정도이다. 목사들만이 아니다. 성도들도 교회에 재산이 많으면 재산권 행사를 하고자 일을 꾸미는 일에 가담하는 유혹에 걸린다. 흘려보내야 새 물이 유입된다. 그 흘려보냄은 인재 양성과 복음 전파와 선한 사업에 부한 자가 되는 것이다.

　모든 선한 일은 어떤 것들을 말할까? 불신자들도 이해하는 착한 일들을 포함한 모든 것이다. 특히 기독교인으로서 할 착한 일은 앞에서도 언급한 고아와 과부를 돌보고 독거노인을 살피며 환자들과 갇힌 자들을 돌아보며 소년소녀 가장들을 도와주며, 탈북민들이나 난민들, 이방인들이나 나그네들을 섬기는 일들만이 아니다. 약한 자를 격려하고 슬픈 자를 위로하고 병든 자를 치료하고 무지한 자를 도와주고, 분노를 가라앉게 하고, 적대감을 풀어주고 화목케 하는 모든 일이 다 착한 일이다. 그러나 그중 가장 큰 착한 일은 복음 전도이다. 죽은 자를 살리는 일이다. 지옥 자식을 천국 백성으로 만드는 일이다. 어둠에서 빛으로 불러내는 일이다. 영원한 사망에서 영원한 생명으로 나오게 하는 일이다. 이 일에 교회가 가장 많은 비용을 들여야 한다. 선교사를 보내는 일도 그래서 한다. 동시에 교회 일군 키우기에 전념해야 한다. 인재 하나가 나라를 살릴 수 있듯이 제대로 된 교회의 신실한 일군 하나가 주님의 교회를 온전히 세운다. 부요케 한다. 전쟁에 능하신 만군의 여호와 하나님의 이름이 가장 크게 영광을 받으시는 발판이 된다. 교회 일군(교회를 이끄는 지도자들) 키움이 곧 교회 세움의 원천이다. 이 부분은 나중에 더 살펴보도록 하겠다.

그렇다면 선한 일을 어떻게 해야 하는가? 우리 주님이 가르쳐주신 것처럼 오른손이 하는 일을 왼손이 모르게 해야 한다. 즉, 은밀한 중에 보시는 하나님 앞에서 은밀하게 하는 것이어야 한다. 그러나 우리 시대의 흐름은 구제도 선한 사업도 다 선전하기에 급급하다. 로마교에서는 성 프란시스의 흉내를 내는 교황의 행보에 열광한다. 예수님조차도 군중들에게 그런 환호를 받지 않으셨다. 교황의 하는 말을 보라, 사람들이 좋아하는 소리만 한다. 가난해지라, 우상을 멀리하라, 약한 자들을 보듬고 위로하라 등 선한 모습만 부각하면서 부를 탐하고 있는 자들에 대한 백성들의 화를 풀어주는 일을 하고 있다. 그러나 나는 주님이 그러한 모습을 좋아하신다고 생각하지 않는다. 왜냐하면 그 자리엔 그리스도가 나타나지 아니하고 오직 교황이라는 인간만 높임을 받기 때문이다. 그리스도의 이름으로 선지자 노릇을 하는 것뿐이다. 그리스도의 이름으로 큰일을 감당하고 있다. 그러나 그 모든 일은 교황과 가톨릭교회의 영예만 나타낼 뿐이다.

선한 사업에 부요하다는 것은 주는 것이 받는 것보다 낫다는 가르침을 실천하는 것이다. 은밀한 중에 보시는 하나님에게 인정받는 일을 하는 것이다. 지금의 개신교도는 하나님보다 사회에 인정받고자 대대적인 선전을 하며 칭찬에 목말라하고 있다. 그것이 흥하는 교회인 줄로 착각한다. 세상과 가까워지는 것은 하나님과 원수가 되는 길이라는 것을 망각한 탓일까?

누구라도 그런 미혹은 찾아온다. 우리는 이렇게 자비가 많은 사람이고 우리 교회는 이렇게 사랑을 나누고 있다며 자랑하고 포장하고 싶어 한다. 그러나 순수하게 사랑을 실천하는 것은 나는 쇠해지고 그리스도가 흥해져야 한다는 교훈을 바탕으로 하는 일이다. 반대로 내가 흥해지고 그리스도가 자취를 감추게 하는 것은 무너지는 교회 섬김의 대표적 사례이다. 그리스도께서 높임을 받지 아니하는 선행은 불신자들의 선행과 다른 것이 하나도 없다. 비록 그것이 그리스도의 이름으로 하는 것이라도 말이다. 이름 없이 빛도 없이 감사하며 섬긴다는 것은 한갓 노랫말에 불과하고 실제로는 기념사진을 찍고 언론에 보도하며 자신의 업적들을 은근히 과시한다. 이런 풍조는 사라져야 할 일이다. 교회가 자랑되고 목사나 장로의 이름들이 추켜세움을 받는 것은 결코 주님으로부터 잘했다고 칭찬 들을 일이 아니다.

사람들에게 이러저러한 일을 했다고 자랑하고 뻐기고 싶은 유혹이 없는 사람은 아무도 없다. 방송 타고 싶고 신문 기사들의 주인공이 되고 싶은 마음은 누구에게나 있다. 그렇게 못 해서 못 하는 것뿐이다. 표시내지 않고 선행을 했을 때 사람들이 알아주지 않는 것에 대해 섭섭한 생각이 없는 것이 아니다. 개인적으로 20년 가까운 목회 생활과 10년 가까이 교수 사역을 하면서 목사의 수고와 땀은 간데없고 허물만 들춰내어 오물을 뒤집어쓰게 하는 자들의 소위에 분노가 없었다면 위선자일 것이다. 억장이 무너지는 느낌이 왜 없었겠는가? 그러나 나는 주님께 감사하다. 그런 일이 없었다면 더 흉포한 일도 저질렀을 것이다. 자칫 파멸로 치달을 나의 교만함이 짓밟히게 됨으로써 그리스도의 공의와 사랑과 영광을 나타나게 하시니 감사할 뿐이다. 나를 밟고 교회가 온전히 세워진다면 그 밟힘도 내겐 영광이다. 나의 굴욕이 주님의 영광이 된다면 백 번이고 천 번이고 당할 일이다.

칼빈주의는 나와 세상은 간 곳 없고 오직 구속하신 주님만 드러내는 신앙이다. 그 일을 위한 것이라면 나의 육적인 권리도 포기할 수 있고 내 소유라고 하는 것도 모두 즐거운 마음으로 드릴 수 있는 것이다. **"보라 내가 속히 오리니 내가 줄 상이 내게 있어 각 사람에게 그의 일한 대로 갚아 주리라"**(계 22:12). 주님께서 마련해 주시는 상이 있기에 선한 행실에 본이 되는 길을 감이 지극히 온당한 일이다.

그러나 생색내려다가 죽임을 당한 아나니아와 삽비라의 사건을 연상케 하는 일들도 종종 듣는다. 우리는 그들을 비난할 자격이 없다. 왜냐하면 지금은 주님께 드린다고 가진 부동산을 처분하는 일이 거의 없기 때문이다. 그에 비해 그들은 가진 전토를 팔았다. 얼마를 감추었는지는 모르지만 그래도 땅을 처분할 정도의 의지적 결단을 보였다. 우리는 조금이라도 자신에게 불리하면 돌아서고 유익이 되면 고개를 내미는 경우가 얼마나 많은가? 강남에 3천억 대의 건물을 지은 교회가 다소 분쟁이 있지만 건축해 놓으니 떠났던 자들이 되돌아올 뿐 아니라 사람들이 몰려온다고 한다. 건축비는 감당하고 싶지 않고 더 좋은 시설에서 예배하는 편리함은 좇아가는 현상이다. 받기만 하고 누리기만 하고 밥상을 차리는 수고와 땀은 남에게 돌리는 일이 많은 교회는 쇠하는 교회이다. 번듯하게 지은 화려한 교회당, 교인이 선호할 만한 각종 시설과 프로그램으로 사람 모으기에 힘쓰는 교회가 수적 증가를 두고 흥하는 교회라고 말할지 몰라도 그 반대의 수도 있음을 잊지는 말자. 집에서 가깝거나 편리한 교회를 찾지 말고 복음이 신실하게 선포되고 그리스도의 이름이 높아지기를 갈망하는 교회를 찾아 섬기는 것이 쇠하지 않는 지름길이다. 시각적인 만족과 감성의 충족으로는 흥하는 교회라고 단언하기가 매우 껄끄럽다.

헌금 사용도 목사나 당회원들이 함부로 사용할 수 없도록 성도들의 감시가 그 어느 때보다 높다. 정직하게 사용해도 트집 잡는 자들은 언제나 존재한다. 나는 사역비와 선교비 및 구제비는 교회가 언제나 아낌없이 쓸 수 있어야 한다고 본다. 물론 합리적인 선에서 해야 한다. 수입은 열인데 지출을 열둘로 한다면 그것은 어리석은 일이다. 그러나 때로 비상시에, 예를 들어서 긴급하게 꼭 지출해야 할 사역비나 선교비나 구제비가 필요할 경우 하나님의 도우심을 구하며 성도들의 헌신을 교회는 요구할 수 있다. 우리에게 주신 재물은 주님의 사업을 위해서 쓰라고 주신 것이다. 우리 교단의 헌법에 있는 예배 모범에 언급한 헌금에 관한 규정을 보자.

교회의 각 신도는 주께로부터 받은 재물을 가지고 정칙대로 헌금하는 일을 배양할지니 이로서 주 예수 그리스도의 명하신 대로 복음을 천하 만민에게 전파하는 일을 도움이 옳으니 주일마다 이 일을 위하여 회중으로 헌금하는 기회를 정하는 것이 합당하고 매우 아름다운 일이다. 성경에 가르치신 대로 이와 같이 헌금하는 것은 전능하신 하나님께 엄숙히 예배하는 일부분으로 한다.

헌금은 어느 예배 회에서 할 것과 그 순서는 목사와 당회의 결의대로 할 것이요, 목사는 헌금하는 일을 예배의 한 부분이 되게 하기 위하여 헌금 전 혹 후에 특별히 간단한 기도로 복 주시기를 구하고 주의 물건으로 봉헌한다….

올바른 성례 거행

마지막으로 예배의 다섯째 요소는 **올바른 성례 거행**이다. 코비드19 기간에 거의 모든 교회가 성례를 실시하지 못했다. 교회로서의 기능을 상실한 기간이었다. 비상시기라고 해도 교회에 성례가 없다는 것은 참 교회라고 말할 수 없는 것이다. 그 당시를 돌아보면, 국가가 교회에 이래라저래라 명령할 수 없음에도 불구하고 교회 스스로 국가에 예속된 것처럼 행동했다. 교회에 가하는 모든 명령은 오직 머리이신 예수 그리스도의 특권이다. 국가가 교회의 도움이 필요할 때 교회에 명령할 것이 아니라 도움을 요청하고 요청받은 교회는 충분한 논의를 거쳐서 성경에 위배되지 않는 방법으로 국가에 협력하는 것이 옳은 것이었다. 모이지 못하는 상황에서 성도의 영적 교제의 핵심인 성찬이 막히고 교회 성장의 한 단면인 세례를 줄 수 없었음이 지속적으로 이어지는 한국의 교회 쇠퇴에 이바지한 면이 없지 않았다.

또 큰 문제는 교회가 실시하고 있는 세례와 성찬이 거의 형식화되어 버렸다는 점이다. 학습 교인이 되고 혹은 세례 교인이 되기 위한 학습을 통해서 형식적 문안에 예로 답변하면 학습과 세례를 주는 현실은 예수님과 새롭게 신혼살림을 차리는 세례의 감격을 누리지 못하게 만들고 있다. 세례를 마치 필요한 자에게 일종의 호의를 베풀어 교회 회원의 자격을 가지는 그 이상도 그 이하도 아닌 것이 되게 했다. 성찬도 진심으로 주님께 붙어 떠나지 않고 오직 그리스도 예수에게만 몸과 마음을 다해 충성한다는 자기 헌신과 결단의 시간으로 자리 잡기보다는 교회 예전에 수동적 참여로 그치고 말게 했다. 가시적 복음의 진수를 성찬에서 맛보지 못하는 것이다.

쇠하는 교회의 두드러진 특성은 예배가 형식주의로 전락하고 냉랭하고 메마르고 활기가 없고 감격도 감동도 찾기 힘들다는 점이다. 그대가 섬기는 교회는 어떤가? 신남은 있는데 공허감이 밀려오는가? 하는 일은 많은데 허탈감이 찾아오는가? 열심은 내는데 짜증이 꼭 찾아와 입 맞추지는 않는가? 최선을 다한다고 했는데 다른 것보다 굵거나 큰 머드러기(극상품) 열매가 없는가? 형식은 다 갖추었는데 활력은 없는가? 교회 일에 거의 빠짐이 없는데도 영적 깊이와 넓이와 크기가 향상되었다고 말하기가 부끄러운가? 하늘의 시민권자임을 믿으나 그 영향력은 거의 없는가? 먹기는 하는데 자람이 없고 배우기는 하나 소망에 관한 이유를 묻는 자에게 대답도 못 하고 훈련을 받는 것 같은데 별로 쓸모가 없고, 항상 배우는 것 같은데 진리의 지식에 이를 수 없는 존재로 남아 있는가? 교회는 가는데 교회의 주인이신 주님을 만나는 기대감도 감격도 없이 뜰만 밟고 다니는 것은 아닌가? 이런 현상들은 흥하는 교회 세움하고는 거리가 멀다. 우리는 우리가 믿음 가운데 있는지 우리 자신을 시험하고 확증해야 한다. 무너지는 교회에서는 전혀 벌어지지 않는 일이다. 참된 성례가 무엇인지 어떻게 실시해야 하는지를 간략하게 살펴보자.

교회의 두 번째 표지는 성례이다. 우리는 로마교에서처럼 7성례를 주장하지 않고 오직 세례와 성찬만을 성례라고 한다. 그 이유는 교회의 머리이신 그리스도께서 직접 제정해 주신 것이 이 두 가지이기 때문이다. 그뿐만 아니라 지상에 교회가 존재하는 한 언제나 실시해야 할 것으로 성경이 그렇게 명하고 있기 때문이다. 그러나 로마교에서 주장하는 다른 5가지(견진, 고해, 종부, 신품, 혼배성사)는 비록 성도로서 중요한 실천 사항이라 할지라도 앞에서 지적한 두 가지 원리와 위배되는 것들이기 때문에 성례로 간주하지 않는다. 성례라는 단어는 전쟁터에 나가는 군사들이 왕에게 충성 맹세를 하는 서약에서부터 유래된 단어이다. 그리스도인들이 일평생 주님께 충성하겠다는 굳건한 다짐을 뜻하는 것이다. 성례는 두 가지 의미가 담겨있다. 하나는 성례를 제정해 주신 주님께서 약속하신 은혜의 약속들을 눈으로 보게 하고 확정하게 하는 수단의 의미이다. 즉, 하나님의 은혜에 대한 가시적 표징이다. 그리고 그 약속하신 것을 그대로 받아 받은 은혜를 굳건히 지키고 섬긴다는 충성 맹세의 의미이다.

세례를 통해서 그리스도와 연합 혹은 결혼을 선포하는 것이다. 주 예수 그리스도를 주로 고백하는 자들에게 그들의 신앙이 참된 것인지 아닌지를 검증한 후에 교회는 교회법이 정한 예식에 따라서 세례를 베푼다. 장로교회에서는 세례받기 전에 준비기간을 두고 학습교인으로 세워서 기독교 신앙의 기본적인 요소들을 배우게 하고 익혀서 세례교인이 되기에 합당하다고 할 때 세례식을 베푼다. 회심에 대한 분명한 검증과 그에 수반되는 영적 삶의 변화를 잘 살펴서 합당하다고 교회가 인정하여 교회의 일원으로 가입하는 것이 세례식이다. 오늘날 한국 교회는 이 회원권에 대한 정확한 규정이 없어서 세례교인이라 할지라도 사회적으로나 교회적으로 물의를 일으키는 파장이 심각할 정도이다. 개혁교회는 권징과 마찬가지로 교회의 순결성을 위하여서라도 교회의 정회원이 되는 세례식을 난립하기보다는 정확하게 실시해야 할 것이다.

물론 사람들이 판단하는 기준 자체가 큰 의미가 있는 것은 아니다. 왜냐하면 구약에서 할례를 받았다는 외적 표시 그 자체가 영적으로도 참 이스라엘 사람임을 보장하지 않은 것처럼, 세례를 받아한 지역 교회의 정회원이 되었다고 해서 그것이 곧 하늘나라 시민권자임을 보증하는 것이 아니기 때문이다. 마음에 할례를 받아야 했듯이 마음의 세례를 받아야 한다.

그러나 일반적인 규정 자체는 성경에 근거하여 교회가 정하여 실시한다. 그것을 우리는 교회 헌법에 규정해 놓고 실천하도록 권장하는 것이다. 성경에는 세례에 대하여 나이 제한 규정도 없고 교회에 출석한 지 얼마의 시간이 지나야만 세례를 줄 수 있는지에 대한 규정도 없다. 그러나 교회 총회가 그 부분에 관해서 규정한 관례는 교회에 출석한 지 6개월이 지나야 학습 교인이 될 수 있고 학습 받은

지 6개월이 되면 세례 교인이 될 수 있다는 조항을 두었다. 물론 교회가 검증하는 수준에 미치지 못하면 6개월 혹은 일 년이 넘어도 세례를 받을 수 없지만 개인의 신앙생활을 점검하고 확정하는 세례식을 통해서 정회원이 되게 하는 것이다.

회심을 하고 구주 예수 그리스도를 믿는다고 신앙고백을 할 수 없는 어린아이들에게 유아세례를 주는 문제를 강력하게 반대하는 침례교 주장에 비해 장로교에서는 하나님의 언약이 실제적으로 믿는다고 고백하는 당사자에게만 적용되는 것이라 할지라도 그 영향은 참 신자의 자녀들에게도 미칠 수 있다는 것을 전제로 하여 하나님의 언약 백성으로 키우겠다는 다짐의 표시로 유아세례를 준다. 이것은 구약에서 난 지 8일 만에 모든 남자 아이에게 할례를 주게 하고 그들이 하나님의 언약 백성임을 강조하며 출애굽의 큰 은혜를 가르쳐 그 안에 거하도록 이끌 책임을 부모에게 주었던 것과 같은 원리이다. 할례 그 자체가 하나님 백성이라는 보증서가 아니라 마음에 할례를 받아야 했듯이 세례 자체도 천국 티켓이 아니다. 본인이 마음으로 믿고 입으로 시인하여 구원에 이르는 것이다. 그러나 그렇게 본인이 고백하도록 어려서부터 복음 진리 안에 거하게 하며 가르쳐 주님을 아는 지식 가운데서 자라가게 할 부모의 책임은 유아 세례식을 통해서 강조되는 것이다. 이에 수반되는 영아의 죽음 문제는 성경에서 교훈하고 있지 않는 한 우리가 거론할 자격이 없다. 다만 말할 수 있는 것은 그 아이가 하나님의 택함을 받은 자라면 하나님께서 하나님의 방식으로 아이의 구원 문제를 이루실 것이다. 그 외에 구원은 마음으로 믿고 우리의 입으로 주 예수 그리스도를 나의 구주로 고백하고 사랑하며 섬기는 삶이 있을 때 천국 백성으로 확정할 수 있다고 말한다. 그러나 그것조차도 외적 판단에 불과한 것이요 내적 판단은 구원의 주인이신 하나님께서 하실 일이다.

성찬은 그리스도께서 친히 제정하신 원리대로 그리스도의 고난과 죽음을 기념하여 지키는 예식이다. 세례의 요소는 개인의 믿음의 고백과 외적인 물이 있다. 성찬은 떡과 포도주가 그 요소이다. 떡은 죄인을 위해 찢기신 그리스도의 몸을 상징하고 포도주는 우리 죄를 위해서 흘리신 그리스도의 피를 가리킨다. 이 부분에 대한 종교개혁자들의 치열한 논쟁이 있었다. 결국 개혁파와 루터파가 합쳐지지 못한 한 원인이 되기도 하였다. 성찬에 대한 신학적 이론은 가톨릭교회의 화체설과 루터파의 공제설 그리고 츠빙글리의 상징설이 있다. 화체설은 사제가 떡과 포도주를 놓고 축사하면 그 물질이 실질적으로 예수님의 몸과 피로 변한다는 주장이다. 이것은 실로 미신적인 가르침이다. 기도한다고 해서 떡이 실제 주님의 몸으로 바뀌거나 포도주가 주님의 피가 되지 않는다. 이에 반발해서 루터는 공제설을 주장하였다. 루터의 공제설이란 예수님의 살과 피가 성찬식에서 사용되는 떡과 포도주와 함께 존재한다는 주장이다. 즉, 떡과 포도주의 본질이 예수님의 살과 피의 본질로 변화되지는 않지만, 예수님의 살과 피가 떡과 포도주와 함께한다는 것이다.

이에 반해 츠빙글리는 **"이것은 내 몸이다"**라고 하신 주님의 말씀은 **"이것은 내 몸을 상징한다"**는 것을 의미한다고 해석했다. 그래서 떡과 포도주는 단지 예수님의 살과 피를 상징할 뿐 예수님의 살과 피가 떡과 포도주와 함께하지 않는 것이다. 그런 의미에서 츠빙글리의 성찬론을 상징설이라고 한다. 반면 루터는 **"이것은 내 몸이다"**라고 하신 주님의 말씀을 문자적으로 해석해서 떡이 곧 사실상 몸이라는 주장을 펼쳤다.

그렇다면 지금 개혁파 교회가 믿고 있는 것은 무엇인가? 칼빈의 가르침을 따라 영적 임재설을 주장한다. 그것은 예수님의 육신, 즉 살과 피가 떡과 잔에 함께 하는 것이 아니라 성령을 통하여 예수님이 영적으로 임재하신다는 견해이다. 즉, 예수님의 부활하신 몸은 여전히 하늘에 계시지만, 예수님은 성령 안에서 성찬식에 임하셔서 우리와 함께하신다는 말씀이다. 이 견해는 츠빙글리의 견해보다도 훨씬 성경적이다. 츠빙글리는 예수님이 성찬식에는 임재하지 않는다고 보았다. 심지어 영적으로도 주님이 임재해 계시지 않으며 성찬은 단지 예수님의 죽음을 기념하는 행사라고만 말한 것에 비해 칼빈은 성령 안에서 그리스도께서 영적으로 임재하신다고 가르쳤다. 우리는 영적 임재설을 따라서 성찬을 진행하고 있다.

얼마나 자주 성찬식을 거행해야 하는가? 대체로 한국장로교회는 성찬식을 연 2회로 제한하였다. 그것이 장로교 헌법의 모체인 스코틀랜드 장로교회나 미국 장로교회에서 규정한 것 때문이었다. 그러나 성경은 성도들이 매 주일 모일 때마다 떡을 떼었다고 기록하고 있기에 주일마다 실시하는 것이 옳은 것이다. 그럼에도 칼빈은 우리의 죄성 때문에 주일마다 성찬을 하게 될 때 남용될 가능성이 많아 가급적 자주 하되 월 1회 혹은 연 4회 하는 것이 좋겠다고 권면하였다. 스코틀랜드에서 연 2회로 제한한 이유는 소위 '성찬시즌'이라고 해서 노회 중심으로 성찬식을 했기 때문에 한 교회가 2회 이상 실천하게 되면 일년내내 성찬식을 가져도 모자라게 되는 현상이 벌어졌다. 성찬 시즌은 보통 2주간 계속되었기 때문에 10개 교회가 연합해서 한다고 할 때 연 40주간이 성찬 시즌으로 보내게 되는 것이다. 그들은 자주 성찬식을 함으로써, 보이는 하나님의 식구들과의 교제와 위로부터 임하는 은혜를 경험하는 자리에 머물 수 있었다. 성례가 성경대로 시행되지 않는 교회 역시 쇠하는 교회에 속한다.

04

———

교회란 어떤
기관인가?

그리스도의 몸으로서의 교회

"너희는 그리스도의 몸이요 지체의 각 부분이라"(고전 12:27)

교회와 성도와의 관계를 가장 적절하게 비유하고 있는 것이 몸과 지체이다. 교회는 그리스도의 몸이고 성도는 그 몸에 붙어 있는 지체이다. 사도 바울은 이 부분을 언급하기 전에 같은 장 12절에서 **"몸은 하나인데 많은 지체가 있고 몸의 지체가 많으나 한 몸임과 같이 그리스도도 그러하니라"**라고 하면서 성도 각각이 유대인이든 헬라인이든 종이든 자유인이든 다 한 성령으로 세례를 받아 한 몸이 되었음을 말하였다. 이 탁월한 비유를 설명하는 말씀에서 우리는 어떻게 한 몸을 이루는지 알게 되고 동시에 각 지체의 역할이 무엇인지도 발견할 수 있다. 그리스도의 몸으로서 교회를 이해하는 것은 이두 가지 관점에서 충분히 파악될 수 있다고 본다. 성경이 교회를 그리스도의 몸으로 표현하고 있는 곳은 무려 20여 곳이 넘는다.

성경에서 사용하고 있는 그리스도의 몸은 살아 있는 유기체를 상징한다. 마치 우리가 가진 육신의 몸처럼 살아 있는 실체라는 것이다. 교회는 그리스도의 몸이라고 할 때 그리스도가 살아 있는 한, 교회는 언제나 살아 있는 생물체와 같은 것이다. 간략하게나마 대표적인 구절들을 언급하면 로마서 12:5에서 그리스도 안에 있는 한 몸이라고 한다. 고린도전서 10:17에서도 그리스도의 몸을 말하고 있다. 에베소서 1:23, 4:12, 5:23, 골로새서 1:24, 히브리서 13:3 등도 그리스도의 몸에 대해 말한다.

먼저 그리스도의 몸인 교회는 그리스도의 피로 값 주고 산 구속함을 받은 신자들의 집합체이다. 신자들은 그리스도의 몸에 붙어 있는 지체들이다. 그렇다면 신자들이 어떻게 그리스도의 몸에 붙게 되는가? 그것은 나를 위하여 자신을 내어주시기까지 사랑하신 주 예수 그리스도를 믿음으로 말미암는다. 이것을 그리스도와의 연합이라고 말한다. **"한 성령으로 세례를 받아 한 몸이 되었다"**는 말은 중생의 씻음과 성령의 거룩케 하시는 역사로 말미암아 예수 그리스도를 구주로 믿는 하늘나라 시민권자가 되었다는 것을 의미한다. 이러한 역사는 오순절 날 베드로의 설교를 듣고 회개하고 죄 사함을 받아 성령을 선물로 받는 과정에서 일어났듯이 지금도 선포되는 진리의 말씀을 듣고 회개하며 주님께로 돌아오는 자들에게서 나타난다. 즉, 십자가의 도가 신실하게 선포되는 곳에서 성령의 역사가 일어나고 그 성령 안에서 죄인들이 죄 사함을 받아 새사람이 되는 것이다. 그 사람들이 성령 안에서 세례를 받는다. 이 세례는 성도들을 그리스도의 몸과 연합하게 하는(접붙임을 받는) 성령의 인치심을 말한다. 세례는 구약의 할례와 같이 하나님의 언약 백성이 되었다는 표시이다. 그로 인하여 하나님과 지속적인 교제와 사귐이 이어지는 것이다.

그러므로 그리스도를 구주로 믿는 자들은 누구든지 성령 안에서 한 세례를 받아 한 몸이 된다. 그리고 지속적인 성령의 역사로 인하여 몸에 붙은 지체로서 자기 역할을 하도록 지도받으며 성장하는 것이다. 그 성장의 최종 목적지는 그리스도의 장성한 분량이다. 그 목표에 도달할 때까지 각각의 지체들은 자기 역할을 충실히 감당하여 그리스도의 몸을 온전히 세워 가는 것이다. 그리스도의 몸으로서 제 역할을 감당하도록 교회의 머리이신 그리스도는 교회에 일군들을 세우셨다. 고린도전서 12장을 보면 **"첫째는 사도요 둘째는 선지자요 셋째는 교사요 그 다음은 능력이요 그 다음은 병 고치는 은사와 서로 돕는 것과 다스리는 것과 각종 방언을 하는 것이라"**고 하였다. 또 바울은 로마서 12장에서는 예언, 섬기는 일, 가르치는 일, 권위하는 일, 구제하는 일, 다스리는 일, 긍휼을 베푸는 일 등을 말하고 있다. 이처럼 각각의 지체는 자신들이 할 역할 즉 기능적인 활동이 있음을 말하는 것이다. 그 모든 활동은 다 같은 목적을 향해 나아가는데 그것은 그리스도의 몸을 온전히 세워 가는 것이다. 그와 같은 목적을 잘 달성하기 위하여 승천하신 그리스도는 성도들을 먹이고 입히며 돌보는 목양의 일군들을 교회에 세우신 것이다.

교회를 그리스도의 몸으로 비유한 이유가 무엇인가? 살아 있는 유기체라는 측면에서 다음 몇 가지 이유를 말할 수 있다. 첫째는 각각의 지체는 그리스도의 몸과 떼려야 뗄 수 없는 관계이기 때문이다. 예수 그리스도를 믿음으로 말미암아 구원받은 자들은 그리스도 안에서 하나님 나라의 권속이 된다. 성도들과 동일한 시민이 되는 것이다. 그 실체는 그리스도와의 연합으로 이루어진다. 성경은 그 증거로 그리스도를 교회의 머리로 표현하고 있다. 머리가 없으면 신체의 모든 지체는 생존할 수 없다. 그래서 사도 바울은 에베소서 4장에서 이렇게 표현하고 있다: **"오직 사랑 안에서 참된 것을 말하여 범사에 그에게까지 자랄지라 그는 머리니 곧 그리스도라 그에게서 온 몸이 각 마디를 통하여 도움을 입음으로 연결하고 상합하여 각 지체의 분량대로 역사하여 그 몸을 자라게 하며 사랑 안에서 스스로 세우느니라"**(엡 4:15-16).

그리스도를 통하지 않고는 각 지체의 분량대로 역사하는 것이 불가능하다. 그러므로 지체 자체의 생존을 위해서라도 반드시 그리스도에게 붙어 있어야 한다. 그리스도와 떨어져서 존재할 수 없다. 예수님은 생전에 이 부분을 포도나무와 가지의 비유로 말씀하셨다. **"나는 포도나무요 너희는 가지니 저가 내 안에 내가 저 안에 있으면 이 사람은 과실을 많이 맺나니 나를 떠나서는 너희가 아무것도 할 수 없음이라"**(요 15:5), 지체는 몸에 붙어 있어야 산다. 그리스도를 떠난 성도는 마치 머리가 없는 몸뚱이와 같은 것이다. 머리 없는 몸을 상상할 수 없듯이 그리스도 없는 성도는 결코 존재할 수 없다. 그런 의미에서 교회와 성도간의 관계를 충분히 이해하도록 그리스도의 몸으로서 교회를 사용하는 것이다.

또한 그리스도의 몸으로서 교회를 말하는 중요한 이유는 그리스도의 몸에 붙어 있는 지체들이 이 세상에서 그리스도가 누구인지를 드러내는 가시적인 대표자들이기 때문이다. 자식을 보면 대략 그 부모가 누구인지를 안다고 하듯이 세상은 세상에 살고 있는 그리스도인들을 보면서 그리스도가 누구인지를 깨닫게 되는 것이다. 그리스도는 그의 생명 역사를 그가 피 흘려 세우신 교회를 통해서 나타내시기를 기뻐하신다. 그렇지 않다면 그가 세상에 교회를 건설하는 일을 하시지 않았을 것이다. **"주는 그리스도시요 살아계신 하나님의 아들이니이다"**라는 신앙고백 위에 주님의 교회를 세우신 것은 만물을 충만케 하시는 자의 충만이신 그리스도 자신을 세상에 명백하게 드러내시기 위함이다. 이것은 매우 중요한 요점이다. 예수님께서 이 땅에 오셔서 행한 모든 일이 하나님 아버지를 나타내신 것처럼 교회가 이 세상에 존재하는 것은 하나님과 그의 아들 예수 그리스도가 누구인지를 밝히 증거하기 위함이다. 왜냐하면 하나님과 그의 보내신 자 예수 그리스도를 알지 아니하면 영생을 얻을 수 없기 때문이다. 그런 의미에서 교회는 영혼의 피난처 혹은 영혼 구조선이라고 말할 수 있는 것이다.

교회를 통해서 하나님은 자신을 계시하시지만, 쇠하는 교회는 이 하나님을 만날 수도 없고 볼 수도 없으며 만난다는 기대감도 전혀 없다. 교회를 떠나서는 주님을 알 수 있는 방편은 없다고 보아야 함에도 현실적 교회의 상황은 주님을 보기는커녕 들을 수도 없는 교회들이 수두룩하다. 교회만이 성 삼위 하나님께서 즐겨 찾으시며 함께 하시는 유일한 처소이다. 그러나 그 교회 안에 하나님이 거처하기를 기뻐하시려면 반드시 거룩하신 성령의 내주하시는 역사가 지속적으로 있어야 한다. 성령의 성결케 하시는 역사를 통해서 하나님의 영이 내주하시기에 결코 불편해하지 아니하는 성전이 되기 때문이다. 고로 교회는 부정한 일들로 인해 오염되지 아니하도록 늘 깨어 기도하며 주의해야 한다. 동시에 우리를 거룩케 하는 진리의 말씀이 끊임없이 공급되어야 한다. 우리의 영이 무뎌지고 잘 깨닫지 못하는 것은 진리의 예리한 검의 역사가 나타나지 않기 때문이다. 하나님의 말씀이 우리의 심령 골수를 찔러 쪼개는 역사가 있는 곳에 성령의 임재하심이 충만하고 성령의 임재하심이 넘치는 곳에 진리의 강력함이 나타나는 것이다. 이러한 역사를 맛보지 못하는 성도는 쇠하는 교회를 섬기고 있다.

몸에는 여러 지체가 붙어 있는 것처럼 그리스도의 몸인 교회도 각각의 지체들이 존재한다. 성경은 그것을 교회의 구성원인 성도에게 부여하신 '은사'라는 말로 표현하며 지체와 은사를 상호 교환적으로 사용하고 있다. 즉, 성도 개개인을 그리스도의 몸을 온전히 세우기 위하여 주신 은사로 표현하는 것이다. 직임은 여러 가지지만 몸이 하나라는 특성이 이를 뒷받침한다. 승천하시면서 그리스도께서 교회에 주신 은사들은 대표적으로 말씀 선포와 관련된 직책과 봉사의 일을 하는 직책, 둘로 나눌 수 있다. 전자는 말씀을 선포하는 목사와 교사들이라고 말할 수 있다. 후자는 그리스도의 몸을 온전히 세우도록 봉사하는 자들이다. 잘 다스리는 자, 구제와 봉사에 힘을 쓰는 자들, 권위하는 자들, 긍휼히 여기는 자들, 성도들의 쓸 것을 공급하는 자들은 모두가 다 교회를 온전히 세우기 위하여 교회의 주인이신 그리스도께서 주신 은사를 받은 자들이다.

이 은사들은 누가 더 잘하나를 뽐내는 경쟁상대로 몸에 붙여주신 것이 아니라 몸을 온전케 하기 위하여 상호 협력적으로 일하라고 주신 것이다. 은사는 여러 가지지만 하나같이 다 그리스도의 몸을 위하여 존재하는 것이다. 몸을 위하지 않는 지체는 스스로 몸을 파괴하는 일에 앞장서는 것이요 결국 자신을 죽이는 것이다. 그런 자는 존재할 이유가 없다. 교회 세움과 관련하여 자기를 위하여 존재하는 지체는 하나도 없다. 모든 지체가 다 몸을 위한다. 그러할 때 몸이요 머리이신 그리스도는 반드시 지체들을 위하여 엄청난 것을 공급해 주신다. 하나님 자신이 상급으로 다가오실 것이다. 세상에 민족적 차별이 있든 없든, 빈부의 차이가 있든 없든, 성별의 차별이 존재하든 아니든 그리스도 안에 있는 교회의 모든 지체는 그리스도 안에서 다 하나이다. 지체들 사이에는 누가 높으냐고 다툼이 있을 수 없다. 지체들 사이에는 누가 더 중대한 것이냐도 논쟁할 필요가 없다. 각각의 지체는 하나같이 영광의 주님을 섬기고 있다는 사실과 교회를 세워감에 이바지하고 있다는 사실에 감개무량한 것이다. 심지어 교회 정치를 논할 때 다스리는 권세를 가진 자 중에도 우열을 가리는 서열이 존재하는 것이 아니다.

여기서 우리가 잊지 말아야 할 것은 그리스도의 몸을 온전히 세워가기 위하여 지체들끼리 함께 교통하며 함께 일해야 한다는 것이다. 운동경기장에서 시합하는 선수들끼리 서로 소통이 잘되지 않으면 게임을 이길 방법이 없다. 마찬가지로 서로를 격려하고 살피면서 공공의 적과 싸우며 하나님의 말씀을 이루는 자들이 되어야 하는 것이다. 몸의 지체들끼리 연결되어 있지 않은 것이 무엇이 있는가? 어떤 지체가 필요 없다고 무시할 이유는 하나도 없다. 더 많이 쓰인다고 뻐길 이유도 없다. 그 모든 활동의 힘은 다 머리이신 그리스도로부터 받는 것이기 때문이다. 더 많이 쓰임을 받는 지체는 그 자체로 겸손하며 감사해야 한다. 바울은 고린도전서 12장에서 이렇게 말하였다. **"몸 가운데서 분쟁이 없고 오직 여러 지체가 서로 같이하여 돌아보게 하셨으니"**(25절). 그렇다. 우리는 우리의 일도 잘해야 하지만, 서로의 짐을 함께 나눠지는 것 역시 중요하다. 결국 그리스도의 몸을 온전히 세워가야 하기 때문이다.

그런 의미에서 교회가 그리스도의 몸이라는 비유는 정말로 탁월한 하나님의 지혜라고 말하지 않을 수 없다. 각각의 근육을 개발하여 튼튼한 몸을 만들어 가는 일은 반드시 선행되어야 한다. 자기 역할에 충실한 것이 그것이다. 근육을 쓰지 않는 지체는 금방 무력화된다. 한쪽에 병이 생기면 온몸이 고통을 받는다. 때로 치명적인 병으로 인해 온몸을 마비시키고 결국은 죽음에 이르게 할 수 있다. 그래서 서로를 돌아보는 것은 더욱 절실한 것이다. 요즘같이 분주한 현대 사회에서는 그리스도의 사랑 안에서 서로를 보살피는 일은 참으로 중대하다. 교회 공동체만큼 서로에 대한 애정을 표시할 만한 자연스러운 곳이 없음에도 불구하고 현대 기독교인들은 개인주의에 매몰되어 있다. 서로를 향한 관심이 없다. 돌아봄도 없다. 도리어 이

기적 시기심이 종종 발동된다. 자신의 종교적 야욕만 달성하면 어느 것도 문제 삼지 않는다. 흥하는 교회 세움과는 정반대이다.

교인들에게서 양질의 음식을 공급받고 적당한 운동과 훈련을 통해서 건강한 교회를 세워가고 있다는 자부심은 찾아보기 힘들다. 먼저 희생하고 양보하고 격려하는 수고의 땀을 흘린다는 기백은 자기 자신과는 거리가 먼 일이다. 주 안에서 함께 떡을 떼고 같은 마음과 같은 뜻으로 기도하며 온전히 합하는 일도 뒷전이다. 교회를 세우고자 이바지할 것이 무엇인지를 고민하기보다 교회를 통해서 얻는 것만 생각한다. 나의 수고와 땀을 통해서 연약한 자들이 힘을 얻고 무지한 자들이 깨우침을 받으며 냉랭한 자들이 더욱 뜨거움을 얻는 일에는 신경 쓰고 싶어 하지 않는다. 언제나 자기중심이어야 하지 그리스도의 뜻을 앞세우지 않는다. 그러나 참된 지체는 언제나 머리이신 그리스도의 뜻을 먼저 살핀다. 그 뜻을 이루는 일이라면 자신의 의지와 생각을 기꺼이 내려놓는다. 교회가 좋아지고 그리스도가 높임 받는 것을 개인의 영광으로 간주한다. 자신은 죽고 공동체가 함께 살아나는 일을 추구하는 것이다.

앞에서 말했듯이 각 지체의 역할은 경쟁 관계가 아니라 상호 보완관계라는 점이다. 경쟁심을 유발시키는 곳이 아니다. 경쟁 관계는 상대방의 존재를 무시하게 만든다. 또는 상대방이 없어져야 한다. 그러나 성도들은 자신이 주님으로부터 받은 은사가 무엇이든지 그 은사의 활용을 통해서 그리스도의 몸을 온전히 세움에 이바지하는 자들이다. 나 없으면 안 된다는 우월감이 아니라 상대방이 없으면 안 된다는 상대방을 향한 존중심을 가진다. 이것이 남을 나보다 낮게 여기는 겸손이다. '네가 있음으로 내가 존재할 수 있다'는 자세만이 상호보완적인 존재로 공존한다. 마치 협력업체와 대기업과의 관계이다. 이것이 서로가 사는 길이다. 마찬가지로 몸에 붙어 있는 각 지체가 사는 길도 상대방과 긴밀한 협력이 이루어져야 한다. 그런 자세가 서로 존중히 여김을 받는 교회 '세우미'가 되게 한다. 사실 우리 눈의 보기에 가장 하찮은 것처럼 보이는 것들, 없어도 불편함이 없는 것처럼 여기는 것들도 우리가 온 마음을 다해 존중해야 할 것은 그 모든 지체도, 또는 그 모든 은사도 다 교회의 주인이 되신 그리스도로부터 온 것이기 때문이다. 마치 왕의 하사품이 내가 받은 것보다 못하다고 해서 무시해 버리는 언행을 하게 되면 왕으로부터 엄한 형벌을 피할 수 없는 것과 같다. 전지전능한 하나님으로부터 온 것이기 때문에 귀히 여겨야 한다.

여기서 한 가지 짚고 갈 것은 성도들이 받은 은사와 직임은 무엇이든지 그리스도 안에서 평등하다는 것이다. 그리스도께서 직접 골라서 기자재를 고르셨다. 세상의 건축가들은 불필요한 것들도 구매하는데 돈을 지불한다. 정확한 수치가 못되기에 모자라기도 하고 또는 남기도 한다. 그러나 교회의 건축가이신 그리스도는 기자재 중 남아돌거나 필요 없는 것이 단 하나도 없다. 그의 계산은 정확하다. 그러므로 우리들의 불완전한 판단으로 저 사람은 쓸데없다고 함부로 말할 수 없다. 모자람도 남음도 없는 정확한 숫자이다. 천국에 들어갈 14만 4천은 하나님께서 직접 정하신 자들이다. 누구도 거기에 더하거나 뺄 수 없다.

이처럼 모든 지체가 다 주님의 몸에 붙은 자들이기 때문에 서로를 깊이 존중해야 한다. 직책과 관련하여 그리스도 안에서 차별은 없으나 지체들의 구분은 존재한다. 그 지체가 맡은 역할 혹은 기능 때문이다. 그 역할 때문에 어느 은사는 배나 존중함을 받고 어떤 은사는 더 존중히 여김을 받는 것이다. 교회를 그리스도의 몸이라고 하기에 그 몸의 정상적인 유지와 활동을 위해서 반드시 섭취해야 할 음식이 필요하다. 그래서 교회의 주인이신 그리스도께서 승천하시면서 교회에 특별히 허락하신 선물이 있다. 앞에서도 여러 차례 강조한 것처럼 그 선물은 다 말씀 선포하는 일과 관련된 자들이다. **"그가 혹은 사도로, 혹은 선지자로, 혹은 복음전하는 자로, 혹은 목사와 교사로 주셨으니 이는 성도를 온전케 하며 봉사의 일을 하게 하며 그리스도의 몸을 세우려 하심이라"**(엡 4:11-12).

교회에서 가장 중요한 은사는 누가 뭐라고 해도 말씀 선포 은사이다. 그 은사는 일반적으로 목사에게 맡겨졌다. 목사를 위해서 기도를 많이 해야 할 이유는 그가 우리 영혼의 생명을 좌우하는 양식 공급의 역할을 하는 자이기 때문이다. 세상에서도 안심하고 먹을 수 있는 음식이 많지 않아서 유기농 음식점은 멀어도 찾아간다. 비싼 비용을 지불한다. 그런 것들을 섭렵해도 어차피 인간은 죽음을 피할 수 없다. 그러나 죽지 않고 영원히 살게 하는 영혼의 양식에 대해서는 사람들이 별로 관심이 없다. 그리스도인들조차도 그들의 영을 살게 하고 경건의 능력을 생동감 있게 드러내는 영혼의 양식에 대해서는 대수롭지 않게 여긴다. 다 그게 그거라고 생각하고 자신의 종교적 안위만을 생각한다. 단지 허기진 배만 채우면 되지 그로 인해서 치명적 손상을 입게 될 것이라고는 생각하지 않는다. 그러나 하나님께 속한 자는 다 하나님의 말씀을 듣는다. 헐떡거리며 받아먹으려고 몸부림친다. 하나님의 말씀을 듣지 못하는 기갈을 당하지 않으려고 눈물로 간구하며 사모한다. 이것이 참으로 흥하는 교회 '세우미'의 모습이다. 이것은 그리스도의 몸에 붙은 지체의 본능이다. 그렇지 않은 것은 영혼이 마비된 망하는 교회를 섬기는 것과 다름없다.

흥하는 교회 세움의 기능에는 두 가지 중요한 것이 포함되어 있다. 하나는 기쁨과 고난에 동참하는 것이다. 모든 좋은 것을 함께 나누는 즐거움도 존재하며 동시에 그리스도의 고난에 동참하는 아픔도 있다. 그러나 고난에 동참하는 것을 세상에서 낙을 누리는 것보다 더 좋아하고 세상에서 그리스도의 이름 때문에 능욕 받음을 세상의 모든 보화보다 더 귀한 것으로 간주한다. 하나님이 직접 지으시고 경영하시는 더 나은 도성이 있음을 알기 때문이다. 현재의 고난은 장차 누릴 영광과 조금도 비교할 대상이 되지 못함을 알기 때문이다. 고난은 잠깐이지만 그 은총은 영원한 것이다. 저녁에는 슬픔이 깃들어도 아침에는 기쁨이 찾아온다. 지상에 있는 교회의 고난은 오직 땅에서만 겪을 뿐이다. 그러나 그리스도께서 다시 오시면 그와 더불어 영원한 잔치에 참여한다. 그리스도의 신부로서 신랑이신 그리스도를 맞이하고 그와 더불어 영원토록 왕 노릇하며 살 것이다. 그 소망이 환난 중에 인내를 낳고 인내는 연단을 통해서 소망의 실체를 확정하는 것이다(롬 5:3-4). 그리스도의 죽음과 부활이 그 실체의 증거이다. 교회의 머리이신 그리스도께서 고난을 당하시고 십자가에 죽임을 당하신 것으로 끝이 아니었다. 사흘 후에 죄와 사망의 권세를 깨뜨리시고 부활하여 승리의 개선가를 부르신 것이다.

사도 바울은 이 부분을 이렇게 설명하고 있다: **"너희가 세례로 그리스도와 함께 장사한바 되고 또 죽은 자들 가운데서 그를 일으키신 하나님의 역사를 믿음으로 말미암아 그 안에서 함께 일으키심을 받았느니라 또 너희의 범죄와 육체의 무할례로 죽었던 너희를 하나님이 그와 함께 살리시고 우리에게 모든 죄를 사하시고 우리를 거스리고 우리를 대적하는 의문에 쓴 증서를 도말하시고 제하여 버리사 십자가에 못 박으시고 정사와 권세를 벗어버려 밝히 드러내시고 십자가로 승리하셨느니라"**(골 2:12-14). 주님의 승리는 곧 교회의 승리이다. 세상은 망해도 교회가 영영히 선다는 것은 그런 의미이다. 그래서 예수님께서도 음부의 권세가 이기지 못하리라고 선언하셨다(마 16:18). 흥하는 교회 '세우미'와 쇠하는 교회 '섬기미'의 차이가 명확하다.

흥하는 교회 '세우미'에게 주어지는 또 다른 복락은 빼앗기지 않는 하늘나라를 유업으로 받는 것이다. 그리스도의 몸을 온전히 세우기 위해 충성스럽게 일한 자들은 누구를 막론하고 하나님 나라를 유업으로 받게 하신다. 다시 말하면 그리스도께서 거처하기에 합당한 집을 각자가 짓는데 그 공력은 불 가운데 나타날 것이다. 그때 불에 타 없어지면 부끄러운 구원이 주어지면서 상급은 없다. 그러나 공력이 그대로 있으면 상급이 있다. 하나님이 예비하신 상이 있는 것이다. 각자 자기의 수고한 대로 자기의 상을 받는 것이기 때문에 우리는 우리가 받은 은사를 최대한으로 사용하여 그리스도의 몸을 세워가는 일에 공헌자가 되어야 한다. 우리에게 주님께서 은혜를 베푸시는 것은 먹고 잠만 자서 비대해지는 자가 되게 함이 아니라, 그리스도의 몸을 세워 가는 일에 일익을 감당하라고 하는 것이다.

여기에는 악순환의 고리는 전혀 발생하지 않는다. 도리어 신선한 물을 끊임없이 공급받는 역사만 경험할 것이다. 그대는 망하는 교회를 섬기는 자인가? 아니면 흥하는 교회를 세워가고 있는가? 그리스도의 몸으로서 교회를 생각하면서 가장 눈에 띄는 것은 양분을 공급받는 일이다. 칼빈은 이를 위하여 교회를 신자들의 어머니(Mater Fidelium)라고 하였다. 이 부분을 심도 있게 살펴보자. 왜냐하면 무너지는 교회 '섬기미'가 되어서는 안 되기 때문이다. 쇠하는 교회를 일으켜 세우는 '세우미'가 되어야 한다. 흥하는 교회 '세우미'에게는 신자들의 어머니 역할이 더없이 중요하게 다가온다.

신자들의 어머니로서의 교회

"남편들아, 아내 사랑하기를 그리스도께서 교회를 사랑하시고 위하여 자신을 주심같이 하라 이는 곧 물로 씻어 말씀으로 깨끗하게 하사 거룩하게 하시고 자기 앞에 영광스러운 교회로 세우사 티나 주름 잡힌 것이나 이런 것들이 없이 거룩하고 흠이 없게 하려 하심이니라 이와같이 남편들도 자기 아내 사랑하기를 제 몸같이 할지니 자기 아내를 사랑하는 자는 자기를 사랑하는 것이라 누구든지 언제든지 제 육체를 미워하지 않고 오직 양육하여 보양하기를 그리스도께서 교회를 보양함과 같이 하나니 우리는 그 몸의 지체임이니라"(엡 5:25-30).

그리스도와 성도와의 관계를 가장 명확하게 설명하는 그리스도의 몸으로서 교회 이해는 필연적으로 **신자들의 어머니**로서의 교회 기능을 생각하지 않을 수 없게 한다. 지체가 몸에 붙어 있어야 생존할 수 있으며 동시에 지체로서의 자기 역할에 충실할 수 있는 것이다. 이는 마치 어머니 품 안에서 자라야 할 아이의 모습과 같다. 부실한 몸은 건강한 지체들도 훼손하는 원인이 되므로 그리스도의 몸인 교회를 튼튼히 세워가야 할 책임이 교회 구성원 모두에게 있다. 신자들의 어머니로서 교회 역할의 핵심은 그리스도께서 교회에 세워주신 직분자들이다. 그들은 머리이신 그리스도를 대신하여 그리스도의 뜻을 설파하여 온몸에 필요한 영적 영양분을 공급해 주는 자들이다. 집밥을 선호하는 가장 큰 이유가 어머니의 사랑의 손길과 포근한 품 안 때문이다. 사람이 물질적인 요소인 떡이 없어서는 안 되듯이 성도들 역시 영적 생명을 위하여 영의 양식을 섭취하는 것이 꼭 필요하다. 그것도 사랑의 손길로 정성스럽게 장만한 진리의 양식이다. 이것을 먹음이 없이는 발육도 성장도 착한 행실도 없다. 성도로서 영적 생활을 유지하며 발전시킬 수 있는 길은 근본적으로 양질의 음식을 섭취해야만 가능한 것이다. 그런 의미에서 몸에 붙어 있는 지체들과 몸인 교회의 관계를 살펴보는 것은 풍성한 영적 삶에 활력을 불어넣게 되고 교회를 사랑하지 않을 수 없게 할 것이다. 제 몸을 사랑하지 않은 사람이 없듯이 교회를 사랑함이 없는 교회 구성원은 비정상적인 지체이거나 혹은 마비된 지체 곧 쓸모없는 지체일 뿐이다.

교회를 신자들의 어머니로 표현한 사람은 초대 교회 교부 중의 한 사람인 씨푸리안(Cyprian)이었다. 그는 교회에 붙어 있는 지체들의 영적 자람이 필수적인데 그 모든 양육과 보양은 오로지 교회를 통해서만 가능하다는 원칙을 세웠다. 그는 교회를 어머니로 모시지 않는 사람은 하나님을 아버지로 모실 수 없다고까지 말하였다. 그의 주장을 되살린 사람은 종교개혁자 존 칼빈이었다. 칼빈은 교회의 중요성을 어머니와 아이의 관계를 통해서 설명한 것이다. 이를 충분히 뒷받침하고 있는 성경 본문이 에베소서이다. 본문에서 사도 바울은 교회와 성도 개개인의 관계를 남편과 아내의 관계라는 비유 설정을 통해서 풀어내고 있다. 남편들의 의무는 아내를 사랑하는 것이다. 그 사랑의 기준은 그리스도께서 교회를 사랑하사 자신을 내어주심에 있다.

그리스도께서 왜 무엇과도 바꿀 수 없는 소중한 생명을 교회를 위해서 내어주셨는가? 그것은 교회를 사랑하시기 때문이지만 또한 그 사랑의 열매를 맺으시기 위함이었다. 즉, 열매는 행동이 이어지지 않으면 맺혀질 수 없다. 자기 몸을 내어주시는 그리스도의 사랑 행위가 그 사랑이 가져올 열매를 보장하는 것이다. 만약 입으로만 사랑하고 행함과 진실함의 사랑함이 없었다고 한다면 오늘날 교회는 이 지상에 존재할 수 없었을 것이다. 그것만이 아니라 천국에서도 하나님 앞에 설 자가 단 한 사람도 존재하지 않게 되었을 것이다. 그러나 주님께서 골고다 언덕에 세워진 십자가상에서 물과 피를 다 쏟아 주셨기 때문에 그리스도의 몸인 교회가 지상에 존재하고 있고 우리는 그 몸에 붙은 지체로 살아가고 있다. 주님이 자신을 내어주시기까지 교회를 사랑하신 가장 큰 이유가 무엇인가? 그 이유는 본문 26절 이하에서 설명되고 있다.

첫째는 물로 씻어 말씀으로 깨끗하게 하여 거룩하게 하시고자 함이었다. 물로 씻는다는 것은 결혼식을 앞둔 신부가 자신을 깨끗하게 씻고 신랑을 맞기 위하여 정결하게 단장하는 것과 연계된 것이다. 유대인들이나 헬라인들 모두가 이 부분에서는 다르지 않았고 사도는 그 관습을 들어서 주님이 교회를 위해서 하신 일을 설명하는 것이다. 신부가 몸을 깨끗이 단장하여야 하듯이 그리스도의 몸에 붙어 있는 지체들도 깨끗하지 않으면 몸에 붙어 있을 수도 없고 그리스도 앞에 설 자격이 없는 것이다. 그러므로 그리스도께서 교회를 깨끗하게 하시려고 그들의 죄를 대신하여 십자가 고난과 죽음으로 그들의 모든 죄를 씻어주시고 하나님 앞에 거룩하고 흠이 없고 책망할 것이 없는 자로 세움을 입게 하신 것이다. 그리스도께서도 그 일을 위하여 하나님이 자기에게 맡기신 자들을 세우신 것이다. 그러므로 물로 깨끗게 한다는 것은 그들의 죄를 깨끗이 씻어버린다는 것을 의미한다. 그 일은 그리스도의 보배로운 피로만이 가능한 일이다. 피 흘림이 없이는 죄 사함이 없다. 이미 목욕한 자는 발만 씻으면 되듯이 이미 거룩하게 되어 그리스도의 몸에 붙어 있는 지체는 매일 회개의 정결한 의식을 통하여 그리스도의 온몸을 성결하게 하는 작업이 필요하다. 기도와 말씀으로 거룩하게 됨을 날마다 경험하게 된다.

사실 그리스도께서 우리를 위하여 십자가에 달려 죽으신 것은 우리 죄를 말갛게 씻어서 정결한 신부로 세우고자 함이다. 죄와 허물로 죽은 우리 인생들을 긍휼히 여기신 그 사랑의 포로로 삼아서 신부에게 지금 가장 절실하게 필요로 하는 부분을 먼저 채워주시는 것이다. 우리를 깨끗하게 하는 방편이 무엇인지를 보라. 오늘 본문에서 한글 번역은 마치 물과 말씀 두 가지 수단을 말하고 있는 것처럼 보이지만 헬라어의 사용은 말씀과 더불어 물로 씻어 거룩하게 한다고 말씀하고 있다(having cleansed her by the washing of water with the Word). 다시 말해서 성도가 거룩해지는 길은 '레마' 곧 선포되는 복음의 말씀을 통해서 일어나는 것임을 말하고 있다. 진리의 말씀이 아니고서는 우리가 거룩해지는 길은 없다. 오로지 진리의 말씀만이 우리를 거룩한 자로 살아가게 한다. 그런 의미에서 하나님의 참된 말씀 선포가 없는 교회는 교회가 아니라고 단호하게 말할 수 있는 것이다. 계속 강조하지만 진리의 말씀이 선포되거나 가르쳐지지 않는 교회는 쇠하는 교회이다. 밥을 먹지 않는다는 것은 죽어간다는 것이다.

하나님이 거룩하신 분이시고 예수님께서도 거룩하신 하나님이시기 때문에 그의 신부가 될 성도들은 누구든지 거룩하지 않으면 안 된다. 그러나 그 거룩함은 죄와 허물로 죽은 인간 스스로가 결코 만들 수 없는 것이다. 그러므로 죄 없으신 예수 그리스도께서 이 세상에 오셔서 죄인과 같이 되셨고 그 죄악들을 친히 짊어지시고 십자가에서 하나님이 공의로운 심판을 몸소 받으신 것이다. 그리하여 누구든지 저를 믿으면 죄 사함을 받아 영생을 선물로 받게 되는 것이다. 옛사람을 벗어던지고 하나님을 따라 의와 진리의 거룩함으로 지으심을 받은 새사람이 된 것이다.

그 거룩한 자가 되었다는 말은 본문 27절에서 이렇게 더 부연 설명하고 있다. **"자기 앞에 영광스러운 교회로 세우사 티나 주름 잡힌 것이나 이런 것들이 없이 거룩하고 흠이 없게 하려 하심이니라."** 거룩하신 주님 앞에 영광스러운 교회로 세우고 싶어 하신 것이다. 자신 앞에 흠이나 어떤 구겨짐도 없이 순결한 신부로 세우고자 자기 피로 값 주고 사신 것이다. 이것을 지금 남편들에게 요구한다. 아내의 순결함은 남편이 지켜주는 것이다. 남편이 아내를 그렇게 사랑하지 않을 때 아내의 순결함은 부정될 가능성이 열려 있는 것이다. 외도하는 가정에서 맞바람 피우는 일이 생겨나는 이유가 여기에 있다. 그러나 우리의 영원한 신랑이신 그리스도에게는 결코 그럴 일이 없으므로 신부인 우리는 그가 이루신 말로 다 할 수 없는 엄청난 이 사랑에 굴복되어 자신을 정결한 신부로 단장하는 것이다. 우리는 그 신랑 앞에 가장 순결한 신부로 세움을 받게 될 것이다. '티 하나 없고 주름 잡힌 것 하나 없는' 완전무결한 존재로 설 수 있게 한 것이다. 흥하는 교회 '세우미'에게만 가능한 실체요 복락이다.

그러나 여기서 신부들인 우리가 고민하는 것은 이것이다. 성도임에도 불구하고 즉 그리스도의 피로 깨끗이 씻음을 받은 자요 새로운 피조물임에도 불구하고 여전히 우리는 죄를 범한다는 것이다. 죄의 습성이 사라지지 않고 남아서 끊임없이 우리를 미혹하여 넘어뜨리고자 한다. 그리스도 안에서 분명 새로운 피조물이 되었음에도 죄의 영향력을 완전히 벗어나지 못하고 종종 악에 빠지는 것이다. 그래서 우리에게 죄 죽임의 실천이 항상 나타나야 한다. 그 일은 지속적으로 선포되는 복음의 말씀으로 이루어진다. 그런 의미에서 성도가 보호되고 정결한 신부로서 자신을 지킬 수 있는 방편은 오직 말씀 선포 사역을 통해서 가능한 것임을 다시 한번 강조한다. 우리가 늘 말씀을 들을 때 그 말씀이 양심의 거울이 되어 우리 속에 있는 죄의 쓴 뿌리들을 뽑아내며 죄의 지배 아래에 있지 않고 은혜 안에 거하도록 인도함을 받는다. 그리스도를 떠나면 할 수 있는 일이 아무것도 없는 이유가 여기에 있다. 그런 의미에서 씨푸리안은 교회를 떠나서는 구원이 없다고 말한 것이다. 영의 양식을 책임맡은 목사의 중요성은 백번 천번 강조해도 지나침이 없다.

성도가 성도로서 품위 유지를 하고 그 신분을 고귀하게 지켜가려면 끊임없이 빛의 비춤을 받아야 한다. 그를 통해서 책망받을 것이 무엇인지 알게 된다. 그를 통해서 바르게 교정되어야 할 것이 무엇인지를 깨닫게 된다. 그래서 사도 바울은 에베소서의 같은 장에서 이렇게 명령하고 있다. **"그러나 책망을 받는 모든 것이 빛으로 나타나나니 나타나지는 것마다 빛이니라 그러므로 이르시기를 잠자는**

자여 깨어서 죽은 자들 가운데서 일어나라 그리스도께서 네게 비치시리라 하셨느니라"(5:13-14). 빛으로 나타난다는 것은 그리스도께서 참 빛이기 때문에 그의 입에서 나온 말씀 외에는 우리 심령의 어두운 것들을 들춰낼 것이 없다는 것을 말한다. 성도들은 우리 속에 깊이 숨어 있는 죄악의 잔재들을 늘 뿌리 뽑는 작업을 해야 한다. 이것을 죄 죽임이라고 한다. 쓴 뿌리는 뽑아 버려야 한다. 진리의 말씀이 그 작업을 주도한다. 그러므로 선포되는 하나님의 말씀을 귀담아 듣는 것은 그리스도 안에 있는 새로운 피조물에게는 마땅한 일이다. 그 일을 등한히 여기면서 성도로서 살아간다는 것은 가짜이요 속임수이다. 우리는 그런 속임수를 부리는 죽은 자들 가운데서 일어나야 한다. 그들에게서 벗어나야 한다. 그들과 함께 있는 것은 우리 자신을 죽이는 자리로 깊이 들어가는 것과 같다.

교회는 단순한 공동체가 아니다. 교회의 머리이신 예수님께서는 교회를 영광스러운 교회로 세우고자 하셨다. 영광스럽다는 것은 사람의 눈에 비친 교회의 모습이 아니다. 가장 최고의 영광 가운데 거하시는 주님의 눈에 그렇게 비치는 것이다. 세상에 있는 최고의 화려함을 뽐내고 가장 눈부신 건축물을 자랑한다고 해도 하나님의 영광과 비교할 수 있는 것이 무엇이겠는가? 솔로몬은 지상 최고의 성전을 지었지만, 감히 하나님을 그 성전에 둘 수 없는 것임을 이렇게 말했다. "하나님이여 참으로 땅에 거하시리이까 하늘과 하늘들의 하늘이라도 주를 용납지 못하겠거든 하물며 내가 건축한 이 전이오리이까?"(왕상 8:27). 그런 영광스러우신 하나님의 눈에 주님께서 보배로운 피로 값 주고 산 교회를 영광스러운 존재로 서게 하셨다는 것은 말로 다 표현할 수 없는 기적이다.

그러한 교회를 사랑하지 않는다는 것은 그야말로 죽기를 자처한 어리석은 사람이다. 어머니가 필요 없는 아이는 아무도 없다. 모든 사람은 어머니의 품속에서 양육되고 성장한다. 스스로 성인이 되어 어미 품을 떠나 독립했다고 해도 어머니의 품이 필요 없다고 말하는 자들은 정상적인 인간이 아니다. 마찬가지로 이제 어린아이의 모습에서 벗어나 성숙한 그리스도인이 되었다고 해서 교회가 필요 없다고 말하는 것은 제정신이 아닌 미치광이의 헛소리에 불과한 것이다. 세상에서의 육신의 어머니는 필요 없는 때가 온다. 그러나 영적인 어머니는 우리의 성숙도와 상관없이 언제나 필요하다. 교회를 떠나서는 우리 영혼이 필요로 하는 모든 자양분을 섭취할 곳이 없기 때문이다. 이에 관해 사도 바울은 28절 이하에서 생생히 설명하고 있다.

"이와같이 남편들도 자기 아내 사랑하기를 제 몸같이 할지니 자기 아내를 사랑하는 자는 자기를 사랑하는 것이라." 본문에서 '남편들도 아내 사랑하기를 제 몸같이 할지니'라고 할 수 있는데 굳이 **"남편들도 자기 아내 사랑하기를"**이라고 하여 '자기' 아내를 사랑하라고 두 번이나 강조한 이유가 무엇인가? 그것은 남의 아내를 사랑하는 일을 하지 말라는 것을 포함한 것이다. 요즘은 그 이상의 선을 넘는 일들이 매우 자연스럽게 받아들여지고 있다. 세상이 그럴수록 성도들은 더더욱 자기 아내만을 사랑하는 일에 매진해야 한다. 네 이웃의 것을 탐내지 말라는 계명에는 이웃의 아내도 포함되어 있다. 우리의 신랑이신 그리스도께서도 자기 신부인 교회만을 사랑한다.

다른 종교에도 구원의 길을 마련해 주신 것이 아니다. 다른 종교의 정결케 하는 의식을 통해서 거룩하고 흠이 없고 책망할 것이 없는 존재로 하나님 앞에 설 수 있는 길은 조금도 찾을 수 없다. 오로지 그리스도께서 피 흘려주시고 깨끗하게 씻어서 거룩하게 하신 주님의 교회만이 구원의 방주요 피난처이며, 성도에게 영원한 안식처를 제공할 수 있다.

자기 아내를 사랑하는 것이 곧 자기를 사랑하는 것이라고 말씀하셨다. 성도가 자기 자신을 가장 소중히 여길 방안이 있다면 그것은 오로지 주님의 교회를 사랑하는 것이다. 교회를 사랑하여 교회를 온전히 세우기 위하여 자기의 심장을 내어주는 일을 할 수 있을 때 그것이 곧 자신을 지키는 길이다. 아내를 사랑하는 것이 남편 스스로를 건강하게 지키는 것이다. 아내를 사랑하는 것이 남편으로서 품위와 인격과 명성을 유지할 수 있는 비결이다. 교회가 세상에서 비난의 소리를 온몸으로 받는 것은 사회 복지에 뛰어듦이 부족해서가 아니다. 나라의 정의 구현에 앞장서지 못해서가 아니다. 사람들의 인권유린에 목소리를 내지 못해서가 아니다. 교회가 조롱의 대상이 된 것은 주님의 영광스러운 교회를 사랑하지 않아서이다. **"예루살렘을 사랑하는 자는 형통할 것이다"**(시 122:6). 이것이 하나님의 집을 위하는 복락이다.

이 부분에서 우리는 의아심을 가질 수 있다. 교회를 사랑한다는 것이 무엇인가? 29절에 그 비결이 있다고 본다. **"누구든지 언제든지 제 육체를 미워하지 않고 오직 양육하여 보양하기를 그리스도께**

서 교회를 보양함과 같이 하나니 우리는 그 몸의 지체임이니라." 여기서 교회를 사랑한다는 것은 교회를 위하여 기도하는 것이다. 교회를 위하여 기도하는 자는 교회를 비난하지 않는다. 미워하는 자리에는 더더욱 이르지 아니한다. 그러나 세상 사람들은 교회를 미워한다. 안티 세력들이 얼마나 많은지 모른다. 특히 젊은 세대들 가운데서 더 많이 찾아볼 수 있다. 그런데 성도들이라고 하는 자들마저 교회를 미워하는 행동을 서슴없이 저지른다. 어떻게? 교회에 대한 비난 섞인 소리를 함부로 내뱉는다. 그들은 십중팔구 기도하지 않는 자들이다. 잘잘못을 비판하지 말라는 것이 아니다. 우리는 진리에서 이탈해 가는 교회들의 어리석은 모습들에 대해서 지적하고 꾸짖고 돌아서게 할 책임이 있다. 그러나 무의식중에라도 교회에 대한 불평과 불만의 소리를 늘어놓을 때, 사람들의 허물을 들춰내고 가십거리로 삼아 떠돌게 할 때, 이는 마치 아내의 허물이나 남편의 잘못을 동네방네 떠들고 다니는 것과 다름이 없는 일이다.

미움을 가진 자들의 공통적인 특징은 하나이다. 그것은 상대방의 허점이나 잘못만 캐고 다니는 것이다. 마치 야당이 여당의 실수를 손꼽아 기다리고, 여당이 야당의 잘못을 끈질기게 물고 늘어지는 것과 같은 일들이 교회 안에서도 발생하는 것이다. 그것은 주님께서 당신의 피로 값 주고 사신 거룩한 교회를 허무는 악한 일이다. 그런 자들은 주님의 진노를 결코 피할 수 없다. 자기 여자를 범한 자를 찾아가서 응징하지 않는 것은 아내를 사랑하지 않는 것과 같다. 물론 우리는 원수까지도 사랑해야 한다. 그러나 자기의 가장 소중한 것을 더럽힌 자들을 향한 분노의 표출이 없이 그냥 웃어넘길 수 있는 것이 아니다. 그렇다면 주님께서 자기 피로 가장 영광스러운 교회로 만들었는데 그 교회를 더럽히고 비난하고 욕하고 원망하고 불평하고 떠드는 자들을 주님께서 그냥 두시겠는가? 기독교 역사가 증언하는 것은 주님의 교회를 핍박한 모든 자에 대한 공의로운 하나님의 심판이 임했다는 것이다. 때로 더디게 나타나 많은 순교자가 나타나기도 하지만 심은 대로 거두게 하시는 하나님은 살아계신 전능자이시다. 그 하나님의 나타나심을 사모하고 교회 '세우미'로 나서는 것만이 쇠하는 교회 '섬기미'에서 탈피하는 길이다.

교회를 사랑하는 길

교회의 분쟁을 주도하고 험담하고 욕을 퍼부은 자들이 받을 형벌은 무섭다. 우리는 교회를 사랑하고 미워하지 말아야 한다. 교회와 성도와의 관계를 설명하면서 사도 바울은 남편들이 자기 아내 사랑하기를 그리스도께서 교회를 사랑하사 자기를 내어주심 같이 하라고 한 것이다. 아내에 대한 미움, 남편에 대한 미움이 싹트지 않도록 하는 길은 열렬하게 서로 사랑하는 것이다. 물론 사랑해도 배신당하는 일도 있지만, 그때도 사랑을 획득하는 길은 계속해서 뜨거운 빛을 비추는 것이다. 찬 바람은 외투를 벗길 수 없지만 뜨거운 바람은 힘들이지 않고도 스스로 외투를 벗게 할 수 있다. 그리스도의 사랑이 우리의 완악함을 치유하고 온유하고 겸손한 자로 만들 것이다. 미워하지 말고 사랑하라. 심지어 단점까지도 사랑하고 감싸며 주님의 교회로서 품고 사랑하라. 교회의 필요가 무엇인지를 생각하고 그 필요를 채우기 위하여 힘을 다하라. 그런 자들을 주님은 알아주시고, 쇠하지 아니하는 면류관을 주실 것이다. 그러면, 주님이 그토록 사랑하신 교회를 사랑하는 것이 무엇인지 조금 더 세부적인 실천사항을 언급하고자 한다.

첫째는 교회를 위해서 간절히 기도하는 것이다.

기도 없는 교회 생활, 기도 없는 신앙생활은 불가능하다. 기도하는 것은 하나님 없이 살 수 없다는 고백이다. 기도한다는 것은 주님의 주 되심과 주님의 도우심을 절실하게 필요로 하는 자임을 인정하는 것이다. 교만한 자의 특징은 기도하지 않는 것이다. 하나님을 인정하지 않기 때문이다. 기도하는 자들은 겸손하다. 기도를 많이 한다고 하면서 겸손하지 못한 것은 진정한 기도의 사람들이 아니다. 그런 자들은 바리새인들과 같다. 기도를 해도 사람들에게 보이려고 하는 것이 전부이지 하나님의 영광을 나타내고 하나님의 뜻이 세워지기를 바라는 열망이 없다. 그런데 교회를 위해서 기도해야 할 이유는 무엇인가? 세 가지 이유가 있다.

하나는 교회를 무너뜨리려는 사탄의 교활한 간교함이 있기 때문이다. 사단이 제일 싫어하는 것이 교회요 기도하는 사람들이다. 사탄은 교회가 망하기만을 언제나 꾀한다. 그 이유는 교회가 주님이 세우신 주님의 교회이기 때문이다. 교회를 대적하는 것이 그의 주된 임무이다. 그리고 시탄이 기도하는 자들을 싫어하는 것은 그들이 주님을 주로 인정하고 주님을 의지하며 살아가기 때문이다. 전에는 자신의 손아귀에서 놀던 자들이 이제는 도리어 마귀를 대적하는 강한 자들이 되었으니 당연히 싫어하는 것이다. 사실 교회가 연약해지는 징조를 찾는다면 말씀이 선포되지 않는 것과 기도하는 자들이 점점 끊어진다는 것이다. 기도와 말씀에 전념해야 한다는 것은 교회에 속한 자들이면 누구나 다 인정하지 않을 수 없다. "이는 힘으로도 되지 아니하고 능으로도 되지 아니하며 오직 여호와의 신으로만 가능하다"는 스가랴 선지자의 고백처럼 성령의 강력한 역사는 가도와 말씀선포 사역이 넘치는 곳에서 나타난다. 쉬지 말고 기도해야 하는 이유와 때를 얻든지 못 얻든지 말씀을 전파해야 할 이유가 너무나도 분명한 것이다. 그러나 이 사실을 인지하고 있는 교회 지도자들이나 성도들 역시 기도에 게으르고 말씀 전파의 임무를 태만히 여기는 일이 비일비재하다. 능력이 없는 이유, 생명력이 넘쳐나지 않는 이유가 여기에 있다.

또 하나는 교회 안에 언제나 분쟁의 요소들이 생길 수 있기에 예루살렘의 평화를 위해서 기도해야 한다. 사도 바울도 성령의 하나되게 하신 것을 힘써 지키라고 하였다. 야고보 사도 역시 화평을 심어야 의의 열매를 거둔다고 하였다. 교회는 구속함을 받은 죄인들의 모임이기 때문에 언제든지 분쟁의 요소들이 존재한다. 따라서 평강의 왕이신 그리스도가 충만히 임하시도록 간구해야 한다.

이 부분은 세 번째 기도해야 할 이유와 자연스럽게 연결된다. 우리가 교회를 위해서 기도해야 하는 것은 내가 이 교회의 구성원으로서 내 자신의 역할을 능력있게 잘 감당하기 위함이다. 다시 말하면 교회를 잘 섬기는 충성스러운 일군이 되기 위함이다. 마비되거나 병에 걸려서 영적 동맥경화가 되면 온몸에 치명적인 손상을 가져올 수 있다. 그러므로 서로를 위해서 기도해야 하며, 자기 책임과 의무를 잘 감당하도록 기도해야 한다.

둘째로 주 예수 그리스도를 자랑한다.

교회를 사랑하는 것은 그 교회의 건축가요 주인이신 그리스도를 자랑하는 것이다. 교회를 사랑한다고 하면서 예수님을 자랑하지 않는다면 그것은 거짓이다. 예수 그리스도가 하신 위대한 구원의 은혜에 보답하는 것을 자신의 생명보다 가치 있는 일로 여겨야 한다. 이 것이 곧 그 은총을 자랑하는 전도로 이어진다. 사도 바울은 환난과 핍박이 기다린다 해도 주 예수께 받은 사명 곧 은혜의 복음을 전하는 일을 마치려 함에는 저기 생명을 조금도 귀한 것으로 여기지 아니한다고 했다. 그것이 듣는 자들을 살리는 유일한 길이기 때문이다. 죄인이 구원받는 것은 믿음으로 말미암는다. 그러나 그리스도의 말씀을 듣지 않으면 결코 믿음이 생기지 아니한다(롬 10:17).

교회는 유람선이 아니다. 교회는 생명 구조선이다. 생명줄을 던져서 죄의 늪에서 허우적거리는 자들을 건져내야 한다. 우리가 교회를 새롭게 시작하는 것은 단지 우리만의 잔치를 위한 것이 아니다. 주의 복음을 전하여 한 영혼이라도 구원하시려는 주님의 뜻을 분명하게 실현하고자 함이다. 말씀을 듣지 못한 기갈이 심화되고 있고 희어져 추수하게 된 상황임에도 추수할 일군이 적은 이때에 우리가 그 추수할 일군으로서 제 역할을 감당해야 한다.

교회를 자랑할 때 얻어지는 유익 두 가지가 있다. 하나는 교회를 더욱 사랑하게 된다. 조금 모자라는 사람도 옆에서 칭찬하게 되고 자랑하게 되면 우리는 그 사람을 더 사랑하는 마음이 가게 된다. 반대로 좋은 사람도 자랑하지 아니하고 폄훼하면 그 사람이 싫어진다. 교회를 자랑하게 되면 교회에 대한 사랑이 더 깊어진다. 그만큼 주님의 복도 풍성하다. 교회를 통해서 필요한 모든 것을 공급하기 때문이다. 교회를 신자들의 어머니라고 하는 이유이다.

또 하나는 교회가 성장한다. 영적 성숙도만이 아니라 주님 나라의 확장에도 크게 기여하는 것이 된다. 이는 주님으로부터 받을 상이 많아짐을 의미한다. 우리는 건강하고 힘있는 교회가 되기를 소망한다. 그러기 위해서는 주님이 떠나가지 않고 함께 하는 교회여야 한다. 그것은 기도하는 교회, 교회를 사랑하는 성도들이 많은 교회가 되는 것이다. 이 일을 통해서 비록 미약한 시작이지만 큰일을 감당하는 좋은 교회가 될 줄로 믿는다.

교회를 사랑해야 할 또 하나의 이유를 덧붙인다면 이 교회가 주님의 교회이기 때문이다. 나를 사랑하사 죄와 허물로 죽은 날 위해 피 흘려주신 주님의 교회인 것이다. 이 교회를 사랑하는 것은 마땅한 일이다. 주님의 교회를 소중히 여기는 것은 주님에게 귀중히 여김을 받는 것이다. 우리들의 하나님이라 일컬음 받기를 결코 부끄러워하지 아니하는 복된 교회와 성도들이 되기를 소망한다. 그리스도와 교회와의 사랑은 구약의 아가서에서 그 진가가 확실하게 나타난다. 성경적인 문맥과 교회의 전통에 대한 이해 없이 아가서를 읽는다면 솔로몬과 슐람미 여인과의 세속적인 에로틱 사랑 이야기로 머물러 있을 것이다. 이 성경 역시 하나님의 영감된 말씀으로서 우리에게 주어진 사랑의 노래이다. 그리스도께서 교회를 얼마나 사랑하는지를 엿본다. 교회를 향한 우리의 사랑이 어떠해야 하는지도 교훈 받는다. 성경을 주신 하나님께서는 이 아가서를 통해서 의도적으로 인간의 결혼 관계를 가지고 하나님 자신과 그의 백성들, 그리스도와 그의 신부인 교회의 관계를 예시한 것이다. 우리는 이 위대한 노래가 하나님과 신자 사이에 존재해야 하는 관계의 사랑과 강렬함, 아름다움을 드러내고 있기에 그 사랑이 우리를 강권하여 주님의 교회 '세우미'로 헌신하게 만드는 것이다. 독자 여러분에게 아가서 주석, 특히 스펄전 목사의 아가서 설교 59편 전부를 애독하기를 권한다.

동시에 신자들의 어머니로서 교회는 약한 자를 양육하고 보양해야 한다. 이것이 교회를 사랑하는 또 하나의 길이다. 다시 말하면 양육하는 교회와 양육 받는 교회, 보호하고 돌보는 교회와 보호받고 돌봄을 받는 교회가 되어야 한다. 이것은 교회의 양면성이다. 교회의 머리이신 그리스도께서는 그 교회에 속해 있는 지체들을 양육하신다. 이미 여러 차례 지적했듯이 주님은 말씀의 종들을 통해서 양육의 길을 제공한다. 그러므로 각각의 지체들은 스스로 양육 받는 일을 피해서는 안 된다. 붙어 있는 그 지체는 자동적으로 공급을 받을 수 있다. 말씀의 종들은 끊임없이 주의 말씀을 준비하여 영적 양분을 각 지체에게 공급해야 한다. 그리스도에게서 온몸이 각 마디를 통하여 도움을 입으며 서로 연락하고 상합하여 각 지체의 분량대로 역사함으로 그리스도의 몸을 자라게 하는 것이다(엡 4:16). 자식을 사랑하지 않는 부모는 젖먹이를 굶어 죽게 버린다. 정상적이지 않은 어미나 할 일을 버젓이 저지르는 참상이 종종 들린다. 교회는 어떤가? 몸에 붙은 지체들이 충분히 양분을 공급받아서 제 역할을 하도록 넉넉한 돌봄이 있는가? 돌봄과 양육은 목사의 주된 업무이다. 주님의 양을 먹이는 일과 치는 일에 대한 다른 표현이다.

여기서도 교회의 양면성을 말하고 있다. 붙어 있는 지체라야 각 마디를 통하여 도움을 입게 된다. 그리고 동시에 온몸을 자라도록 각 지체의 역할을 감당하는 것이 되는 것이다. 이 부분을 분리하여 설명할 수 있는 것은 하나도 없다. 그러나 요즘 현대 교회 성도들은 지나치게 이기적이다. 교회를 미워하지는 않아도 사랑하는 행위도 희박하다. 그것이 무엇인가? 그것은 얻어먹기만 하고 교회 세움을 위한 자기의 역할 분담을 전혀 실행하지 아니하는 것이다. 대형 교회에 다니는 이유 중 하나가 익명성 보장이다. 대형 교회를 하는 목회자들이 양심적으로 목회를 한다면 이 부분을 고민하지 않을 수 없다. 수많은 교인이 교회를 통해서 얻어먹기만 하고 교회를 온전히 세워 가는 일, 몸을 자라게 하는 일에는 아무런 기여도 하지 않는 자들을 폭주하게 만들고 있다. 교회에 헌금 낸다고 해서 그리스도의 몸을 온전히 세워 가는 것에 동참하고 있는 것이 아니다. 교회당 앞 청소에 동참하고 차량 봉사하고 부엌에서 음식 장만하고 설거지한다고 해서 흥하는 교회 세움이 역할을 다하는 것이라고 말할 수 없다.

영적인 역할을 생각해 보라. 연약한 자를 강하게 하고 무지한 자를 일깨우고 시험당한 자를 위로하고 냉랭한 자를 품어 사랑하는 자가 되게 하고 교만한 자를 권면하여 겸손한 자가 되게 하고 이기주의자들을 권하여 다른 사람의 유익을 구하게 하는 일은 얼마나 감당하고 있는가? 그러한 일은 남을 배려하고 살피는 일이 선행되지 않으면 불가능하다. 자신을 희생하고 손을 내밀지 않으면 이루어질 수 없는 일이다. 스스로가 양육 받으며 다른 지체들도 양육해야 한다. 자신도 보호함을 받으며 돌봄을 받아서 자기보다 나약한 자들을 보호하고 돌보는 책임을 수행해야 한다. 이것이 어머니로서 교회가 할 수 있는 일이다. 어머니로서 교회를 세우는 자들이 할 일이다. 이 부분을 삭제하는 것은 가족으로서 교회 성도가 아닌 거지로서 스쳐 지나가는 무의미한 생활이다. 우리는 그런 교회를 세워가서는 안 된다. 그런 교회 지체들이 되어서도 안 된다. 우리는 교회를 통해서 양육과 돌봄을 받고 동시에 교회가 그렇게 양육하고 돌보는 일에 피차 서로 온전히 합하여야 한다. 이런 차원에서 교회를 통한 보양과 그 일을 위한 직분자들의 기능을 조금 더 생각해 보자. 이쯤 왔으면 독자 여러분은 내가 쇠하는 교회를 섬기고 있는지 흥하는 교회는 세워가는 자인지를 판단은 하셨으리라고 본다. 그래서 직분과 보양이라는 주제를 다루고자 한다.

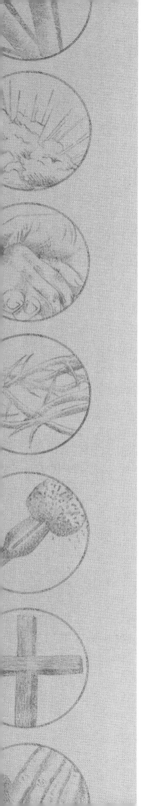

05

교회를 세우는
직분과 보양

"너희는 그리스도의 몸이요 지체의 각 부분이라 하나님이 교회 중에 몇을 세우셨으니 첫째는 사도요 둘째는 선지자요 셋째는 교사요 그다음은 능력이요 그다음은 병 고치는 은사와 서로 돕는 것과 다스리는 것과 각종 방언을 하는 것이라"(고전 12:27-28).

회사의 사주(事主)는 함께 일할 고용인들을 위한 복지를 생각하지 않을 수 없다. 단순히 일자리 창출에 머무는 것이 아니라 직원들이 안심하고 평생직장으로 수고의 땀을 같이 흘리게 하는 동기 부여가 필요하다. 그렇게 이끌 능력은 당연히 설립자가 갖춰야 할 덕목이다. 1960년대 중후반 허허벌판에 포항제철 공장을 짓고 나라 기간 산업 발전을 도맡은 당시 박태준 사장은 은행 차관으로부터 받은 보상을 당시 박정희 대통령에게 주었다고 한다. 그런데 대통령은 그 어마어마한 돈을 축재하지 않고 그대로 돌려주면서 박 사장이 알아서 사용하라고 했다. 그는 직원들이 그곳에서 열심히 일하려면 안정된 가정생활과 자녀 교육 시설이 중요하다고 생각하고 유치원부터 오늘의 포항공대까지 교육 시설을 마련하여 유럽의 어느 나라에 방불한 정경을 형성하게 하였다는 회사 관계자의 설명을 들은 적이 있다. 굴지의 기업으로 성장할 수 있는 발판은 사심 없이 나라 재건을 위해 총력단결한 국가 지도자와 사장과 임직원들 덕분이었음을 알 수 있는 것이다.

이를 교회 '세우미'와 관련하여 적용한다면 교회 역시 설립자 정신과 교인들의 복지와 안녕을 위한 전력투구하는 일군들이 필요한 것이다. 교회의 머리이신 예수 그리스도의 희생적 사랑은 누구도 의심할 여지가 없는 분명한 설립 정신이다. 그를 따르는 성도들 역시 주님을 경외하며 그 이름을 높이고 교회를 온전케 하는 일을 위하여 온 마음을 다 기울여야 한다. 그것이 곧 성도 개개인의 자랑이요 면류관이 될 것이다. 그런 의미에서 설립자이신 예수 그리스도께서 교회를 이끌 지도자를 세우셨다. 이미 앞에서 어떤 직책들이 주어졌는지를 다루었어도 성경 말씀을 통해서 다시 한번 주목하고자 한다. 건강한 교회, 흥하는 교회, 영적 유익이 충분히 보장되는 교회는 제대로 된 일군들을 통해서 달성할 수 있음에 대하여 누구도 이의를 달지 않을 것이다.

성도는 자기 직분으로 교회를 무너뜨릴 수도 있고 세워갈 수도 있다. 앞에서 살펴보았듯이 몸에는 여러 지체가 존재한다. 몸과 지체는 분리될 수 없는 관계이다. 교회는 성도 개개인을 말하는 것이 아니라 성도들의 모임 그 자체를 말한다. 성도 한 사람을 가리켜서 교회라고 말하지 않는다. **"너희 각각은 그 몸의 지체들이다"**라는 말의 실질적 의미는 성도 개개인이 몸에 붙어 있는 지체의 각 부분임을 말한다.

그 지체의 각 부분에 해당하는 내용은 28절 이하에서 발견하게 된다. 사도와 선지자, 교사와 능력, 병 고치는 은사, 서로 돕는 것과 다스리는 것, 각종 방언을 하는 것이다. 여기에 언급한 것은 8가지에 해당하나 통역의 은사와 그 모든 은사보다 더 좋은 사랑의 은사까지 포함하면 10가지이다. 그 외에 교회 안에 있어야 할 세부적인 것들은 다 이 범주 안에 분류될 수 있을 것이다. 여기서 우리가 중요하게 여겨야 할 것을 다시 강조한다. 몸에 붙어 있는 각각의 지체 혹은 은사는 다 하나님께서 세우신 것이라는 사실이다. 다시 말하면 목사나 장로만이 하나님이 기름 부어 세우신 종이 아니라 성도 개개인도 그리스도의 몸에 붙어 있는 지체라면 그 지체의 역할과 기능은 몸에 붙어 있게 하신 하나님께서 주도하신 일이라는 말이다. 하나님께서 주도하셨다는 것은 하나님의 주권적 의지에 따라서 수여해 주신 것을 뜻하며 이는 귀히 여김을 받을 대상이고 동시에 주어진 목적에 충성을 다해야 한다는 것을 시사한다. 왜냐하면 하나님이 하신 일은 목적이 뚜렷하기 때문이다.

그러나 죄성을 지닌 인간이기에 우리는 서로를 경쟁상대로 간주하는 오류를 자주 범한다. 말은 그렇게 안 해도 실제로 시기 질투를 유발하는 말과 행동들이 다반사로 나타난다. 교회들끼리 서로 경쟁하는 현상은 지난 세기들에 이어 21세기에도 세속주의의 강세로 교회에 더 거세게 들이닥친 현실이다. 무너지는 교회를 섬기는 교인들이 늘어가고 있는 현 상황을 보며 주님은 예루살렘을 향하여 흘리신 눈물을 흘리실 것이다. 개교회주의 혹은 '우리 교회주의'라는 우상이 그리스도의 몸을 찢는 무서운 죄악을 저지른다. 각각의 지체는 다른 지체를 나보다 낫게 여겨야 하며 주님이 기뻐하신 뜻을 따라 몸에 두신 것이기에 서로를 귀하게 여겨야 한다. 지상교회에서 교회 목사가 직분자를 임명하더라도 그것은 교회의 머리이신 예수 그리스도의 이름으로 하는 것이기에 예수 그리스도께서 직접 수여해 주시는 것으로 간주해야 한다. 물론 요즘 거짓 교사들은 자신들의 경제적 혹은 물리적 이득에 따라 성경에서 말씀하고 있는 자질에 어긋남에도 불구하고 직분을 남발하여 권위도 충성심도 헌신도 없이 단지 교회에서 세도를 부리는 입신양명의 수단으로 전락시키는 큰 죄를 범하고 있음이 사실이다. 그러한 교회가 무너지는 교회이다. 그런 지체가 교회를 허무는 여우들이다.

성경에서 가르쳐주고 있는 참된 교회는 우리를 불러 그의 몸에 붙어 있는 각각의 지체로 삼아주신 우리 주님을 자랑하며, 그의 이름을 존중히 여기며, 받은 바 사명을 소중하게 여기고, 충성을 다한다. 그 일에 가장 모범을 보인 교회가 마게도니아 교회(고후 8장)와 마게도니아와 아가야 모든 믿는 자의 본이 된 데살로니가 교회(살전 1:7), 빌립보 교회(빌 4:14-16)이다. 바울의 복음 사역을 위해 극심한 가난 가운데서도 힘껏 연보하였고 고난에 함께 참여하는 그런 자들의 섬김이 교회 세움의 본보기이다.

하나님이 왜 교회에 굳이 직분자를 세우시는가? 구속받은 죄인들이 모인 곳이기에 올바른 정치가 필요하기 때문이다. 각각의 지체가 자기 역할에 충실하기 위해서는 또한 돌봄과 격려가 필요하다. 그 작업을 특히 교회 직분자라는 직책으로 나타내는 것이다. 특히 목사와 장로가 그 역할을 감당한다. 각 지체는 각각의 은사라는 말로도 대체될 수 있다. 이는 은사로서 해야 할 역할이 있음을 말하는 것이다. 사도나 선지자나 교사나 능력이나 병 고치는 자나 서로 돕는 것이나 방언이나 통역이나 사랑의 은사나 모든 은사는 그 특성이 있다. 각 은사는 그냥 구색을 갖추기 위하여 세운 것이 아니며, 그리스도의 몸을 온전히 세워 가는 일에 필요하기에 세운 것이다. 각 은사는 몸의 정상적인 활동을 만들어 내기 위해 필요한 목적에 따라 쓰임 받는 것이다. 어떤 은사를 받았든지, 받은 은사의 목적은 사도 바울이 에베소서 4장 12절에서 말씀하고 있는 대로 '그리스도의 몸을 온전히 세워가기' 위함이다. 마치 어린아이가 태어나면 인간으로서 가진 모든 신체 부위가 다 있지만 그 각각이 다 온전히 자라가도록 영양분을 공급받아 자기 역할을 감당해야만 하듯이 성도 개개인도 자신이 부여받은 자질들을 적극 활용하여 그리스도의 몸을 온전케 해야 한다.

여기에 보양(보호하고 양육하는 일)의 원리가 있는 것이다. 이것이 이루어지지 않으면 보이는 지체들 각각이 자기 역할을 감당할 수 없는 것이다. 그런 의미에서 각각의 은사는 기능적인 면에서 상대적으로 그 중요성을 충분히 가늠해 볼 수 있다. 주님께서 주셨다는 차원에서 모든 은사의 지위는 같다. 거기에 어떤 계급적 높낮이가 존재하지 않는다. 이것이 우리가 본문의 교훈 중에서 깊이 새겨야 할 두 번째 교훈이다. 그렇다고 해서 모든 은사가 다 똑같이 비중 있는 것은 아니다. 그것이 '첫째는', '둘째는', '셋째는'이라는 말로 시작된 이유일 수 있다. 다시 말하지만, 각각의 은사는 상하를 구분하는 계급적인 측면에서 이해할 수 없다. 다만 기능적인 측면에서 은사의 중요성이 구별될 뿐이다. 신체의 각 부분은 스스로 영양분을 만들어낼 수 없다. 온몸이 제 기능을 발휘하기 위해서는 반드시 영양분 섭취가 절대적이다. 사람의 육체적 생명을 위해서 떡이 필요하듯 영적 생명을 위해서 하나님의 입에서 나오는 모든 말씀이 절실한 것이다. 그 말씀 선포와 가르침의 사역을 위하여 사도와 선지자와 목사와 교사의 직책을 세워주신 것이다.

그러한 차원에서 말씀을 맡아 수고하는 자들을 배나 더 존중할 것을 권하고 있다(딤전 5:17). 모든 은사가 다 주님께서 주신 것이기 때문에 귀하지 않은 것이 하나도 없지만 다만 역할의 중대성이 더 드러나거나 덜 드러나는 곳에 있을 뿐이다. 그렇다고 은사에 따라 받을 상에 우열이 있는 것이 아니다. 모든 지체는 다 몸을 위하여 존재한다. 덜 주목되는 자리에 있다고 해서 그것이 열등한 것이 아니며, 더 주목받는 자리에 있다고 해서 더 우월한 것이 아니다. 본문 18절을 명심해야 한다. **"그러나 이제 하나님이 그 원하시는 대로 지체를 각각 몸에 두셨으니."** 다시 말하면, 하나님이 기뻐하시는 뜻대로 각각의 지체를 꼭 있어야 할 자리에 있도록 정하셨다. 이것은 남의 자리를 넘보거나 시기하거나 괄시하는 행위들이 다 죄임을 말씀한다.

그런 의미에서 사도 바울은 로마서 12장에서 이렇게 강조하고 있다. **"내게 주신 은혜로 말미암아 너희 중 각 사람에게 말하노니 마땅히 생각할 그 이상의 생각을 품지 말고 오직 하나님께서 각 사람에게 나눠주신 믿음의 분량대로 지혜롭게 생각하라 우리가 한 몸에 많은 지체를 가졌으나 모든 지체가 같은 직분을 가진 것이 아니니 이와같이 우리 많은 사람이 그리스도 안에서 한 몸이 되어 서로 지체가 되었느니라"**(롬 12:3-5). "마땅히 생각할 그 이상의 생각을 품지 말라"고 한 것은 하나님이 그 필요에 따라서 정해 주신 위치에서 자신에게 부여된 사명을 충실하게 감당해야 함을 강조하는 것이다. 남의 떡이 더 맛있다면서 탐욕을 드러내는 일을 피해야 한다. 남과 비교하면서 열등감에 빠져 자학하는 짓을 해서도 안 된다. 각자 받은 바 은혜대로 감사하며 지혜롭게 생각하고 자신의 역할에 충실해야 하는 것이다.

　마지막 5절인 **"그리스도 안에서 한 몸이 되어 서로 지체가 되었다"**는 표현은 고린도전서 12장 28절에서도 그 의미가 내포되어 있다. 즉, 첫째 둘째 셋째라는 헬라어는 부사적 대격 단수(전치사 +명사 구조에서 전치사를 생략하고 명사가 부사를 대신하여 사용된다는 의미)로 사용되었는데 이 속에 종속적 관계가 있음을 담고 있다. 지체와 몸은 결코 분리해서 생각할 수 없음을 강조하는 것이다. 지체가 몸에 종속되어 있다. 온몸을 통해서 각 마디가 서로 연결되어 있고 상합하여 온몸을 함께 세워 가는 것이다. 그런 의미에서 21절 이하의 말씀은 충분히 이해된다. **"눈이 손더러 내가 노를 쓸데없다 하거나 또한 머리가 발더러 내가 너를 쓸데없다 하거나 하지 못하리라 이뿐 아니라**

몸의 더 약하게 보이는 지체가 도리어 요긴하고 우리가 몸의 덜 귀히 여기는 그것들을 더욱 귀한 것들로 입혀주며 우리의 아름답지 못한 지체는 더욱 아름다운 것을 얻고 우리의 아름다운 지체는 요구할 것이 없으니 오직 하나님이 몸을 고르게 하여 부족한 지체에게 존귀를 더하사 몸 가운데서 분쟁이 없고 오직 여러 지체가 서로 같이하여 돌아보게 하셨으니 만일 한 지체가 고통을 받으면 모든 지체도 함께 고통을 받고 한 지체가 영광을 얻으면 모든 지체도 함께 즐거워하나니 너희는 그리스도의 몸이요 지체의 각 부분이라"(21-27절).

그러므로 모든 성도는 교회 안에서 쓸데없는 사람이 아니라 다 쓸모 있는 존재임을 잊지 말아야 한다. 우리를 무용한 존재가 되게 하는 교회는 쇠하는 교회이다. 가장 지혜로우신 하나님께서 그리스도의 몸에 붙어 있는 지체로 우리 모두를 각각의 위치에 정해 주셨다. 이에 자족하는 법을 터득하지 못하면 평생을 신앙 생활해도 행복을 누릴 수 없다. 늘 원망과 시비가 충천하여 분쟁의 소용돌이를 일으키는 장본인이 되는 것이다. 진짜 성도는 주님이 내게 주신 은사를 따라 흥하는 교회를 세워 가는 일군이어야 한다.

특히 말씀 선포와 관련된 지체는 그 무엇보다 중요하다. 이것이 붕괴되면 전부가 다 망한다. 그들은 각각의 성도가 맡은 역할을 수행하도록 필요한 양분을 공급하는 일을 맡은 자들이다. 그러한 의미에서 교회의 머리이신 예수 그리스도께서 교회에 허락하신 은사 중에 최고로 영광스러운 직분으로 목사직을 말하는 것은 지나친 억측은 아니다. 불량식품만 섭취하게 되면 각각의 지체가 튼튼하지 못하여 온몸에 마비 증세가 나타나게 될 것이다. 음식에 불량재료, 혹은 오염 물질이 들어 있는 것처럼 강단에서 선포되고 가르쳐지는 내용에 순수한 하나님의 말씀이 아닌 것이 너무 많이 포함되어 있어서 교회가 기형적인 모양을 나타내고 있다는 생각은 안 해 보았는가? 그런 교회에 속하였다는 것은 무너지는 교회를 섬기고 있다는 증거이다. 신체의 모든 부분이 아무리 번지르르하더라도 입으로 들어가는 음식이 청결하지 못하고 불량식품들이라면 각종 질환에 시달리게 될 것이다. 그런 의미에서 목사는 하나님의 진리의 말씀을 옳게 분별하여 부끄러울 것이 없는 일군으로 인정된 자로 날마다 자신을 주님께 드리기에 힘써야 한다(딤후 2:15). 그릇되게 분별하는 자들이 많기에 옳게 분별하는 자가 되라고 하는 것이다. 물론 이는 목사만이 아니라 성도에게도 요구되는 의무이다. 목사에게 말씀을 전할 은사를 주신 하나님은 성도에게는 분별할 수 있는 지각도 주시기 때문이다.

그리고 각각의 지체를 위해서도 서로 돕는 은사는 절실하다. 은사는 세움을 위한 보조적 역할을 내포하고 있는데 다른 형제자매를 위하여 수고의 땀을 흘리는 것을 의미한다. 물론, 주도적인 역할도 필요하다. 교회 정치가 여기에서 파생하였다. 우리말에 '다스리는 것'으로 번역된 '케베르네시스' 라는 단어는 행정적인 일을 의미하며, 항해하는 배의 키를 운전하는 능력을 가리킨다. 그런 의미에서 교회 안에서 주도적인 역할을 감당하는 위치에 있는 자들을 뜻한다고 말할 수 있다. 통솔하고 조정하고 정리 정돈을 잘하는 사람이 이러한 은사를 받은 자라고 말할 수 있다. 그러나 곁에서 잘 도와주는 이가 없다면 앞에서 아무리 주도적으로 이끈다고 할지라도 몸을 움직이는 것은 불가능하다. 이렇게 교회 안에는 앞에서 이끌고 뒤에서 밀어주며 서로 잘 협력하고 융화될 때 교회의 화평함과 기쁨은 충만할 것이다. 그런 교회가 흥하는 교회요 그런 일군이 흥하는 교회 '세우미'이다.

교회 '세우미'도 인간이라는 범주에 속한 자이기에 다툼과 분열의 양상을 보일 수 있다. 시기, 질투의 화신이 침투해 공동체의 아름다움을 파괴할 수도 있다. 그래서 시험에 들지 않도록 깨어 기도해야 한다. 그리고 누구도 비하하거나 경멸하는 일을 해서는 안 된다. 서로를 귀히 여기며 서로의 수고를 인정함으로 화평을 심게 되고 의의 열매를 거두게 된다. 구속받은 새사람이지만 여전히 죄성을 지닌 사람들이 모인 교회 안에서 잘 조정하고 통솔해 가는 지도력은 꼭 필요하다. 그러한 은사는 사람들에게 잘 눈에 띈다. 조심해야 할 것은 고개를 뻣뻣이 쳐드는 교만이다. 교만한 사울은 결국 하나님께 버림을 당했다. 잘 익은 곡식은 고개를 숙인다는 말이 있듯이 "누구든지 선 줄로 생각하면 넘어질까 조심하라"는 말씀을 기억해야 한다. 하나님은 겸손한 자에게 은혜를 베푸시는 것이다. 교회 '세우미'도 하나님이 주시는 은혜 없이는 삭막할 뿐이며 다툼과 허영으로 일하는 '섬기미'가 되기 쉽다. 교만은 패망의 선봉이다.

여기서 우리는 교회에 필요한 직책에 대해서 조금 더 생각해 보자. 고린도 서신을 쓴 시기는 주후 55년경 바울 사도가 에베소에 머물며 사역할 때였다. 그런데 목회서신에 해당하는 디모데전서를 쓸 때는 그의 인생 말년에 해당하는 주후 62−65년 사이이다. 교회에 필요한 직분자들을 언급한 내용에 장로와 집사직 두 직책만 등장하고 있다. 교회에서 은사에 따라 직책이 주어지는 것이라고 한다면 고린도전서나 로마서에서 언급하고 있는 여러 은사에 합당한 직책(호칭)이 교회 안에 세워져야 하는데 왜 사도 바울은 목회서신에서 장로와 집사직만 언급했을까? 우리는 그 이유를 잘 알지 못한다. 다만 교회의 일군으로 사도 바울을 불러 사용하신 그리스도께서 그에게 주신 명령에 따라 기록한 말씀이기 때문에, 교회 안에 일명 교회 직분 그것도 특별히 안수하여 세움을 입는 직분은 장로와 집사 둘뿐이라고 인정하는 것이 지금까지 교회가 견지해 온 입장이었다. 장로 중에는 잘 가르치는 장로와 잘 다스리는 장로를 구분하여 목사(강도) 장로와 치리 장로로 편의상 나눈다. 그래서 목사와 장로와 집사로 구분하는 것이 교단의 헌법 사항이다.

현대 교회의 일부 이단들이 오늘날에도 존재한다고 주장하는 사도나 선지자 직은 더 이상 존재하지 않는다. 기록된 계시의 말씀이 주어진 이후로 딱히 사도라고 혹은 선지자라고 주장할 법적인 근거 혹은 성경적인 근거가 전혀 없다. 그러나 교사는 가르치는 은사와 가르칠 내용을 풍족하게 가지고 있는 자라야 한다. 혹 조금 부족하더라도 계속해서 가르치게 해야 한다. 좋은 교사는 하루아침에 만들어지는 것이 아니다. 베테랑이라는 단어를 쓸 수 있으려면 세월이 뒷받침되어야 하고 필요한 재정을 깊이 투자해야 한다. 시간과 재정이 뒷받침되면 베테랑들을 만들어 낼 수 있다. 그러나 교회 대부분은 이런 면에서 인내심이 부족하다. 속성으로 키워 일회용처럼 처리하려는 어리석은 행동들이 종종 발생하는 것이다. 망하는 기업처럼 망하는 교회의 전형적인 모습이다.

교회는 꿈나무를 잘 길러야 한다. 하나님이 쓰시는 훌륭한 사람들을 길러내야 한다. 교회에 필요한 목사나 장로, 집사만이 아니다. 사회 각계 각층에서 주도적인 영향력을 발휘할 수 있는 믿음의 사람들을 잘 길러내야 하는 것이다. 일명 교육은 백년대계라고 하였는데 멀리 바라보고 사람들을 키우는 일을 해야 한다. 그것이 목사와 장로에게 요구되는 지도력 중 하나이다. 장로의 자질은 바울 사도가 디모데에게 쓴 서신에서 잘 지적하고 있다. **"그러므로 감독은 책망할 것이 없으며 한 아내의 남편이 되며 절제하며 근신하며 아담하여 나그네를 잘 대접하며 가르치기를 잘하며 술을 즐기지 아니하며 구타하지 아니하며 오직 관용하며 다투지 아니하며 돈을 사랑치 아니하며 자기 집을 잘 다스려 자녀들로 모든 단정함으로 복종케 하는 자라야 하며 사람이 자기 집을 다스릴 줄 알지 못하면 어찌 하나님의 교회를 돌아보리요 새로 입교한 자도 말지니 교만하여져서 마귀를 정죄하는 그 정죄에 빠질까 함이요 또한 외인에게서도 선한 증거를 얻은 자라야 할찌니 비방과 마귀의 올무에 빠질까 염려하라"**(딤후 3:2-7).

그리고 구제와 봉사하는 일에 특별한 은사를 지닌 집사직에 대해서도 계속해서 이렇게 말씀하고 있다. **"이와 같이 집사들도 단정하고 일구이언을 하지 아니하고 술에 인박이지 아니하고 더러운 이를**

탐하지 아니하고 깨끗한 양심에 믿음의 비밀을 가진 자라야 할지니 이에 이 사람들을 먼저 시험하여 보고 그 후에 책망할 것이 없으면 집사의 직분을 하게 할 것이요 여자들도 이와 같이 단정하고 참소하지 말며 절제하며 모든 일에 충성된 자라야 할지니라 집사들은 한 아내의 남편이 되어 자녀와 자기 집을 잘 다스리는 자일지니 집사의 직분을 잘한 자들은 아름다운 지위와 그리스도 예수 안에 있는 믿음에 큰 담력을 얻느니라"(딤후 3:8-13).

성경에서 규정하고 있는 자질을 가지고 충분히 점검하여(시험하여) 직분자로 세우는 것이 가장 옳다. 그게 흥하는 교회를 세워 가는 것이다. 그러나 상황은 '성직 매매'라는 오명에서 벗어나 있는 역사를 찾아보기 힘들 정도로 교회 역사는 많은 아픔을 가지고 있다. 감사헌금이라는 명목이지만 실질적으로는 분담금 때문에 직분 받는 것을 포기해야 하는 일도 일어난다. 분담금을 많이 냈기 때문에 교회에서 겸손히 잘 섬기는 자리에 있어야 할 자들이 세도를 부리며 권력 행사를 한다. 그러한 현상들은 다 성경적이지 않은 방식으로 직분자들을 세우기 때문이다. 오늘날 교회의 문제는 전적으로 목사와 장로들에게 원인이 있다. 교단 헌법에서 제시하고 있는 장로직은 이러하다(대한예수교 장로회 합동측 헌법, 교회정치 제 5장 제 4 조).

- 교회의 신령적 관계를 총찰한다. 치리 장로는 교인의 택함을 받고 교인의 대표자인 목사와 협동하여 행정과 권징을 관리한다.
- 교리 오해나 도덕상 부패를 방지한다. 주께 받은 양무리가 교리 오해나 도덕상 부패에 이르지 않기 위하여 당회로나 개인으로 선히

권면하되 회개하지 아니하는 자가 있을 때에는 당회에 보고한다.

- 교우를 심방하여 위로, 교훈, 간호한다. 교우를 심방하되 특별히 병자와 조상자를 위로하며 무식한 자와 어린아이들을 가르치며 간호할 것이니 평신도보다 장로는 신분상 의무와 직무상 책임이 더욱 중하다.
- 교인의 신앙을 살피고 위하여 기도한다. 장로는 교인과 함께 기도하며 위하여 기도하고 교인 중에 강도의 결과를 찾아본다.
- 특별히 심방할 자를 목사에게 보고한다. 환자와 슬픔을 당한 자와 회개하는 자와 특별히 구조받아야 할 자가 있는 때에는 목사에게 보고한다.

집사의 직무(제 6장 3조)

- 목사, 장로와 협력하여 빈핍 곤궁한 자를 권고하며 환자와 갇힌 자와 과부와 고아와 모든 환난당한 자를 위문하되 당회 감독 아래서 행하며 교회에서 수금한 구제비와 일반 재정을 수납 지출한다.

그렇다면 장로와 집사가 아닌 일반 성도들은 어떻게 해야 하는가? 앞에서 지적했던 것과 같이 고린도전서나 로마서의 내용에 언급된 몸에 붙어 있는 여러 지체는 은사에 따라서 그리스도의 몸을 세워 가는 일에 적극 협력하고 순종해야 한다. 로마서 12장에서 이렇게 교훈한다. **"우리에게 주신 은혜대로 받은 은사가 각각 다르니 혹 예언이면 믿음의 분수대로 혹 섬기는 일이면 섬기는 일로, 혹 가르치는 면 가르치는 일로, 혹 권위하는 자면 권위하는 일로, 구제하**

는 자는 성실함으로, 다스리는 자는 부지런함으로, 긍휼을 베푸는 자는 즐거움으로 할 것이니라 사랑엔 거짓이 없나니 악을 미워하고 선에 속하라 형제를 사랑하여 서로 우애하고 존경하기를 서로 먼저 하며 부지런하여 게으르지 말고 열심을 품고 주를 섬기라 소망 중에 즐거워하며 환난 중에 참으로 기도에 항상 힘쓰며 성도들의 쓸 것을 공급하며 손 대접하기를 힘쓰라"(롬 12:6-13). 여기에 일반 성도들이 어떻게 할 것인지를 소상히 설명하고 있다. 다만 교회에서 성도들의 선거를 통해서 직분자를 세우는 것은 장로와 집사직에 해당하고 그 범주에 들지 아니하는 성도들은 호칭이 따로 없이 장로와 집사의 지도를 받아서 각 분야에서 받은 은사들을 잘 활용하여 그리스도의 몸을 온전히 세워 가는 일에 자발적으로 참여하고 헌신해야 함을 읽을 수 있다. 그런 수고와 섬김을 통해서 장로와 집사로 세움을 입게 될 자들이 나타나는 것이다. 교회는 그런 자들을 특별히 안수하여 임직자로 세우는 것이다.

교회에서 가장 얼굴이 잘 드러나는 자리는 장로직을 제외하면 찬양대일 것이다. 교회마다 찬양대로도 부족하여 일명 찬양사역자들을 두기도 하고 찬양팀을 조직하여 대대적으로 활동하게 한다. 나는 이 부분을 성경적으로 깊이 생각해야 한다고 본다. 우리가 가지고 있는 신약성경 어디에도 구약에서처럼 레위 족속이 따로 있어서 성막에서 혹은 성전에서 수종드는 찬양대가 존재함을 발견할 수 없다. 하나님이 교회에 몇을 세우셨다고 한 말씀에서도 찬양과 관련된 지체를 언급한 내용이 하나도 없다. 다시 말하면 찬양을 은사로 간주하여 그리스도의 몸을 세워가도록 제정한 사례가 한 곳도 없다는 말이다. 그래서 종교개혁 이후로 개혁교회들은 교회 안에 찬양대가 따로 조직되거나 일명 찬양사역자를 두지 않았다. 그러나 한국 교회는 작은 교회라 할지라도 대게는 찬양대 혹은 찬양팀이 존재한다. 과연 우리는 이 부분을 어떻게 이해할 것인가?

결론적으로 찬양은 은사가 아니기 때문에 사역이라고 말할 수 없다. 찬양은 주 예수 그리스도를 믿어서 구원받은 성도들의 입에서 자연스럽게 터져 나오는 신앙고백이다. 성 삼위 하나님께서 죄인들을 위하여 하신 놀라운 일들을 노래하며 그의 성호를 높여드리는 것이다. 이 일은 성도 중 어느 특정인의 전매특허로 여길 것이 아니라 모든 성도가 다 해야 할 마땅한 일이다. 그 일을 효과적으로 잘 감당하기 위하여 특별히 음악적 소질이 있는 자들을 세워서 앞에서 찬양을 이끌도록 허용할 뿐이다. 그런 자에게 교회는 사명을 주어서 교인들이 올바르게 찬송을 부르도록 돕는 일을 하는 것이다. 과거에는 목사가 그 일을 맡아서 했다. 왜냐하면 찬양은 예배의 중요한 요소이기 때문에 예배 인도자인 목사가 한 것이다. 그러나 소위 전문화 혹은 분업화가 일어나면서 음악을 전문으로 한 사람들에게 그 일을 맡기다 보니 영적인 수준이 현격히 떨어져 버리고 말았다. 요즘은 교회 음악을 전문으로 공부하는 기관들이 많이 생겨서 찬양을 목적으로 일하는 전문인들이 많이 배출되고 있지만 그들을 교회가 고용하여 세워야 할지는 성경에 해답이 없다.

개혁교회는 전 교인의 찬양대화(讚揚隊化)가 바람직하다고 본다. 음악적 재질을 가진 자가 찬송을 바르게 부르는 법을 가르쳐서 공교히 노래하며 하나님을 찬양하도록 돕는 일은 필요하다. 그런 의미에서 서로 돕는 은사의 한 부분으로 간주할 수도 있다. 다시 말하면 찬양 그 자체는 은사가 아니지만 잘 노래하도록 가르치는 일은 필요한 은사라고 볼 수 있을 것이다. 그렇다고 그런 자를 사역자라고 말할 수는 없다. 마치 악기를 잘 다루는 전문인이 성도들에게 악기 교습을 한다고 해서 그를 악기 사역자로 임명할 수 없는 이치와 같다. 하나님이 제정해 주신 교회의 사역자는 그리스도의 몸을 세워 가는 일에 꼭 필요한 은사를 받은 자들 가운데서 장로와 집사로 세움을 받는 자뿐이다. 그 외의 직임은 인간들이 고안해 낸 것들에 불과하며 필요시에 임시적으로 사용할 수 있으나 항존직처럼 항시 존속하게 할 수는 없다. 맡은 자에게 요구되는 것은 오직 충성뿐이니 죽도록 충성하라! 그대는 쇠하는 교회 '섬기미'인가? 흥하는 교회 '세우미'인가?

오늘날 교회가 직면하고 있는 심각한 문제 중 하나는 사람들이 겸손히 섬기기보다는 대접을 받는 자리를 탐한다는 것이다. 이것이 쇠하는 교회의 일면이다. 각각의 지체가 서로 왕노릇 하려고 한다. 그리스도의 장성한 분량까지 자라라고 한 성경 말씀을 잘못 이해하여 손도 머리, 발도 머리, 눈과 코와 귀도 다 머리가 되어 스스로 교회에서 영향력 있는 존재로 드러내고자 한다. 그런 자들 때문에 교회는 그리스도가 설 자리가 없고, 인간의 소리만 난무한 교회가 되어 가고 있다. 서로들 주인이 된다고 하면 우리말처럼 '사공이 많아 결국 배가 산으로' 가게 되어 엄청난 고통이 뒤따를 것이다. 그런 자는 무너지는 교회 '섬기미'가 되는 것이다.

그리스도가 왕이시다. 그는 왕으로서 법을 제정하시고 사람을 임명하시고 통치하시는 분이시다. 그것이 교회의 머리라는 의미이다. 왕은 법을 제정할 뿐 아니라 거역하는 자들을 징계하고 일군들을 세우기도 하며 폐하기도 하신다. 여기에 누가 이의를 제기할 자가 없다. 오직 순종만 요구된다. 억지로 마지못해서 하는 순종은 하나도 없다. 그에게 붙어 있는 지체들의 모든 고백은 다 '찬송과 존귀와 영광이 어린양께 있도다'라고 외치는 것뿐이다.

그러나 세상에 있는 보이는 교회, 유형 교회에서 스스로를 교회의 머리로 간주하는 자들이 있다. 거기엔 로마 가톨릭교회의 교황이 포함된다. 또한 영국의 성공회와 같이 국왕이 교회의 머리로 앉아 있기도 하다. 국왕이 교회의 머리가 되어서 교회의 문제를 결정하면 그것이 곧 국법이 되어 준행하게 되는 일들이 벌어지는 것이다. 이것은 국가 만능주의 정치 제도를 의미하여 교회 성도들의 잘못을 교회가 자체적으로 권징하도록 맡겨두지 않고 국가가 국법으로 처벌하게 되는 것이다. 앞에서 지적했듯이 코비드 19 때처럼 국가가 교회의 행정이나 통치에 직접 간여하게 되는 사례들을 낳는다.

그러나 그들의 주장과 행태가 잘못임을 명확하게 밝힌 것이 종교개혁자들이었다. 천상 교회에서만이 아니라 지상에 있는 보이는 교회의 수장 역시 그리스도이다. 불가시적 교회의 여러 가지 본질이나 영광의 특성들이 눈에 보이는 형식으로 나타나진다면 보이지 아니하는 교회의 머리이신 그리스도께서도 보이는 교회의 머리로서 나타나야만 하는 것이다. 이것이 개혁주의 신학의 한 중요한 요점이다. 이것은 스코틀랜드의 장로교도들이 목숨 걸고 싸웠던 이유 중 하나였다. 그들은 그리스도의 머리이심을 굳건히 지키고자 했다. 그리스도만이 보이는 교회의 수장이지 왕이나 국가 혹은 교황이 통치자가 아니다. 그런데 문제는 사람들이, 아니 기독교인들이 그리스도의 주되심을 실제 생활에서 부정하는 것이다. 실제 교회 생활 가운데서 예수께서 교회의 머리 되심이 나타나지 아니하고 사람들의 생각과 의지가 더 앞서기 때문에 그리스도의 말씀은 항상 뒷전으로 밀려난다. 이것이 사회생활에서도 그대로 반영되어 그리스도의 진리가 통하는 사회 건설을 결코 꿈꾸지 아니하고 세상의 흐름과 유행에 민감하게 움직이는 일에 동조한다.

교회의 머리가 그리스도인가? 당회가 그리스도의 다스림을 받고 있는가? 아니면 그리스도께서 당회의 지배를 받는가? 우리의 예배가 그리스도의 다스림을 받고 있는가? 아니면 우리의 예배는 기분 내키는 대로 성경을 읽고 기도하고 찬송하고 예배하는 사람 중심의 예배인가? 우리는 내 기분이 어떠하든, 내 생각이 어떠하든 철저하게 그리스도의 다스림에 복종하고자 기꺼이 머리를 조아리며 하나님이 정하신 규례대로 예배하는가? 그리스도께서 교회를 어떻게 다스리고 계신가? 그가 두세 사람이 주의 이름으로 모인 곳에 함께하신다는 것은 하늘 보좌 우편의 자리를 비우시고 오신다는 의미가 아니다. 그는 무한한 권능으로 통치하시는데 특별히 그가 승천하시면서 교회에 남겨주신 선물 즉 말씀의 종들을 통해서 다스리는 것이다.

그들을 세울 때 교회는 투표하기도 하고 때론 임명도 하지만 그 자체가 절대적인 것은 아니다. 하나님이 세우시면 투표하지 않고도 얼마든지 교회의 일군이 될 수 있다. 다만 우리가 투표라는 방식을 사용할지라도 그것이 주님께서 사용하신다는 증거가 있어야 한다. 모세나 사도 바울이 투표로 교회 일군이 된 것이 아니고 그들 위에 임하신 성령의 역사로 말미암아 교회의 일군인 것을 하나님이 증명하셨듯이 오늘날에도 교회가 인정했지만, 하나님이 인정하시지 않을 경우도 있을 수 있기에 늘 교회는 영적 분별력을 가지고 있어야 한다. 말씀의 역사하심이 나타나야 하고 그 말씀에 적극적으로 순종하며 교회의 머리이신 그리스도의 이름이 존귀하게 되도록 겸손히 엎드려야 한다. 일군이라고 하면서 그리스도는 가려지고 자신의 목소리만 크게 내세우는 것은 누구라도 목사라고 말할 수 없고 장로라고 말할 수 없다.

교회 구성원은 모두 화목케 하는 직책을 가지고 있다. 먼저는 그리스도와 화목하게 된 자이기에 그 은혜를 힘입어 사람들과의 화목을 추구하는 자여야 한다. 하나님과의 화목이 그리스도께서 십자가 상에서 흘리신 피로 말미암은 것처럼 사람들과의 화목도 자기희생으로 이루어진다. 이것은 교회의 일군들이 누구든지 자기희생을 통해서 교회의 화평을 세우고 더 나아가 살아계신 하나님과 화목하게 하는 열매들을 맺게 한다. 이처럼 자기희생이 없는 섬김은 그리스도의 통치를 받는 것이라고 말하기 어렵다. 그리스도의 다스림의 가장 큰 바탕은 자기희생이다. 그것이 참사랑이다.

교회는 희생하려는 자들보다 무언가를 얻으려는 자들이 많을 때 믿음의 공동체가 아닌 하나의 종교적 이익집단으로 전락한다. 그리스도를 머리로 하는 신앙공동체의 아름다움은 찾아보기가 어렵다. 그러나 그리스도의 십자가 사랑이 뭔지를 아는 자들은 자기희생의 본을 보인다. 아마도 이런 모습은 예수님께서 오른편 양들과 왼편 염소들을 구분하시고 심판하시는 과정에서 찾아질 수 있을 것이다. 예수님이 세상에 계실 때 사방에 다니시면서 도움이 필요로 하는 자들을 도와주셨다. 병든 자들을 고쳐주고 갇힌 자들을 해방시키시며 심지어 죽은 자들까지도 고쳐주셨다. 굶주린 자들에게는 떡을 주셨다. 그러나 지금 하늘에 계신 예수님께서 모든 권능을 가지시고 날마다 땅에 있는 우리들을 접촉하실 때 어떤 방식으로 하시겠는가? 인간들이 인식할 방안이 무엇이겠는가? 그것은 인간이라는 매체를 통해서 나타나는 것이다. 곧 그리스도를 대신하여 그리스도의 일을 하는 그리스도의 종들이 필요한 것이다. 그리스도가 교회의 머리임을 굳게 믿는 자, 그의 다스림 속에 있다고 확신하는 종들은 그의 통치에 필요한 모든 일들을 생각하지 않을 수 없고 그중에 자신들이 할 수 있는 일들을 기꺼이 감당하고자 나서는 것이다. 즉, 예수께서 손을 내미셔야 할 자리에 가서 손을 내밀고 예수께서 가시고자 하는 곳에 기꺼이 가는 것이다. 그 내용을 마태복음 25장에서 보는 것이다.

주린 자들에게 먹을 것을 주고 목마른 자들에게 마실 물을 주고 병든 자들을 찾아가 주고 나그네 되었을 때에 대접해 주는 자기희생적 사랑의 실천이 곧 그리스도께서 우리의 지도자요 통치자요 지배자임을 인정하는 행위이다. 그런 자들이 복 받을 자들로 창세 전에 마련된 나라를 상속받는 자들이다. 물론 그들은 그 사실들을 전혀 알지 못했다. 그래서 '우리가 언제 그렇게 했습니까?'라고 반문하였다. 그때 주님은 이 세상에서 형제 중 지극히 작은 소자 하나에게, 즉 신앙공동체 안에서 가장 이름이 없고 보잘것없는 존재로 취급받는 자들에게 다가가서 손을 내미는 그 자체가 곧 주님에게 한 것임을 말씀하셨다. 거꾸로 왼편 염소들에게는 저주받은 자들이라고 말씀하시면서 형제 중 지극히 작은 소자 하나에게 하지 않은 것이 곧 그리스도에게 하지 않은 것이라고 충격적인 선언을 하셨다. 그들의 최후는 마귀와 그의 졸개들을 위하여 마련된 영영한 불못에 빠지는 것이었다. 참으로 당혹스러운 것은 양과 염소는 외관상 그리 잘 구별이 안 되는 동물들이라는 점이다. 양과 비슷한 모양을 지녔다. 그러나 실상은 염소였다. 그들은 자신들에게 유리한 사람들을 찾아 대접하였고 돌아보았다. 그들의 선행을 과시할 수 있는 것들에 사랑을 쏟는다고 노력했다. 그러나 정작 주님이 원하시는 것과는 거리가 멀었다. 자기희생이 전혀 수반되지 않았다. 희생은 자기 자신의 유익을 위해서가 아니라 도움이 필요로 하는 자들을 위해서 실천하는 덕목이다. 주님께서 철저히 자기를 비어 종의 형제를 가지고 오셔서 십자가에 죽기까지 순종하신 것은 죄와 허물로 죽은 인생들을 구원하시고자 한 것이었다.

그리스도의 구원은 가치 있는 존재들을 위한 것이 아니었다. 무가치하고 허약하여 스스로 생명을 부지할 수 없는 존재들을 위한 것이었다. 더구나 그리스도는 하나님과 원수 된 자들을 위하여 기꺼이 자신의 목숨을 내던지셨다. 그리스도께서는 자기 희생을 실행하는 자들을 통해서 자신이 지금 온 우주적 통치자임을 나타내신다. 한마디로 이 세상에 사는 성도들은 그리스도의 그릇 노릇을 해야 하는 것이다. 김홍전 박사는 이렇게 설명하였다. "주님께서 손을 내미실 만한 곳에 가서 손을 내밀어야 한다. 그가 가시는 곳에 가야 한다. 만일 그가 육신으로 계셨더라면 하실 듯한 것을 대신 할 수 있는 위치에 내가 서 있어야 하는 것이다. 그런 일을 나 혼자서 다 하는 것이 아니다. 각각 자기가 받은 은사대로 부분 부분을 맡아서 하는 것이다. 이것이 그리스도의 지체라는 의미이다"(교회에 대하여, I권 성약출판사, 188). 이것이 잘 구현되고 있는 교회가 흥하는 교회요 참 성도는 그 교회를 온전히 세워 가는 일군이어야 한다.

이 시대에 기독교가 수많은 적대 세력의 공격을 받는 가장 큰 이유는 성도 한 사람 한 사람이 그리스도의 일군으로서의 면모를 드러내지 못하고 있기 때문이다. 우리는 그리스도의 다스림보다 세상의 유행과 풍습에 너무나도 젖어 살고 있다. 그리스도 안에 사는 새로운 피조물이라고 말로만 외칠 것이 아니라 그에 수반되는 삶을 살아야 한다. 그것은 머리이신 그리스도의 다스림을 몸소 삶을 통해서 보이는 것이다. 주님이 자기 피로 우리를 깨끗하게 하여 하나님 보좌 앞에서 거룩하고 흠 없고 책망할 것이 없는 자로 설 수 있게 해 주신 것처럼 우리의 희생적 사랑 실천을 통해서 한 영혼이라도 그리스도의 다스림 속에 들어오는 새 역사들을 이루어 가야 한다. 세상 사람들이 우리를 보고 그리스도의 제자임을 알게 해야 한다. 교인들끼리 서로 치고받고 싸우는 짓은 짐승만도 못한 짓이다. 그리스도 안에 있는 형제들을 향해 쌍욕을 하고 개 패듯이 언어폭력을 일삼는 것은 그리스도의 영의 지배를 받는 자들이 아니다. 날마다 살인죄를 짓고 있으면서도 자신들의 의를 가장하는 가장 파렴치한 자들이다. 그리스도의 이름으로 상대방을 조롱하고 비방하고 헐뜯으면서 그리스도로부터 어떤 복을 받기를 기대할 수 있겠는가? 악한 영의 지배를 받지 아니하고 오직 화목하게 하는 직책을 수행하도록 인도하시는 성령의 인도하심을 받아 성령의 열매들을 풍성하게 맺어야 한다. 좋은 나무는 그 열매를 보고 아는 것이다. 그리스도의 수장권을 인정하고 실천하는 자들이 모인 곳이 참 교회요 흥하는 교회이다. 참 성도는 하나님 복락의 저수지가 아니라 통로임을 잊지 말아야 한다. 하나님은 우리가 흘려 보낼 수 있도록 모든 은혜를 넘치도록 주시는 것이다.

그런데 입술에 속임과 독사의 독이 가득하면서 하나님의 자녀라고 말하는 것만큼 큰 사기가 어디에 있겠는가? 한 입으로 찬송과 저주가 발산되는 것이 가당한 일인가? 야고보 사도는 이것이 그리스도인들에게 마땅치 않은 것이라고 하였다. 왜냐하면 샘이 한 구멍으로 단물과 쓴 물을 동시에 내지 못하기 때문이다(약 3:10-11). 우리가 누군가를 미워해도 마음에 평안이 없는데 하물며 욕하고 다투고 비방하는 일은 아무리 옳다고 떠들어도 성령의 인도를 받는 일이 아니다. 이는 그리스도의 머리이심을 부정하고 자신이 스스로 왕이라고 떠드는 것과 다르지 않다. 판단은 머리이신 주님이 할 일이지 지체들이 할 수 있는 것이 아니다.

몸의 각 지체는 그리스도의 몸을 세워 가는 것이지 지체 자체의
왕국을 세우는 것이 아니다. 모든 지체는 다 몸을 위하여 존재한다.
'만물을 그의 발 아래에 복종하게 하시고 그를 만물 위에 교회의 머
리로 삼으신 것이다'(엡 1:22). 다시 말하면 그리스도는 만물 위에 서
있는 으뜸이요 또한 교회의 머리이시다. 교회의 머리라는 말은 교회
의 통치자라는 말이다. 교회는 국민의, 국민에 의한, 국민을 위한 민
주정치가 형성되는 곳이 아니다. 교회는 신정정치를 따르고 있다.
그리스도에게 복종하는 것 외에 다른 무엇을 요구하지 않는다. 사람
들은 그것은 절대왕정 정치와 뭐가 다르냐고 말할 수 있다. 그러나
그리스도의 다스림은 죄악으로 가득한 인간들에 의한 왕정 정치가
아니라 지극히 선하고 의로우시며, 어떤 흠도 모자람도 없으시며,
완전하고 악이 전혀 없고 지극히 선하신 하나님의 다스림이다. 그렇
다고 해서 우리를 로봇처럼 만들어 굴종만을 강요하는 억압적인 통
치가 아니라 우리가 깊은 사랑으로 순종하며 자발적으로 온몸을 다
드리는 순종을 자아내게 하는 다스림이다. 그리스도는 우리를 사랑
하되 자신의 목숨을 우리를 위해 내어주시고 죽은 자 가운데서 다시
살아나심으로 우리를 속박하고 있는 모든 죄와 사망의 권세에서 해
방해 주신 분이시다. 이 주님을 나의 구주요 나의 왕이요 나의 하나
님으로 고백하는 자들의 모임이 교회인 것이다. 그러므로 교회는 그
의 다스림에 들어가는 것이 인간으로서 누리는 최고의 영예요 특권
임을 인정하고 그의 통치를 받아야 한다.

다시 말하지만, 우리는 명을 받드는 자이지 명령 반포자가 아니

다. 그리스도가 만물의 으뜸이다. 그는 우리의 대장이시다. 그가 명령하시고 우리는 순종한다. 그를 왕으로 모시고 사는 성도들은 언제나 그리스도 중심으로 움직여야 한다. 우리는 그의 몸을 온전히 세워 가는 일에 충성할 뿐이다. 각각 자기가 맡은 일을 할 뿐 아니라 강한 자는 연약한 자의 약점을 감당해야 한다. 그때 원칙은 언제나 사랑 가운데서 수고하는 것이다. 자기희생적 사랑이 바탕이 될 때 지체 간의 화평이 성립된다. 서로 하나 되게 하신 것을 힘써 지키는 일은 그리스도의 사랑이 동력이 될 때 가능하다. 사랑이 없으면 아무리 천사의 말을 할지라도 그리고 산을 옮길 만한 믿음이 있을지라도 소리 나는 구리와 울리는 꽹과리요 아무것도 아니다. 주님이 손 내미실 만한 곳에 내 손을 내밀고 주님이 가실 만한 곳에 내가 가고 주님이 하실 만한 일을 나는 감당함으로써 내가 그리스도를 대장으로 모시고 있는 그리스도인임을 입증하며 흥하는 교회 '세움이'가 된다.

교회에서의 그리스도의 수장권(머리되심)은 상징적인 표상에 불과한 것인가 아니면 실제적인가? 이에 대한 정확한 답은 예수를 따른다는 말에서 찾을 수 있을 것이다. 이것은 세상에서 어느 특정 정치인을 따른다는 것과는 전혀 다른 이야기이다. 예수님이 제자들을 부르시고 나를 따르라고 하신 것의 실제적 의미는 예수님이 가시는 곳에 함께 가고, 예수님이 머무시는 곳에 함께 머물고, 예수님이 드시는 것을 함께 먹고, 예수님이 주무시는 곳에서 함께 자며, 언제나 어디서나 예수님과 함께하는 삶이었다. 이것이 우리에게 가능한가? 이론적으로는 가능하다. 그리스도의 신부는 신랑이신 그리스도와 함께 사는 존재이다. 그리스도가 함께하지 않는 신부는 교회가 아니다. 그러나 교회의 머리이심과 관련하여 그리스도를 따른다는 것은 이론적인 문제가 아니라 극히 실천적인 현실이다. 현실에서 남편이 가는 곳에 아내가 항상 함께하는 것은 불가능하다. 반대의 경우도 마찬가지이다. 우리는 다 물리적 제한을 받는 존재이기 때문이다. 그러나 예수님은 영적 존재이시다. 시공간의 제한을 받지 않으신다. 따라서 예수님과 함께한다는 것은 하루 24시간 일 년 365일이 가능한 일이다. 다만 우리가 이것을 인정하지 않거나 애써 부인하는 것이 주님을 우리 곁에 있지 못하게 막을 뿐이다. 그렇다고 주님에게 우리를 강제할 권한이 없다는 것이 아니다. 주님은 능히 그렇게 하실 수 있으시지만, 우리의 자유의지를 존중하신다. 자발적 순종과 헌신만이 그리스도와 교회와의 관계가 순탄할 유일한 방편이다.

따라서 예수님을 따른다는 것은 누가복음 14:26 이하의 말씀에 비춰볼 때 '미워하라', '십자가를 지라', '버리라'는 세 가지 범주를 생각할 수 있다: **"허다한 무리가 함께 갈쌔 예수께서 돌이키사 이르시되 무릇 내게 오는 자가 자기 부모와 처자와 형제와 자매와 및 자기 목숨까지 미워하지 아니하면 능히 나의 제자가 되지 못하고 누구든지 자기 십자가를 지고 나를 좇지 않는 자도 능히 나의 제자가 되지 못하리라, 이와 같이 너희 중에 누구든지 자기의 모든 소유를 버리지 아니하면 능히 내 제자가 되지 못하리라."** 나는 이것이 흥하는 교회 '세우미'가 늘 깊이 명심해야 할 사항이라고 본다. 교회 '세우미'의 최고 욕망은 주님의 나라를 흥왕케 하는 것이요 주님의 교회를 온전히 세우는 일이다. 오늘날에도 바리새인들과 서기관들은 여전히 존재한다. 하나님의 율법을 꼬장꼬장 지키며 자신들의 의로움과 깨끗함을 내세우는 자들, 율법에 익숙하고 정통한 학자들, 그러면서 머리이신 그리스도가 누려야 할 모든 영광을 가로채며 예수님의 자리에 앉아서 섬기는 것보다 섬김을 받는 것에 더 익숙해진 종교 지도자들은 시대를 불문하고 존재하는 것이다. 그런 자들이 수두룩한 교회에 다니면 쇠하는 교회 '섬기미'가 될 수밖에 없다.

그렇다면 뭘 미워해야 할까? 미워하지 말고 사랑하라는 것이 주님의 교훈인데 주님을 따르려면 먼저 미워해야 한다고 하시니 이것처럼 모순된 말이 더 있을까? 더욱이 형제를 미워하는 것은 살인죄를 짓는 것이라고(요일 3:15) 하지 않았는가? 그것도 원수가 아니라 내 부모와 형제와 처자와 자매까지, 심지어 자기 자신까지도 미워하지 아니하면 능히 주님의 제자가 되지 못한다고 하니 도대체 주님을 따르는 것은 부모 형제 사이를 원수로 만들고 이웃들에게 돌팔매질 당하게 만드는 일이란 말인가? 사실 혈육 사이에 정말 원수가 되라는 말이라고 한다면 여기서는 이렇게, 저기서는 저렇게 말하는 예수님을 신뢰하기는 불가능할 것이다. 더욱이 하나님은 사랑의 하나님이신데 어떻게 미워하라고 하실 수 있겠는가?

성도는 누구보다 부모 공경을 잘해야 한다. 아내와 자녀들을 사랑해야 한다. 형제들을 사랑해야 한다. 그것이 사람으로서 사는 도리이다. 그렇다면 지금 주님이 말씀하신 것은 무엇을 의미하는가? 본문의 가르침을 다루고 있는 마태복음 10:37-38절을 보면 납득하게 될 것이다. **"아비나 어미를 나보다 더 사랑하는 자는 내게 합당치 아니하고 아들이나 딸을 나보다 더 사랑하는 자도 내게 합당치 아니하고 또 자기 십자가를 지고 나를 좇지 않는 자도 내게 합당치 아니하니라."** 이 말씀과 비교하여 살펴보면 절대적 의미로서 미워하라는 말이 아니라 상대적인 의미로 사용하고 있음을 알 수 있다. 다시 말하면 예수님을 사랑하고 섬기는 것이 가족들을 사랑하고 섬기는 것보다 더 나은 것이어야 한다는 말이다. 가족들을 진짜로 미워하라는 말이 아니라 주님보다 덜 사랑하라(μισεί, loving less)는 의미이다.

우리가 주님의 교회를 세운다는 것은 내가 주님을 이 세상 무엇과도 바꿀 수 없는 가장 소중한 분으로 모시는 일에서 출발하는 것이다. 몸에 붙어 있는 지체는 무슨 명령이든지 순종하는 것이다. 마치 어린아이가 부모에게 절대적으로 의존하여 있듯이 주님을 떠나서는 아무것도 할 수 없음을 뼈저리게 인식하지 않으면 진정으로 주님을 따르는 일은 불가능한 것이다. 그런 의미에서 우리는 우리의 가장 사랑하는 식구들보다 주님을 더 우선순위에 두어야 한다. 이것이 되지 않으면 능히 주님의 제자가 될 수 없다. 식구들을 변명거리로 만들지 말라. 한번은 주님을 따르겠다는 자 중에 먼저 가서 부친에게 작별 인사하고 그 후에 따르겠다고 하는 자가 있었다. 그러자 예수님은 손에 쟁기를 잡고 뒤를 돌아보는 자는 내게 합당치 아니하다고 하셨다. 이 말씀 역시 같은 맥락에서 이해해야 한다. 주님을 따르겠다고 하면서 자주 식구들 걱정, 돈 걱정, 집안 걱정에 휩싸이면 주님의 왕 되심을 인정하지 않는 것과 같은 것이다. 우리의 왕이신 주님은 우리가 전적으로 주님을 위하여 헌신할 때 우리의 가족들도 책임지고 지키시고 인도해 주실 것이다. 그렇다고 부모에게 해야 할 도리, 식구들에게 해야 할 도리를 내팽개치고 오로지 주님만 보고 미친 듯이 나아가라는 것이 아니다. 우리가 교회를 세운다고 할 때 그럴 각오로 임해야 한다는 것이다. 우리가 주님을 따른다고 할 때 그렇게 다른 무엇을 더 사랑하는 일은 절대로 하지 않겠다고 각오해야 함을 말하는 것이다. 그것이 우리를 온전히 주님께 바치는 일이다.

그러나 우리가 정말 미워해야 할 것은 가족이 아니다. 우리가 미워하고 죽여야 할 대상은 죄이다. 죄는 주님을 따르는 일에 가장 큰 걸림돌이다. 주님이 이 세상에 오신 것은 우리의 죄를 제거하고 주님을 따르기에 합당한 자가 되도록 거룩한 백성으로 삼으시고자 함이다. 예수님을 믿는 자들은 죄에서 구원함을 받아 거룩하고 흠 없고 책망할 것이 없는 자로 하나님 앞에 세움을 받은 자들이다. 그래도 일생을 살면서 주의해야 할 것은 죄 문제이다. 죄 죽이기에 힘을 다해야 한다. 주님의 거룩한 공동체를 깨는 가장 무서운 것이 죄이기 때문이다. 죄는 교묘하고 끈질기게 다가오기 때문에 우리가 주님께 철저하게 붙어 있지 않으면 사단이 틈을 타서 죄가 자유롭게 활동할 무대를 마련한다. 우리는 그러한 일들을 지난 세월 동안 숱하게 경험해 보았을 것이다. 그러므로 교회는 순결함을 잃지 않도록 늘 깨어 기도해야 한다. 그리스도인이 기도의 사람이어야 하는 이유도 여기에 있다. 하나님의 뜻이 이루어지기 위해서 기도하며 동시에 우리 가운데 죄가 틈타지 아니하도록 기도해야 한다. 기도의 능력은 두 번째 요구사항에 더 효과적이다.

그것은 십자가를 지는 것이다. 마태복음에서는 누구든지 나를 좇으려면 자기를 부인하고 자기 십자가를 지고 나를 좇으라고 하셨다. 자기 부인만큼 힘든 일도 없다. 사실 죄와의 싸움은 결국 자신과의 싸움이다. 자신의 욕구를 제어하고 육체적 욕구를 부인하는 일이야말로 그리스도를 따르는 자들에게 절실히 요구된다. 자기를 부인하는 일은 자신을 앞세우지 않는 일이다. 그러나 우리 대부분은 누구든지 자신을 내세우고 싶어 한다. 사람들이 저마다 앞자리를 차지하려고 하는 것도 다 그것이다. 경쟁사회에서 사람들은 자신의 공적을 더 드러내고 싶어 한다. 자기를 전혀 드러내지 않는 천사들이 간혹 등장해서 얼어붙은 마음을 녹이는 소식을 접하기는 하지만 자기과시와 뽐냄에서 자유로운 사람이 그리 많지 않다.

요즘 교회들이 왜 그렇게 사람들 내세우기 급급한가? 이것은 무너지는 교회의 대표적 증상이며, 다 자기를 부인하는 일이 안 되어서 발생하는 현상이다. 안타까운 것은 교회가 그런 일을 조장하고 있다는 점이다. 여호와께서 성전에 계시니 온천하가 그 앞에서 잠잠해야 하는데 사람들의 소리가 너무 크다. 쇠하는 교회일 뿐이다. 헌금하는 것도 순수하게 주님께 겸허히 드리는 것이 아니라, 온 교회에 광고효과를 기대하고 헌금하는 자들이 많아지고 있다. 교회 봉사도 자신의 공적과 정성을 드러내고자 하는 자들이 늘고 있다. 그런 현상은 다 주님의 제자도를 따르는 것이라고 볼 수 없다. 단지 교회당에 앉아서 가르침을 받고 차려놓은 밥상에 앉아 먹는 것이 그리스도인의 전부가 아니다. 단순히 예배 의식에 동참하고 간혹 성경책을 펼쳐서 읽어보거나 간혹 기도회에 참석하여서 종교적 행위에 동참하는 것이 그리스도인의 모습 전부라고 한다면 그것은 그리스도를 온전히 따르는 자가 아니다. 그런 일은 거듭나지 않은 자도 할 수 있는 일이다.

만일 우리의 정체성을 교회 행사에 참여하는 것으로 규정한다면 온 세상 사람들이 다 그리스도인이라는 칭호를 받을 수 있다. 왜냐하면 단지 예배당에 가고 헌금을 하고 교회 행사에 더러 참여하는 일은 쉽게 할 수 있기 때문이다. 그러나 주님을 따른다는 것은 그것보다 훨씬 차원이 높은 것이다.

우리는 자기를 부인해야 한다. 자신의 모든 공적과 정성과 과시욕과 뽐냄과 으스대고 싶어 함과 주장하고자 하는 모든 욕구를 겸손히 내려놓아야 한다. 우리가 하는 모든 일은 다 우리의 왕이시자 머리이신 그리스도로부터 공급받아서 하는 일이다. 그래서 사도 베드로도 다시는 죽을지언정 주를 부인하거나 도망치는 일을 하지 않고 죽기까지 따르겠다고 말했지만, 힘없는 부녀자의 외침에 주님을 모른다고 세 번씩이나 부인하는 죄를 지은 것이다. 그런 뼈아픈 경험을 한 그였기에 자신의 의지적 결단과 헌신의 각오로 할 수 있는 것이 아님을 이렇게 고백하고 있다. **"만일 누가 말하려면 하나님의 말씀을 하는 것같이 하고 누가 봉사하려면 하나님의 공급하시는 힘으로 하는 것같이 하라 이는 범사에 예수 그리스도로 말미암아 하나님이 영광을 받으시게 하려 함이니 그에게 영광과 권능이 세세 무궁토록 있느니라 아멘!"**(벧전 4:11).

자기 부인의 최종 목적은 하나님께만 돌리는 영광이다. 자기 십자가를 지는 것 역시 하나님께 영광을 돌리는 것이다. 자기 십자가를 지라는 것은 내가 해야 할 일을 내가 해야 한다는 것이다. 고난의 길을 피하지 말라는 것이다. 좁은 길로 가는 것을 피하지 말라는 것이다. 그리스도를 따른다는 것은 그만큼 고난과 핍박을 각오해야 하는 일이다. 수고는 내가 하고 영광은 하나님이 받으시는 것이다. 사람들에게 칭찬 듣고자 주의 길을 가는 것이 아니다. 사람들에게 종교인들의 길은 이런 것이라고 으스대기 위해서 하는 것이 아니다. 주님을 사랑하는 마음에서 한다. 그것이 한센병 환자들의 고름까지도 빨게 만든 원인이다. 그것이 자기 두 아들을 죽인 범인을 양아들로 삼은 손양원 목사의 이유이다. 그것이 원수까지도 사랑하는 이유이다. 그것이 누구도 꺼리는 장애아동들을 입양하여 건강한 아이들로 키우는 원인이다. 자기가 져야 할 십자가를 피하지 않는 것이다. 물론 대다수는 십자가 짐을 회피하고자 한다. 인성을 지니신 예수님께서도 십자가 지는 일을 앞에 두고 전날 밤 겟세마네 동산에서 밤새도록 기도하셨다. 할 수 있거든 이 잔이 내게서 지나가게 해 달라고 기도하셨다. 그 기도가 얼마나 애절한 것이었든지 그의 이마에서 땀방울이 핏방울이 되어 떨어졌다. 예수님이 그처럼 기도하셨다고 한다면 불가능한 것처럼 보이지만 우리가 얼마나 많이 기도해야 하는지 도전되지 않는가? 자기 부정과 자기가 져야 할 십자가 때문이라도 날마다 깨어 기도해야 한다. 그러할 때 '십자가 고난도 은혜로라'라고 노래할 수 있다.

마지막으로 교회의 머리되신 그리스도께서 말씀하시기를 '버리라'고 하셨다. "너희 중에 누구든지 자기의 모든 소유를 버리지 아니하면 능히 내 제자가 되지 못하리라!" 내 소유를 버린다는 것은 예수님께서 실제로 만나신 한 부자 청년과의 대화를 살펴보면 쉽게 이해할 수 있을 것이다. 마태복음 19장에 나오는 부자 청년은 예수님께 나와서 어떻게 하면 영생을 얻을 수 있는지를 물었다. 그러자 예수님은 계명을 지키라고 하셨다. 그때 그 청년은 자기는 어려서부터 모든 계명을 다 지키었다고 하였다. 여기까지만 보면 이 청년은 대단한 사람임을 알 수 있다. 모든 계명을 어려서부터 다 듣고 지키며 살아왔으니 가정 교육이 철저하였고 삶이 반듯한 사람이었을 것이다. 동시에 그는 부자였기 때문에 틀림없이 사람들로부터 어려서부터 계명을 다 지키더니 하나님이 물질적인 복도 많이 주셨다고 입에 침이 마르도록 칭찬을 들었을 사람이었다. 누구든지 닮고 싶어 하는 사람이었을 것이다. 그런 청년에게 예수님은 매우 거슬리는 말씀을 하셨다. "예수께서 가라사대 네가 온전하고자 할찐대 가서 네 소유를 팔아 가난한 자들을 주라 그리하면 하늘에서 보화가 네게 있으리라 그리고 와서 나를 좇으라 하시니"(21절).누가복음 18장에서는 어려서부터 계명들을 다 지키었다고 대답한 청년에게 이렇게 말씀하셨다. "네가 오히려 한 가지 부족한 것이 있으니 네게 있는 것을 다 팔아 가난한 자들을 나눠주라 그리하면 하늘에서 보화가 네게 있으리라 그리고 와서 나를 좇으라"(눅 18:22). 마태복음과 누가복음의 공통점은 정말 온전한 그리스도인이 되고자 하느냐? 그렇다면 가서 네 소유를 팔아서 가난한 자들에게 주라고 하신 것이다. 그런데 누가복음에서 지적하신 것은 그에게 한 가지 부족한 것이 있다고 하셨다. 자신은 스스로 온전하다고 생각하였지만, 그에게는 여전히 부족한 것이 있었다.

한편 우리는 한 가지 부족한 것이 있다는 말을 들을 수 있겠는가? 그것도 우리 중심을 보시는 주님에게서 '다 좋은데 네게 한 가지가 좀 부족하구나!'라는 말을 들으면 그 말 자체는 칭찬이겠는가? 나는 칭찬의 소리에 가깝다고 생각한다. 왜냐하면 그 한 가지 정도는 이제라도 노력해서 보충하면 되지 않는가? 엄청 부족한 것이 많은 자인데 한 가지 부족하다고 하니 정말 큰 칭찬을 들은 것이라고 볼 수 있다. 그러나 부자 청년에게 하신 말씀은 아주 온화한 말씀으로 상대방이 기분 나쁘게 여기지 않도록 하신 것은 아니었다. 왜냐하면 예수님께서 하신 말씀을 듣고 그 청년은 근심하며 돌아갔고 다시 돌아오지 않았기 때문이다. 예수님께서 뭐라고 하셨는가? "네 소유를 팔아", 혹은 "네게 있는 것을 다 팔아 가난한 자들을 나눠주라 그리고 와서 나를 따르라"'고 한 것이다. 옆에서 듣고 있던 제자들은 예수님께 눈치를 주면서 속으로, '아니 예수님 지금 무슨 말씀을 하시는 겁니까? 그가 우리에게 오면 우리는 돈 걱정할 것이 하나도 없습니다. 우리를 따르는 저 큰 무리에게 먹을 것을 나눠주는 것에 아무런 지장도 없을 것입니다. 그냥 보내시지 말고 어서 붙드셔요. 우리와 함께 지내게 붙드셔요'하며 간청했을지도 모른다. 그냥 돌려보내는 모습을 보며 아마 속에서 부글부글 끓었을 것이다. 특히 가룟 유다는 더 그러했을 것이다.

그러나 예수님은 제자들의 생각이나 주변 사람들, 특히 돈 많은 청년의 생각이 어떠하든지 전혀 개의치 아니하시고 말씀하셨다. '나를 따르고자 하느냐? 온전한 사람이 되고자 하느냐? 그렇다면 너의 모든 소유를 팔아 가난한 자들에게 주어라. 그리고 나를 따르라! 그것은 세상의 부와 영화를 버리는 것이어야 한다.' 누구나 축적을 원하지, 흔쾌히 베풀지 않는다. 주님을 따르는 것은 부를 축적하는 길이 아니다. 사람들에게 인기를 얻으라는 말이 아니다. 요즘처럼 불경기가 계속되고 있고 삶이 삭막한 세태에 거액을 나눠주는 일은 언론의 조명을 받을 수 있는 길이다. 주님이 이 부자 청년에게 요구하신 것은 그렇게 사람들의 시선을 끌라는 말이 아니다. 주님이 부탁하신 것은 돈 가지고 있으면서 나를 따른다고 나서지 말라는 것이다. 주님은 전적으로 주님께 의존되어 사는 자들을 원하신다. 왜냐하면 주인이신 주님이 직접 챙겨 주시고 먹이시고 입히시고 재우시고 보살펴 주시기 때문이다. 주님은 주님이 피흘려 세우신 교회를 보양할 책임을 다하신다. 비록 하늘 보좌를 버리고 이 세상에 와서 마치 천지에 있는 것들을 의존해서 살아야 하는 것처럼 우리들이 먹는 물과 음식을 마시며 사셨을지라도 천지에 있는 것은 다 주님의 것이다.

그런 주님이기에 **"자기의 모든 소유를 버리지 아니하면 능히 내 제자가 되지 못하리라"**고 하셨다. 그런 의미에서 스스로 가난하게 되신 주님을 따르는 길은 스스로 청빈한 삶을 사는 길이다. "은과 금은 내게 없어도 내게 있는 것을 네게 주노니 곧 나사렛 예수 이름으로 일어나 걸으라"라고 말할 수 없는 교회는 쇠하는 교회이다. 예수님은 없고 은과 금이 많은 교회가 너무 많다. 주님을 따른다고 하면서 세상의 것들, 그것도 썩어져 없어질 것들, 잠시 있다가 사라지고 말 것들 때문에 분란이 끊이지 않는 교회는 무너지는 교회이다. 교회 섬김에 진실함과 열의를 다하는 정성이 극진해도 흥하는 교회 '세우미'하고는 거리가 멀다.

포기해야 할 것을 포기하지 못하는 것 때문에 버려야 할 것을 버리지 못하는 것 때문에 부정해야 할 것을 부인하지 못하는 것 때문에 망하는 교회 섬김에 얼마나 많이 이바지하는지 모른다. 흥하는 좋은 교회를 세우는 것은 이 세 가지 요구사항을 적극적으로 실천하는 것이다. 주님을 무엇보다 더 사랑하기에 그 모든 것을 다 배설물로 간주하고 그리스도를 얻고 그리스도 안에서 발견됨을 가장 큰 영광으로 여기는 것이다. 머리이신 주님을 등 뒤에 두는 일이 결코 없이 항상 그의 뜻 행함을 양식으로 삼는 순종적인 삶을 통해서 흥하는 교회 '세우미'가 된다.

06

하나님의 집으로서의
성전

"너희가 하나님의 성전인 것과 하나님의 성령이 너희 안에 거하시는 것을 알지 못하느뇨 누구든지 하나님의 성전을 더럽히면 하나님이 그 사람을 멸하시리라 하나님의 성전은 거룩하니 너희도 그러하니라"(고전 3:16-17).

"그러므로 이제부터 너희가 외인도 아니요 손도 아니요 오직 성도들과 동일한 시민이요 하나님의 권속이라 너희는 사도들과 선지자들의 터 위에 세우심을 입은 자라 그리스도 예수께서 친히 모퉁이돌이 되셨느니라 그의 안에서 건물마다 서로 연결하여 주 안에서 성전이 되어가고 너희도 성령 안에서 하나님의 거하실 처소가 되기 위하여 예수 안에서 함께 지어져 가느니라"(엡 2:19-22).

쇠하는 교회의 또 다른 특징은 하나님의 성전이 더럽혀지는 것이다. 신약시대에는 구약의 성전 개념이 없다. 그리스도의 몸 자체가 성전이다. 그러나 하나님이 자기 백성과 만나는 처소로서의 성전의 의미는 거룩 그 자체이다. 하나님이 거룩하신 분이기에 우리도 거룩해야 한다. 하나님의 거룩이 훼손되는 일은 하나님의 영광이 떠나는 가장 중추적 원인이다. 그러므로 성경이 우리에게 교훈하는 성전으로서의 하나님의 집을 생각하며 무너지는 교회 '섬기미'가 아니라 흥하는 교회 세우미가 되는 은총을 누리는 길을 찾고자 한다.

성전(나오스)을 생각할 때 우리는 성전의 원래 모형인 성막을 떠올리지 않을 수 없다. 성막이 처음 등장한 것은 이스라엘의 광야 행진과 연관되어 있다. 시내산에서 모세가 하나님의 법을 받았고 그 법의 핵심적 기능은 성막을 중심으로 실천되었다. 물론 그 구체적인 양식이나 기구들을 보면 분명 하나의 건물인 것은 틀림없다. 그러나 성막은 사람들의 눈으로 보고 만질 수 있지만 한 군데 정착하지 아니하고 하나님의 지시에 따라 이동할 수 있었다. 성막은 그 안에서 제사를 드리게 한 거룩한 장소로서 하나님이 이스라엘 백성의 대표자인 제사장과 직접 만나시는 것을 구체적으로 상징하는 것이었다. 그 성막에 하나님이 거주하심을 나타내는 히브리어 '사칸'에서 '쉐키나'라는 말이 나왔는데 이것은 하나님이 거주하고 계시는 그 영광의 구름을 뜻하는 것이다. 그 구름이 성막 높이 떠올라 낮에는 구름 기둥으로, 밤에는 불기둥으로 보이면 광야를 행진하는 이스라엘 백성의 모든 행동 방향이 이 구름의 향방에 좌우되었다. 이 구름이 떠 올라 이동하면 이스라엘 백성들도 짐을 다 챙겨서 이동하였고 이 구름이 몇 날 며칠이고 한 자리에 머물면 백성들도 그 주변에 진을 치고 노숙하였다.

이것은 훗날 하나님의 백성들이, 하나님의 교회가 어떻게 생활해야 하는지를 상징해 주는 매우 구체적인 실천 사항이었다. 교회의 머리가 그리스도이기 때문에 하나님의 영광스러운 교회는 그리스도의 명령에 전폭적으로 의존되어 있음을 예표한 것이었다. 그런 의미에서 성막은 단지 하나의 건물 혹은 천막으로 이해하면 안 된다. 그 건물이 포함하고 있는 종합적인 개념, 하나님의 임재와 그 임재에 의한 행동 지침이 결정된다.

성막의 구조와 모양은 하나님께서 그대로 보여 주신 양식에 의한 것이지 모세가 스스로 개발해 낸 것이 아니다. 그것은 사람이 하나님께 나아가는 방식을 인간 스스로 고안해 낼 수 없고, 전적으로 하나님이 직접 주신 방식대로 해야 함을 가리킨다. 그렇지 않은 것은 제아무리 비싸고 화려하고 극진한 정성이 담긴 헌신이라 할지라도 하나님은 받으시지 않으신다. 그리하여 하나님은 모세에게 모든 기구와 양식을 일일이 다 말씀하셨고 모세는 그 말씀대로 다 실행하였다. 그 구조는 출애굽기 25장과 26장에 상세히 나타나 있다. 성막은 성소 바깥뜰과 안쪽 지성소가 중요한데 지성소 안에는 법궤가 모셔져 있다. 지성소 바깥에는 분향 단과 진설병 상이 있고 그 상 위에 이스라엘 열두 지파를 상징하는 열두 덩어리의 떡을 올려놓았다. 성소 밖에는 물두멍을 두었는데 손과 발을 씻기 위한 것이었다. 성막에 출입하는 제사장과 지성소에 들어갈 대제사장은 반드시 손발을 씻어야만 했으며(출 30:19-20), 그렇지 않으면 죽음을 피할 길이 없었다. 그런 의미에서 거룩한 성전을 더럽히면 멸하실 것이라는 고린도전서 3:17은 매우 실감되는 말씀이다.

사도 바울이 말하고 있는 성전의 개념은 분명 출애굽기에서 지적하고 있는 성막을 염두에 둔 것이었다. 그 성막은 언제나 제사를 드리는 곳이었기 때문에 제단이 있었다. 그곳에서 속죄제나 번제와 속건제 혹은 소제와 화목제를 드렸고 그 제사 방법에 따라 전제, 요제, 거제 등이 있었다. 그러나 이 제사는 죄인들이면 누구나 다 드릴 수 있었던 것이 아니라 하나님께서 구별해 놓은 제사장들을 통해서 할 수 있었다. 그러나 제사장이라 할지라도 하나님께서 명하신 대로 나아가야 하지 임의대로 하였다가는 나답과 아비후 신세를 면치 못하는 것이었다.

그리고 이 성막을 중심으로 이스라엘 백성들은 중요 절기를 지키며 하나님을 예배하고 찬송하며 기쁨을 함께 나누는 축제일을 가졌다. 그중에서도 가장 중요한 것은 안식일이었다. 이것이 다 성막을 중심으로 이루어졌기 때문에 신약시대 성도들에게 성전이라는 의미는 그러한 표상들을 언제나 떠올렸을 것이다. 물론 고린도 교회 성도들이 그 상세한 내막을 다 알았으리라고는 생각하지 않지만, 이교도들의 신전을 혹 염두에 둔 자들이라 할지라도 성전이 신과의 만남의 장소라는 차원에서 그러한 광경을 떠올릴 수 있었을 것이라고 본다. 너희가 하나님의 성전이라고 하는 말씀은 성도 개개인을 가리켜 한 말이 아니다. 고린도 교회에 속한 모든 성도, 즉 교회 공동체를 가리켜 말하는 것이다. 교회는 하나님 영광의 광채가 비취는 하나님의 거처이다. 우리는 이 부분에 대해서 정말 감격스러워해야 한다. 출애굽한 이스라엘 백성들에게 쉐키나의 모습으로 함께하셨던 그 하나님이 자기 백성과 함께하신다는 약속의 말씀이 하나님의 성전으로서의 교회라는 말 속에 포함되고 있는 용어이다. 그래서 하박국 선지자를 통해서 하나님은 **"오직 여호와는 그 성전에 계시니 온천하는 그 앞에서 잠잠할지어다"**(합 2:20)라고 한 것이다.

성전에서 큰소리치는 자들이 곧 하나님의 성전을 더럽히는 자들이다. 성전을 속되게 여기고 아무렇게나 해도 된다고 생각하는 것, 신성하게 여기지 아니하고 존귀하게 생각하는 것이나 귀한 것으로 간주하지 아니하는 것이 성전을 더럽히는 것이다. 성전에 거하시는 하나님 백성의 누룩이 온 덩어리를 부패하게 하고 타락하게 만드는 큰 죄이다. 성막에서 제사장들이나 대제사장이 묵묵히 기록된 말씀을 따라 제사 의식을 진행하였고 그 제사를 받으심을 인하여 기뻐하고 즐거워하였던 것처럼 성도들도 성삼위 하나님의 이름으로 예배하는 것을 하나님이 기뻐 받으심에 감사하는 마음으로 나와야 한다.

반면에 교회를 너무 안일하게 생각하고 함부로 말하고 두려운 마음 없이 떠드는 자들은 정말 회개해야 할 일이다. 주님께서 자기 피로 값주고 사신 교회이기 때문에 하나님의 이름을 존중하는 자는 하나님의 교회를 존중히 여기는 것이다. 주님은 존귀한 분으로 생각하고 그분이 그 안에 거하기를 기뻐하시는 교회를 하찮게 생각하는 것은 모순이다. 그런 마음의 자세를 외형적으로 나타낼 때, 제사장들이 아무런 옷을 입고 제사에 임하지 않았듯이 성도들도 왕 같은 제사장으로서 하나님 앞에 나아올 때 하나님을 하나님으로 존중히 여기는 품행을 가지는 것이 마땅하다. 그 하나님을 섬길 때 세상의 속된 것, 말하자면 구별되지 않은 것들을 가지고 나와서 하나님을 섬긴다는 것은 분명 잘못된 일이 된다. 아벨과 가인이 동시에 제사를 드렸지만 하나는 받으시고 다른 하나는 받지 않으심이 그것을 지적한다. 가인의 제사에 정성이 덜 들어가서가 아니다. 그가 준비한 제물을 드릴 때 아무 생각이 없이 형식적인 제사를 드린 것이 아니다. 그는 하나님이 명하신 대로 하지 않았을 뿐이다. 그것이 나답과 아비후의 사건에서도 그대로 드러나는 것이다.

고로 우리가 교회 공동체로 모일 때 성령이 거하시는 하나님의 집이라는 생각을 항상 잊지 말아야 한다. 그 집의 어른은 그곳에 거하시는 하나님이시다. 그 하나님 앞에서 우리가 말하는 것도 행동하는 것도 다 조심해야 한다. 마치 집안에 어른이 있을 때 아이들이 함부로 장난치거나 떠들지 아니하고 범사에 예의를 갖추어 생활하는 것과 같아야 한다. 요즘은 이런 규율이 다 무너져서 버릇없는 아이들이 많아지고 있는데 이것이 교회 안에서도 그러하다. 기독교 문화라고 해서 세속문화적인 요소들을 다 끌어대는 일, 축제일이어야 한다고 해서 춤을 추고 먹고 마시는 즐거움을 강조하는 것, 사람들을 높이는 우상 섬김을 하면서 하나님을 영화롭게 한다고 하는 것은 쇠하는 교회 '섬기미'가 되는 것이다.

과거에는 총과 칼로 우리를 위협하여 우상에게 절하게 한 신사참배의 어리석음에 빠졌지만 지금은 돈과 출세라는 우상이 교회 안에서 큰 대접을 받고 있다. 그리하여 신실하게 하나님의 말씀을 듣고 그 계명대로 순종하고 살며 애통해하는 것이 아무런 유익이 없는 것이라고 공개적으로 떠들게 된 것이다. 국가는 그런 교회들을 우습게 여기고 교회의 소리에 귀를 막고 있다. 도리어 교회를 옥죄려고 종교 차별 금지법을 제정하고 종교인 과세를 부과하였다. 동시에 사단은 기독교 미신을 조장하는 일들을 한다. 사람의 정신을 부패케 하는 것이다. 소위 '예수 무당'이 가능하게 만들었다. 온갖 푸닥거리가 예수의 이름으로 행해지고 있다. 기도를 도깨비 방망이로 전락시키고 예배음악을 정신적 카타르시스를 경험케 하는 도구로 간주하며 예배 의식도 복을 받기 위한 수단으로 여기는 참으로 희한한 일들이 교회 안에서 자행된다. 송구영신예배 시간에 제비뽑기하여 한해의 운수를 점쳐주는 일들도 버젓이 자행되고 있다.

교회는 거룩해야 한다. 왜냐하면 거룩하신 하나님이 거하시는 처소이기 때문이다. 도덕적으로 순결해야 한다. 나라 법이 성경에 어긋나지 않는 한 지켜야 할 의무가 있다. 국방의 의무와 납세의 의무를 다해야 한다. 그러나 요즘 교회들은 재정 사고가 너무 빈번하고 성적 문란함과 불법적인 행태들이 너무나 자주 일어나 하나님의 교회를 더럽히는 일들을 하고 있다. 참으로 하나님이 단지 위협적인 말로 한 것이 아니라 진리로 말씀하신 것을 기억해야 한다. 더럽히는 자는 멸하시겠다고 하였다. 그런 의미에서 그리스도인들은 참으로 말과 행실에 있어서 본이 되어야 한다. 성결한 생활은 하나님의 법을 무시하고서 가능한 것이 아니다. 우리는 주님의 계명에 충실하게 살아야 한다. 하나님께 구별하여 드려진 것은 그것이 무엇이든지 거룩함을 훼손해서는 안 된다. 주의 종이 그러하고 교회 직분자들이 그러하다. 온 성도가 거룩하신 하나님처럼 거룩해야 한다.

거룩한 자녀를 만나 주시는 하나님이시다. 교회를 통하여 거룩한 하나님을 경외하는 백성을 모아들인다. 그래서 주일에 교회 공동체에 나아올 때 우리는 반드시 겉모양만이 아니라 우리의 속사람도 하나님이 기뻐 받으시는 산 제물로 드릴 준비를 해야 한다. 그리고 그렇게 자기를 찾는 자들을 만나 주시고 상을 베풀어 주심을 믿어야 한다. 이 둘을 우리는 항상 기억해야 한다. 성결한 몸과 마음, 그리고 하나님을 만난다는 믿음으로 나와서 하나님을 하나님으로 경외하는 교회가 흥하는 교회이다. 이것은 공적을 쌓는 일이 아니다. 거룩한 하나님께 나아가는 길은 오직 주 예수 그리스도를 통해서뿐이다. 예배는 철저하게 그리스도의 공로를 힘입어서 우리가 다시 주님의 것임을 확정하는 헌신의 시간을 가지는 신앙 행위이다. 그 신앙 고백을 하는 자들을 주님은 받으시고 우리를 위해서 마련하신 하늘에 속한 모든 신령한 복으로 충만케 하시는 것이다. 교회가 기록된 말씀을 좇아 쉐키나의 영광을 드러내고 교회의 순결성과 구별성을 나타내야 한다.

그러나 교회가 세상과 구분이 되지 않는 외형을 띠는 것이라면 하나님의 집으로서의 교회 기능은 상실된 것이다. 교회가 구호단체도 아니고 복지기관도 아니며 더욱이 레포츠센터도 아닌데도 교회는 사람들에게 위안거리나 흥밋거리들을 주고자 혈안이 되어 있다. 사람들이 좋아하는 교회가 옳은가? 하나님이 좋아하는 교회여야 하는가? 물론 답은 후자라고 믿지 않는 교인들이 어디 있는가? 다 그렇게 믿는다고 하지만 사람들이 우선이라는 인식이 과거 하나님 제일 주의하고는 다르게 번져 있다. 거의 전부가 사람 중심으로 바뀐다. 강대상이 그러하고 교회 예배당 구조가 그러하며 교회 시스템이 다 그러하다. 하나님이 거처하실 만한 곳이 얼마나 있는가? 거대한 건물 크기에 하나님께서 함께하실 만한 구별된 곳이 어디에 있는가? 물론 장소적인 측면에서 일주일에 한두 번 사용하는 예배당이기보다는 주중에도 매번 나와서 사람들이 이용하는 장소로서의 활용은 꽤 괜찮은 아이디어로 수용되었다. 그러나 구별되었다는 측면에서 보면 예배당은 단지 의식을 집전하는 공간으로서의 용도뿐이지 거기에서 하나님을 만나겠다는 구별된 장소, 자신을 성찰하는 겸허한 장소가 더 이상 아니다. 그래서 나이트클럽을 빌려서 예배하는 일도 가능하다고 주장한다. 이러한 생각들은 지나친 이탈이다. 처음엔 극히 작은 차이로 시작했던 교회들이 지금 30년 이상을 지나오면서 얼마나 많은 간격으로 벌어졌는지 조금만 눈을 부릅뜨고 살펴보아도 알 수 있게 되었다. 우리는 이 부분을 곱씹어야 한다.

끝으로 우리는 하나님을 만나는 장소적인 측면에서 차별이 없다는 진리를 생각해야 한다. 이 말은 거룩한 자나 거룩하지 못한 자를 차별하지 않는다는 말이 아니다. 과거 구약 시대에는 오로지 제사장들과 대제사장만 허용되었던 것이 이제는 구주 예수 그리스도를 믿는 자들은 누구든지 다 하나님을 만날 수 있다. 하나님과 인간 사이의 중보자는 예수 그리스도 한 분이다. 그러므로 사도는 에베소서에서 이렇게 기록하고 있다. **"그러므로 이제부터 너희가 외인도 아**

니요 손도 아니요 오직 성도들과 동일한 시민이요 하나님의 권속이라"(19절). 여기서 우리는 그리스도인으로서 민족주의 혹은 국수주의를 배격해야 하는 교훈을 받는다. 그것은 과거 유대주의자들이 저지른 잘못이다. 그러나 유대인들과 헬라인들이 그리스도 예수 안에서 하나가 되었기 때문에 더 이상 교회 안에서는 그러한 양분 상태가 존재하지 않는다. 멀리 있던 그들을 하나로 만든 것은 그리스도의 십자가였다. 고로 우리가 주 예수 그리스도와 그의 십자가에 못 박힘을 믿는다고 한다면 우리만의 교회가 아니라 주님의 보편적 교회를 세우는 일에 기여해야 한다.

작금의 한국의 교회는 지나치게 개교회주의가 되어서 같은 교단 안에서도 서로를 나 몰라라 한다. 능력의 차이라고 간주하고 강한 자가 약한 자의 약점을 감당해 주는 사랑의 정신은 찾아보기 힘들다. 그러면서도 돈 몇 푼 쥐여 주는 것으로 사랑 실천을 다했다고 말한다. 미자립 교회를 돕는 것은 목회자 생활비 몇 푼 지원하는 것으로 그쳐서는 안 된다. 그것은 마치 먹지 못하는 자에게 배부르게 하라고 말한다거나 목말라하는 자에게 물 마시라고 말만 하는 것과 똑같다. 진짜 미자립 교회를 돕는 것은 주님의 보편적 교회를 세워간다는 차원에서 우리가 동일한 시민이요 하나님의 권속이라는 단어의 의미를 깊이 생각하고 실천하는 것이라야 한다. 즉, 내 교회만 잘되어서 내 교회 덩치 키우는 것이 주목적이 아니라 주님의 교회를 성장케 하는 것이기 때문에 넉넉한 인원을 분립하여 같이 성장하게 돕는 것이 필요하다. 물론 성도들이 안 가려는 것도 사실이다. 그러나 성경에서 말하는 교회의 보편성을 제대로 이해한다면 주님의 교회를 세워 가는 것이기 때문에 한 지역교회를 세우는 일에 참 지체로서의 활약을 해야 한다. 그렇지 않은 것은 결국 목회자의 욕심과 성도 개개인의 실리 편중이 맞아떨어져 주님의 보편적인 교회 세움은 성립되지 않고 있다.

교회 사이에 차별이 없다고 누구도 말하지 못한다. 분명 성도들과 동일한 시민이요 하나님의 권속이라는 가르침을 완전히 망가뜨리고 있다. 이것이 무너지는 교회의 징조가 아니고 무엇이겠는가? 작은 교회는 하대하고 큰 교회는 존대하는 의식이야말로 주님의 몸을 찢는 또 다른 죄악이다. 성도는 주님 안에서 다 하나라는 인식을 늘 되새겨야 한다. 한편 교단 내에서도 파벌이 존재한다. 파당 짓는 일이 벌어진다. 주류파, 비주류파가 있고 영남이 있고 호남이 있다. 중부권이 있고 이북권이 존재한다. 하나님께서 독생자의 피로 허무신 장벽을 열심히 도로 세운다. 그리스도 안에서 하나라는 대전제를 두고 성령의 하나되게 하신 것을 힘써 지키는 자들이 되어야 한다. 성전에서 하나님은 차별하지 않고 다 만나주시기 때문이다. 어린아이도 여자도 남자도 만나주신다. 건강한 자도 병든 자들도 만나주신다. 하나님의 사랑은 열외가 없다. 이 일을 실천하지 못하는 교회에 대한 질책을 들어보자. **"그리스도께서 어찌 나뉘었느뇨 바울이 너희를 위하여 십자가에 못 박혔으며 바울의 이름으로 너희가 세례를 받았느뇨"**(고전 1:13). **"너희를 권하노니 다 같은 말을 하고 너희 가운데 분쟁이 없이 같은 마음과 같은 뜻으로 온전히 합하라"**(10절).

교회는 신자들의 어머니이기도 하지만 동시에 하나님의 집이라는 사실을 조금 더 살펴보자. 성경에서 교회를 묘사할 때 매우 친숙한 성전이라는 단어와 가족 개념을 담고 있는 '집'이라는 단어를 사용한다. 고린도전서 3:9절에서도 바울은 하나님의 동역자들을 언급하면서 고린도 교회 성도들을 가리켜서 **"너희는 하나님의 밭이요 하나님의 집이니라"**고 하였다. 거기에 사용된 '하나님의 집'(오이코도메)는 하나님의 건물 혹은 성전을 가리킨다. 신약성경에서 구약적 개념의 성전을 말하는 것은 아니기 때문에 우리는 이것을 교회로 보아도 무방하다. 특히 에베소서의 내용에서도 건물(오이코도메)이라는 같은 단어이다. 즉, 하나의 건물이 아닌 여러 건물을 의미한다면 그것은 각 지역에 흩어져 있는 교회들을 말할 것이다. 그 교회마다 그리스도 안에서 다 서로 연결되어 하나님이 거하실 처소, 곧 성전으로 지어져 가는 것이다.

이 성전에는 앞에서 본 것처럼 제단이 있고 주님의 십계명이 보관된 언약궤가 있는 지성소가 있다. 여기서 수종 드는 레위 족속들과 아론의 반차를 따르는 제사장 무리가 존재한다. 오늘날 교회는 하나님이 거하실 거룩한 처소가 되기 위하여 서로 상합하여 지어져 가는 거룩한 신앙공동체인데 그렇게 하도록 이끄는 지도자들, 즉 말씀에 수종 드는 교회 지도자들을 생각하지 않을 수 없다. 교회의 핵심은 언제나 머리이다. 머리이신 예수 그리스도께서 하늘에 승천하시면서 교회에 주신 말씀의 종들을 통하여 주님의 교회를 돌보신다. 그러므로 교회는 언제나 말씀이 그 중심을 이루고 있어야 하는 것이다. 목사도 주님께서 증거해 주신 기록된 말씀을 근거로 주님의 백성들을 이끈다. 주님의 교회를 바르게 세워가야 하는 것이다.

교회의 머리가 그리스도라는 사실은 건물로 말하면 그가 모퉁이 돌이기 때문에 이 돌이 없이는 교회가 온전히 세워진다는 것은 불가능한 것을 말한다. 그 안에서 건물마다 서로 연결이 되어 주 안에서 성전이 되어 간다. 그리하여 에베소서 4:16에서는 이렇게 말씀하고 있다. **"그에게서 온몸이 각 마디를 통하여 도움을 입음으로 연락하고 상합하여 각 지체의 분량대로 역사하여 그 몸을 자라게 하며 사랑 안에서 스스로 세우느니라."** 당신은 거룩한 성전으로서 하나님의 집을 세우는 자인가 아니면 허무는 자인가?

성경에서 사용된 '집'이라는 용어는 건물 자체를 의미한다든지(마 7:24-27), 한 가정의 식구들(행 16:25절 이하), 동일한 한 조상(눅 2:4) 및 동족의 의미(행 2:36)를 지니고 있다. 그렇다면 하나님의 집이라고 할 때 그것은 무엇을 뜻하는 말인가? 하나님은 계시지 아니하는 곳이 없기에 특정한 한 장소에 매여 있는 건물에 거처하는 의미로써 사용된 말은 아닐 것이다. 다만 그 하나님을 교회의 주인 혹은 가장으로 모시고 있다는 측면에서 볼 때 어떤 보이는 형식을 강조하는 것이 아니라 그런 하나님을 아버지로 모시고 사는 식구들의 모임을 의미하는 것으로 말할 수 있다. 즉, 하나님을 '아바 아버지'라고 부르는 자들이 모인 신앙공동체가 곧 하나님의 집이다. 천하 만민 가운데 뽑아낸 하나님의 백성들이 다 하나님의 집이다.

그러므로 이 집의 구성원은 누구나 예외 없이 하나님으로부터 난 자들이다. 이를 요한복음 1장 12절 이하에서 선언하고 있다. **"영접하는 자 곧 그 이름을 믿는 자들에게는 하나님의 자녀가 되는 권세를 주셨으니 이는 혈통으로나 육정으로나 사람의 뜻으로 나지 아니**

하고 오직 하나님께로서 난 자들이니라."

즉, 하나님의 집의 식구들은 마치 서씨 집안의 식구들이 서씨 가문의 출생자들로 구성되는 것과 같이 하나님에게서 난 자들이다. 그렇다면 우리가 하나님에게서 난 자들인지를 어떻게 알 수 있는가? 위의 요한복음에서 가르치고 있는 것처럼 예수 그리스도의 이름을 믿는 자들, 그를 구세주로 영접하는 자들은 누구나 다 하나님에게서 난 자들이다. 그들은 아들 예수 그리스도 때문에 하나님을 아바 아버지라고 부른다(갈 4:6). 예수를 믿어서 하나님을 아버지라고 부르는 자들을 객관적으로 하나님의 권속들, 하나님의 식구들이라고 말할 수 있다. 그 진위 여부는 인간의 판단으로는 확정적이라고 말할 수 없고 오직 중심을 보시는 하나님만이 판단하신다. 그런 의미에서 교회를 보이는 교회와 보이지 아니하는 교회로 구분하는 것은 오직 땅에서만 성립되는 것이며 하늘에서는 최종적으로 하나님의 식구들 외에는 존재하지 않는다. 그런 의미에서 천상에 있는 하나님의 교회는 완벽하다. 거기에는 구성원 중에 거룩케 함을 입지 아니하거나 의롭다 함을 받지 아니한 자들이 단 한 사람도 존재하지 않는다.

그런 하나님의 식구들은 어떻게 생기는가? 야고보서 1:18은 이렇게 설명한다. **"하나님께서(그가) 그 조물(造物) 중에서 우리로 한 첫 열매가 되게 하시려고 자기의 뜻을 좇아 진리의 말씀으로 우리를 낳으셨느니라."** '아포쿠에오'라는 헬라어는 제조된 것이 아니라 탄생한 사람을 말하는 것으로서 사실 혈통적인 관계를 시사하는 단어이다. 하나님의 집의 백성으로서 세상에 출생한 자들을 낳는 방도는 진리의 말씀이다. 이것은 베드로 사도의 교훈과 일치한다. **"너희가 거듭난 것이 썩어질 씨로 된 것이 아니요 썩지 아니할 씨로 된 것이니 하나님의 살아 있고 항상 있는 말씀으로 되었느니라"**(벧전 1:23). 여기서 거듭났다는 것이나 야고보서의 말씀에 낳았다는 말이나 요한복음의 낳았다는 말씀은 다 같은 단어로서 하나님 가문의 식구로 출생한 것을 의미한다.

사도 바울이 에베소서에서 하나님의 권속이라는 단어를 사용할 때 염두에 둔 것은 바로 이것이라고 생각한다. 사도 바울은 예수께서 자기 피로 이룩하신 일이 무엇인지를 설명한 후에 **"그러므로 이제부터 너희가 외인도 아니요 손도 아니요 오직 성도들과 동일한 시민이요 하나님의 권속이라"**고 하였다(엡 2:19). 예수 그리스도의 십자가 피가 아니고서는 하나님 나라 밖에 있던 자들이 하나님의 권속이 된다는 것은 불가능하다. 그러므로 하나님은 그 아들의 피로 값 주고 산 자들을 자신의 자녀라고 하시는데 그 자녀는 반드시 선포되는 진리의 말씀을 통해서 태어나는 것이다. 그것은 하나님께서 그렇게 정하신 불변의 법칙이다. 그 외에 다른 길로 하나님의 자녀가 되는 것은 없다. 있다면 그것은 사이비요 가짜이다. 물론 이는 혈통적으로 이어지는 가문이 아니다. 이스라엘 집은 혈통으로 된다. 서씨 집안도 혈통으로만 된다. 그러나 하나님의 집은 혈육 관계가 아니다. 항상 하나님의 진리의 말씀으로 태어나는 영적 관계이다. 영에 속한 사람이다.

그러므로 우리는 언제나 우리의 자녀들을 진리의 말씀으로 양육해야 함을 잊지 말아야 한다. 말씀이 아니고서는 내 몸에서 태어난 아이가 하나님으로부터 난 아이가 될 수 있는 길은 없다. 비록 유아 세례를 받았다 할지라도 그것이 하나님으로부터 난 자식임을 보증하는 것이 아니다. 하나님께서 단지 혈통 관계를 통해서 하나님의 자녀가 되게 하신다고 한다면 굳이 예수 그리스도의 피를 사용할 이유가 없으시다. 그는 돌들로도 아브라함의 자손이 되게 하실 수 있기 때문이다. 하나님의 집의 권속은 반드시 진리의 말씀으로만 탄생한다. 말씀 선포가 없이는 구원의 역사를 기대할 수 없다. 새 생명의 탄생은 불가능한 것이다.

그런 의미에서 하나님의 권속이라는 '오이케이오스'라는 단어는 하나님이 친히 권고하는 식구를 의미하는 것이다. 즉, 하나님께서 진리의 말씀으로 친히 권고하시어 탄생한 자녀이다. 누구도 스스로 하나님의 자녀가 되고 싶다고 해서 되는 것은 아니다. 오직 하나님께서 직접 창세 전부터 정하셔서 되는 자녀이다. 하나님은 그 아이가 태어나고 자라게 함에 필요한 것 전부를 직접 챙겨주시고 돌보신다. 하나님은 제집 식구들을 결코 버리지 아니하시고 직접 돌보시고 챙겨서 하나님의 자식으로서 당당하게 살아가게 하신다. 아비가 자식을 아낌과 같이 특별히 아끼고 돌보는 책임을 하나님이 직접 감당하신다는 것이다.

그래서 권속이라는 단어에는 항상 '권고한다'는 단어가 붙어 다닌다. **"너희 염려를 다 주께 맡겨 버리라 이는 저가 너희를 권고하심이니라"**(벧전 5:7). 하나님이 우리의 아버지시니 육신의 아버지들에게서 간혹 발견되는 것처럼 무책임하게 낳아놓고 길에 버린다든지 나

몰라라 하는 일은 없으며, 필요한 것을 다 지원하고 돌보실 것을 확실히 보증하신다. 그렇지 아니하면 아들의 십자가 죽음도 헛것이 된다. 그리고 그 아들의 영을 보내어 우리 안에 거하시게 하는 것도 아무런 의미가 없는 헛된 수사에 불과한 것이다. 그러나 하나님은 실언하시는 분이 아니시다. 그가 말씀하신 것은 반드시 지키시는 분이시다. 그리하여 그는 에베소서에서 이렇게 선언하신다. **"그 안에서 너희도 진리의 말씀 곧 너희의 구원의 복음을 듣고 그 안에서 또한 믿어 약속의 성령으로 인치심을 받았으니 이는 우리의 기업에 보증이 되사 그 얻으신 것을 구속하시고 그의 영광을 찬미하게 하려 하심이라"**(엡 1:13-14).

그러므로 하나님은 의심하는 것을 전혀 용납하지 않으신다. 의심하는 자들은 주께 뭔가를 받을 기대도 할 수 없다. 사단은 우리의 이 '권속'이라는 관계를 의심케 한다. 하나님이 왕 되심을 부정하는 말과 행동을 하도록 부추긴다. 주님은 우리에게 공중에 나는 새를 보라고 하시며 들의 백합화를 보라고 실제 예를 들어서 하나님이 먹이시고 입히시고 돌보심을 직접 설명해 주셨다. 그래서 무엇을 먹을까, 무엇을 입을까, 무엇을 마실까 염려하지 말라고 하시면서 그런 것들을 구하는 것은 다 이방인들이 하는 짓이라고 하셨다. 그런데도 여전히 땅에 속한 것들 때문에 방황하며 마음속에 의심의 안개가 걷히지 아니하고 늘 불안한 마음을 표출하는 자들이 있다. 조금만 산이 흔들려도, 약간의 비바람만 몰아쳐도 놀라서 뒤로 넘어진다. 작은 풍랑 소리에 다급하여 허둥지둥 난리를 친다. 환난의 극한 염병 가운데 있더라도 주님은 우리를 버리거나 떠나거나 외면하는 분이 아니시다. 하나님은 환난 중에 부르짖는 주님의 자녀들을 능히 건져주신다. 하나님은 그들의 신음에 귀를 기울이시고 때로 물과 불을 통과하는 아픔이 있지만 마침내 소원의 항구에 도달하게 하신다.

믿음은 이처럼 바라는 것들의 실상이요 보이지 아니하는 것들에 대한 증거이기 때문에 하나님께 나아가는 자는 그가 계신 것과 자기를 찾는 자들에게 상 주시는 이심을 조금도 의심하지 아니해야 한다. 그것이 "여호와는 나의 목자시니 내게 부족함이 없으리로다"라고 노래하는 이유이다. 누가 우리의 키를 한 자라도 더할 수 있는가? 누가 우리의 머리털 하나라도 자라게 할 수 있는가? 참새 한 마리도 떨어져 죽게 하심이 다 그의 손안에 있는 일이라면 하물며 참새보다 더 귀한 우리, 그 아들의 피로 값 주고 산 우리들을 주님께서 방치하시겠는가? 끝까지 인내하며 그를 찾으면 반드시 만나주시고 필요한 것을 넉넉하게 채워주실 것이다. 그는 자기 자녀에게 필요한 모든 은혜를 넉넉히 주시는 만유의 주재자이시다. 천지에 있는 것이 다 그의 것이기에 밤낮으로 부르짖는 자에게 가장 좋은 것으로 주시는 아버지이시다.

집을 나간 탕자가 생각한 것은 아버지의 집이었다. 그는 집으로 돌아오기까지 아버지가 문밖에서 그를 기다리고 있다는 것을 알지 못하였다. 아직 거리가 먼데도 아버지는 아들이 돌아옴을 즉각 알아차렸다. 거지 중에 상거지가 되어 돌아온 아들을 아버지는 깨끗이 씻기고 금가락지를 끼워주며 흥겨운 잔치까지 벌여주었다. 그 아들은 세상에서 아버지에게 받은 돈을 펑펑 쓰면서 날마다 잔치를 벌이며 즐겼었다. 결국 남는 것은 비참함이 전부였다. 그러나 아버지의 집에서는 아버지의 모든 소유로 필요를 채움 받았다. 그는 아버지의 아들임이 얼마나 자랑스럽고 놀라운 것인지를 뼈저리게 느꼈을 것이다. 우리가 주 예수를 믿어 하나님의 자녀가 된 것이 분명하다면 모든 염려와 근심을 다 버리고 아버지의 집에서 아버지께서 마련하신 것들을 즐거워해야 한다. 그 집을 떠나지 말고 이제 내 아버지의 집에 영원히 거하는 복락을 빼앗기지 말라. 아버지의 집으로 돌아오는 것만이 세상의 혹독한 냉대를 극복하고 평안과 위안과 풍성함을 즐기는 방편이다. 이것은 영원한 것이요 누구도 빼앗을 수 없는 것이다.

심지어 고난 중에 있어도 하나님의 자녀들은 원망하거나 불평하지 않는다. 비록 그것이 자신들의 잘못된 판단과 행동의 결과로 이어진 것이라 할지라도 하나님을 사랑하는 자 곧 그 뜻대로 부르심을 입은 자들에게는 모든 것이 합력하여 선을 이루게 하시는 하나님을 믿기 때문이다. 더구나 사도 바울은 이렇게 교훈하고 있다. **"사람이 감당할 시험밖에는 너희에게 당한 것이 없나니 오직 하나님은 미쁘사 너희가 감당치 못할 시험 당함을 허락지 아니하시고 시험 당할 즈음에 또한 피할 길을 내사 너희로 능히 감당하게 하시느니라"**(고전 10:13). 그래서 고난 당함이 유익한 것이요 이로 인하여 주의 율례를 배우게 된다고 시편 기자는 고백한 것이다.

디모데전서 3:15을 보라. **"만일 내가 지체하면 너로 하나님의 집에서 어떻게 행하여야 할 것을 알게 하려 함이니 이 집은 살아계신 하나님의 교회요 진리의 기둥과 터이니라."** 하나님의 집을 부분적으로 맡아서 어떤 일을 하도록 세움을 입은 자들이 있다. 그들이 주의 종, 말씀의 일군, 또는 교역자이다. 여기서 우리는 교역자들과 성도들과의 관계를 깊이 생각해야 한다. 교역자는 성도들이 고용한 일군인가? 투표를 통해서 청빙 절차를 거치지만 성도들이 고용하는 것처럼 생각하는 것은 교회를 마치 자신들의 종교적 신념을 따라 자신들이 만든 종교집단으로 생각하는 것과 같다. 이는 큰 잘못이다. 교회는 이제까지 우리가 생각해 온 것처럼 하나님이 불러서 진리의 말씀으로 우리를 낳아 하나님의 권속이 된 자들의 모임이다. 그렇기 때문에 교역자란 교회의 머리이시며 주인이신 하나님께서 가정의 일을 맡겨서 돌아보도록 세우신 하나님의 종이다. 물론 교역자도 다 하나님으로부터 난 자들이요 그 중에서 하나님이 가정의 집사로, 청지기로 삼고 돌보게 하시는 교회의 일군이다.

그러므로 사도 바울은 그의 서신을 기록하면서 서두에 항상 자신이 하나님의 일군 됨을 천명하고 있다. **"하나님의 뜻을 따라 그리스도 예수의 사도로 부르심을 입은 바울"**(고전 1:1), **"사람들에게서 난 것도 아니요 사람으로 말미암은 것도 아니요 오직 예수 그리스도와 및 죽은 자 가운데서 그리스도를 살리신 하나님 아버지로 말미암아 사도 된 바울"**(갈 1:1). 그래서 교역자들을 하나님의 종으로 또는 그리스도의 일군으로 말할 때 그들이 하나님의 집의 일을 맡아서 돌보는 청지기로 말하는 것이다. 그들이 하나님의 집에서 맡은 것이 무엇인가?

먼저 하나님의 집의 곡간을 맡았다. 즉, 그들은 하나님의 집에 필요한 양식을 맡은 자라는 말이다. 그래서 그들을 말씀의 일군들이라고 한다. 하나님께서 자기 백성들에게 이른 비, 늦은 비를 적당하게 내려주시듯이 말씀을 맡은 일군들은 하나님의 곡식 창고에서 말씀을 꺼내어 때에 따라서 잘 공급해야 할 책임을 지닌 자들이다. 주님이 베드로에게 "내 양을 치라", "내 양을 먹이라"고 분부하신 것이 바로 그것이다. 성도들은 하나님이 기르시는 양이다. 하나님이 우리를 돌보시는 목자이시지만 주의 종들을 목동으로 삼으시고 양들을 맡겨주신 것이다. 그들은 생명의 양식으로 양들을 잘 먹이고 치는 중요한 임무를 맡은 자들이다. 그러므로 주의 종들을 대할 때 사실 주님을 대하듯이 존경하는 마음을 가진다는 것은 정상적인 태도이다. **"형제들아 우리가 너희에게 구하노니 너희 가운데서 수고하고 주 안에서 너희를 다스리며 권하는 자들을 너희가 알고 저의 역사로 말미암아 사랑 안에서 가장 귀히 여기며 너희끼리 화목하라"**(살전 5:12-13), **"잘 다스리는 장로들을 배나 존경할 자로 알되 말씀과 가르침에 수고하는 이들을 더 할 것이니라 성경에 일렀으되 곡식을 떠는 소의 입에 망을 씌우지 말라 하였고 또 일군이 그 삯을 받는 것이 마땅하다 하였느니라"**(딤전 5:17-18). **"너희를 인도하는 자들에게 순종하고 복종하라 저희는 너희 영혼을 위하여 경성하기를 자기가 회계할 자인 것 같이 하느니라 저희로 하여금 즐거움으로 이것을 하게 하고 근심으로 하게 말라 그렇지 않으면 너희에게 유익이 없느니라"**(히 13;170).

성도들은 그 맡은 일을 충실하게 감당하도록 교역자들에게 적극 협력하는 것이 피차에 유익하다. 성도 모두가 하나님의 일군들이지만 모두가 다 사도가 아니요 모두가 다 선지자가 아니듯이 모두가 다 목사가 아니다. 하나님이 그중에 일부를 목사와 교사로 세우시고 당신의 양식 곡간을 맡겨주신 것이다. 그 양식을 맡아서 주님의 양들에게 적절하게 공급해야 하는 것이다. 그런 의미에서 개혁교회는 항상 말씀의 종들을 가장 귀히 여기고 존중하여 왔으며 말씀의 사자가 되는 것을 교회의 최고 영광스러운 직분으로 간주하고 있다. 실제로 사도 바울은 고린도 교회에 편지하면서 이 부분을 강조하고 있음을 알 수 있다. **"우리는 하나님의 동역자들이요 너희는 하나님의 밭이요 하나님의 집이니라"**(고전 3:9), **"사람이 마땅히 우리를 그리스도의 일군이요 하나님의 비밀을 맡은 자로 여길지어다"**(고전 4:1).

그런데도 우리에게 의심을 심어주면서 교회를 넘어뜨리려는 가장 간교한 사탄의 수단은 교역자들을 폄훼하게 만든다. 불신을 조성하고 불순종을 당연한 것으로 간주하게 만든다. 교역자의 넘어짐이 곧 교회의 대혼란이요 붕괴의 최고 공격임을 너무나도 잘 아는 그이기에 끊임없는 공격을 퍼붓는 것이다. 그래서 성도들은 교역자들을 위해서 정말 많이 기도해야 하고 교역자들은 사탄의 미혹에 흔들리지 않고 하나님과 함께 일하는 동역자로서 품위와 권위를 잘 유지해야 한다. 주의 종들을 비방하고 욕하는 일들은 아무리 옳다고 할지라도 하나님은 결코 죄 없는 것으로 간주하지 아니한다. 심판은 하나님께 속한 것이요 회중은 합법적인 방법으로 권고와 견책을 통해서 잘못된 것을 바로잡을 수 있다. 허물을 누설하는 것은 형제 사이를 이간질하는 것이기에 하나님의 종들을 비방하기를 두려워해야 한다. 교회의 순결과 회중의 건덕에 방해가 되는 청지기의 허물은 성경과 교회법에 따라 상회(노회나 총회 재판국)에서 적법하게 처리해야 한다. 이것이 잘 안 된다고 판단하여 사회법에 호소하는 경우가 많아지고 있는 것은 교회가 세상보다 못하다는 증거이다. 쇠하는 교회의 전형적 특성이다. 하나님은 하나님 집의 일을 불신자에게 맡기시는 법이 없다.

교회의 권위는 어디서부터 오는 것인가? 진리의 말씀과 질서에서 온다. 하나님은 말씀으로 교회를 이끄신다. 그리고 그 말씀 안에서 질서 있게 역사하시도록 이끄신다. 그러므로 하나님의 교회에 하나님이 주신 각각의 은사들이 질서 있게 활동하도록 잘 이끄는 감독자들은 절대적으로 필요한 것이다. 이렇게 주의 종들에게 말씀을 맡겨주신 것만이 아니라 잘 다스리는 일까지도 맡겨주셨다. 그것이 내 양을 치라는 명령에서 찾아진다. 친다는 것은 감독하고 돌보는 일을 내포하는 말이다. 무엇으로 양들을 치며 돌볼 것인가? 그것 역시 말씀으로 한다. 그러므로 장로들은 다 하나님의 말씀에 익숙한 자들이어야 하고 그 말씀으로 양들을 잘 돌보는 책임을 맡은 자들이다. 그 장로들의 역할에 대해서 사도 베드로는 이렇게 지적하고 있다. **"너희 중 장로들에게 권하노니 나는 함께 장로된 자요 그리스도의 고난의 증인이요 나타날 영광에 참예할 자로라 너희 중에 있는 하나님의 양 무리를 치되 부득이 함으로 하지 말고 오직 하나님의 뜻을 좇아 자원함으로 하며 더러운 이를 위하여 하지 말고 오직 양 무리의 본이 되라"**(벧전 5:1-3).

하나님의 권속 중 누가 이를 부정하겠는가? 혹자는 하나님께만 복종하면 된다고 한다. 틀린 말은 아니다. 그러나 하나님이 세우신 사람에게도 복종하는 것이 필요하다. 마치 어명을 전달하는 신하에게 엎드리는 것은 그 신하가 위대해서가 아니라 그를 보내신 왕 때문이듯이 하나님 집의 청지기에게 복종하는 것 그 자체가 하나님의 권위를 인정함이요 하나님께 복종하는 것이기 때문이다. 물론 주의 종들에 대한 복종은 항상 진리의 말씀의 범위 안에서만 통용되는 것이다. 그래서 하나님의 종들은 하나님의 뜻을 따라서 양들을 돌보아야 한다. 자신의 의지와 생각이 아니라 항상 주님의 곡간에서 양식을 꺼내어 먹이고 그 진리의 기준으로 주님의 사람들을 세워 가는 것이다. 즉, 그들 가슴 속에 그리스도의 형상이 새겨지기까지 해산의 수고를 아끼지 말아야 하는 것이다. 이것이 하나님의 집에서 발견되는 질서 있는 화평한 가정의 모습이다. 권위에 복종하지 아니하는 것은 하나님의 자녀가 아니다. 이 집의 주인은 자식이 아니라 가장이신 하나님이시기 때문이다. 집안 식구들이 가장에게 순복하고 부모는 자식을 사랑하고 자식은 부모를 공경하는 것이 아름답다.

권속들은 무엇보다 가장의 뜻을 온전히 이해하고 순종하는 자가 되어야 한다. 가정이든 교회이든 막장 드라마를 쓰는 것이 되어서는 안 된다. 가장의 뜻은 하나님의 말씀을 따라 가문의 번영을 도모하고 각자가 자신들의 역할을 충실하게 감당하되 서로 간의 화평함과 질서를 이루도록 이끄는 것이다. 이것들을 해치는 일에는 반드시 엄한 징계가 따른다. 그 징계를 교회는 권징(discipline)이라는 용어를 사용하여 표현한다. 권징은 성도를 온전하게 하라고 주신 하나님 진리의 말씀으로 책망하고 바르게 함을 통하여 하나님의 거룩한 백성이 되게 함을 목적하기에 교훈과 책망과 바르게 함과 의로 교육하기에 유익한 말씀으로 징계하는 것이다. 말씀은 방망이와 같아서 완악하고 고집 센 자들의 심령을 능히 꺾기에 충분하다. 권속으로서 제일 가는 책무는 머리이신 주님의 음성을 듣는 것이다. 마치 주모가 상전의 입에서 나오는 명령이 무엇인지를 그리고 상전이 주지시키고자 하는 교훈이 무엇인지를 잘 파악하여 일과를 시작하듯이 성도들도 늘 우리를 향하여 내리시는 주님의 음성이 무엇인지를 깊이 듣는 자세가 되어야 한다. 따라서 성도는 예배당에 온 가장 큰 이유는 교회의 머리이신 우리 주님께서 우리 각각의 지체에게 내리시는 명령과 교훈이 무엇인지를 겸손하게 듣는 것이다. 우리의 생각을 아뢰기 위해서 온 것이 아니다. 주님이 우리를 부르신 것은 우리들의 생각을 알고 싶어서가 아니다. 우리와 함께 상의하고 난상 토론을 벌여 중지를 모으고자 한 것이 아니다. 우리는 그의 지으신 피조물이요 그는 우리를 지으신 창조주이시다. 피조물이 하나님 자리를 넘볼 수 없다. 자식이 아비의 자리를 넘보는 것은 반역자들의 행동이다. 가정에 질서가 잘 유지될 때 그 가정은 모두가 우러러보는 존귀한 가정이 될 수 있다. 질서가 엉망이면 콩가루 집안이라는 비난을 피할 수 없을 것이다.

먼저 듣고 이해하고 수납하여 실천하는 것이 성도들의 의무이다. 그 결과는 집안이 무너지지 아니하고 견고하게 세워지며 그로 인하여 모든 권속이 다 행복을 누릴 수 있게 되는 것이다. 가장은 권속들에게 각자 맡은 일들을 하기에 부족함이 없도록 필요한 것을 넉넉하게 공급해 주어야 한다. 모자람도 과함도 없이 가장 적절한 분배가 이루어지고 모두가 만족한 것이 최상이다. 그러나 주님께서 정하신 일들에 이의를 제기하고 불만을 표출하고 자신들의 목소리를 내세우기 시작하면 하나님의 집은 주인 없는 흉가가 될 것이다. 쇠하는 교회의 전형적인 특징인 하나님 부재 현상이 지속된다.

이미 언급했지만 지체로서의 역할은 그리스도로부터 필요한 모든 영양분을 공급받아서 그리스도의 몸이 장성한 분량에 이르기까지 성장하는 데 이바지하는 것이다. 머리이신 주님의 명령에 순종함이 근본이다. 순종은 제사보다 나은 것이다. 듣는 것이 숫양의 기름보다 낫다. 거역하는 것은 사신 우상에게 절하는 것과 같다. 우리 주님이 우리에게 원하시는 것은 첫째도 둘째도 셋째도 순종이다. 자녀 교육의 제일 되는 목표는 순종이다. 고집을 키우는 부모가 많다. 아이의 욕구 충족에 끌려다니기 때문이다. 순종이 아름답다. 아담과 하와가 순종하지 못하여서 온 세상에 사망을 불러왔지만, 둘째 아담이신 예수 그리스도는 죽기까지 순종하심으로써 온 세상에 생명의 역사를 일으키셨다. 순종이야말로 하나님의 권위를 세우는 것이요 하나님을 기쁘시게 하는 것이다. 부모의 말에 순종하는 자녀들이 부모의 위엄을 드높이는 자들이요 부모의 마음을 시원케 하는 자들이다. 자식들의 욕구 충족을 앞세웠다가는 부모가 큰 낭패를 당한다. 아비의 속을 썩인 어느 그룹 총수의 아들 때문에 아비가 감옥에 가는 일도 있었다. 자식의 불의한 행동은 그만 아픔을 겪는 것이 아니라 그를 낳아주고 길러준 부모의 얼굴에도 먹칠을 하는 것이 된다. 마찬가지로 성도들이 세상에서 주님의 말씀에 순종하고 살아갈 때 세상 사람들로부터 존경을 받을 뿐 아니라 우리 하나님의 이름이 높임을 받게 된다. 그러나 우리의 현실은 우리 때문에 세상 사람들로부터 하나님의 이름이 모독당하는 일이 너무나 많다. 이는 참으로 가슴 아픈 일이다. 우리의 불순종과 불의한 행동들에 대하여 하나님께 회개하고 언제나 주님의 뜻이 무엇인지를 파악하고 그 받은 명령에 적극적으로 순종해야 한다. 그것이 하나님 중심의 세계관이요 가치관이다. 우리의 존재 목적은 우리의 영원한 아버지이신 하나님을 영화롭게 하는 것이다.

그것이 하나님의 집의 권속들이 가지는 명예요 위엄이기도 하다. 하나님을 부끄러워하지 아니하는 자식들을 하나님은 반드시 높여 주신다. 아들을 아낌같이 특별한 소유로 삼으시고 여호와 앞에 있는 기념 책에 기록하여 길이길이 빛내는 역사를 이루실 것이다. 지금 우리들의 형편이 마치 사사시대처럼 많은 사람이 죄에 팔려 가고 있고 다 하나님을 등지고 사는 모습이 너무 많다. 수많은 교회가 존재하고 있고 주일마다 설교가 홍수처럼 쏟아지고 있지만 하나님의 이름을 영화롭게 하는 일이 교회가 있는 곳마다 나타나야하는데 현실은 그렇지 못하다. 물론 바알에게 절하지도 않고 입 맞추지도 아니하며 무릎을 꿇지도 않은 남은 자들이 있음을 부정하지 않는다. 그러나 눈에 보이는 현실은 정반대의 길을 가고 있다. 그런 무너지는 교회를 다시 일으켜 세우는 자가 되려면 성경대로 돌아가야 한다. 진리의 말씀에 통제를 받는 교회여야 하고 성도여야 한다.

이 백성들의 죄와 우리가 범한 죄를 회개하고 진정으로 주인의 명령을 받들어 주님의 이름을 영화롭게 하는 온전한 순종의 길로 돌아서자. 우리에게 순종할 수 있는 믿음을 달라고 더욱 부르짖자. 우리를 긍휼히 여기시고 주의 손에 붙들려서 주님이 쓰시는 참된 일군들이 되게 해 달라고 간구하자. 하나님을 하나님으로 마땅히 대우해 드리는 청지기가 되자. 하나님의 권속답게 살아가자. 우리와 같은 죄인들을 자녀로 삼아주신 하나님의 은혜를 헛되게 하지 말자. 자녀로서의 말과 행실과 믿음과 사랑과 정절에 본이 되자. 그것이 온 땅에 창조주 하나님 외에 다른 신이 없음을 알게 하고 그 하나님만을 섬기게 하는 길이요 흥하는 교회 '세우미'가 된다. 자녀들의 말과 행동거지가 부모의 모습을 반영하듯이 성도들의 삶이 사람들에게 우리 하나님의 모습을 그리게 하는 것이다. 거룩하고 온전한 길을 굳게 붙들라.

권속들이 할 일은 각 지체들의 은사를 인정하고 함께 더불어 그리스도의 몸을 온전히 세워 가는 일이다. 형제 의식이 강한 자녀들은 가문의 영광을 나타낼 것이다. 한 지체가 망가지면 온몸이 고통을 받는다. 그러므로 서로를 돌아보아 흔들림이 없이 또는 시험 당함이 없이 각자가 맡은 일에 충성하도록 격려하고 힘을 불어넣으라. 그렇게 할 때 지체들이 경쟁자가 아니라 함께 일하는 동역자라는 사실이 나타난다. 하나님의 집에서는 경쟁의 대상은 없다. 오로지 상대방이 절실하게 필요한 협력자요 동역자일 뿐이다. 빌립보서 2장은 다음과 같이 교훈한다. **"마음을 같이 하여 같은 사랑을 가지고 뜻을**

합하며 한 마음을 품어 아무 일에든지 다툼이나 허영으로 하지 말고 오직 겸손한 마음으로 각각 자기보다 남을 낮게 여기고 각각 자기의 일을 돌아볼뿐더러 또한 각각 다른 사람들의 일을 돌아보아 나의 기쁨을 충만케 하라"(빌 2:2-4).

세상에서도 공동체의 권익을 세워가려면 같은 마음과 같은 사랑과 같은 뜻을 가져야 하듯이 하나님의 집에서도 그러하다. 회사에서 사주의 의지와 생각이 중요하듯이, 하나님의 집에서도 주님의 생각과 뜻이 가장 먼저 고려해야 할 것이다. 우리들의 생각이 아무리 좋아도 주님의 뜻에 어긋나는 것이면 우리 생각과 의지를 과감하게 포기해야 한다. 주님의 뜻이 우리의 뜻이어야 하고 주님의 생각이 우리의 생각이어야 한다. 그것이 주님의 몸을 온전히 세워 가는 길이다. 이 일에 가장 큰 방해 요소는 다른 지체에 대한 험담이다. 단점이나 약점을 가지고 비방하거나 조롱하는 일은 교회를 세우는 것이 아니라 무너뜨리는 일이다. 다른 지체를 무시하거나 배척하거나 모함하거나 욕하는 일은 교회를 세워 가는 것이 아니라 허무는 일이다. 주님이 세우신 교회를 허무는 죄는 그 어느 죄보다 무겁다. 왜냐하면 교회는 우리 주님께서 이 세상에 세우신 유일한 기관이요 주님의 신부이기 때문이다. 하나밖에 없는 작품을 붕괴하는 일에 앞장서는 자들을 어찌 가만둘 수 있겠는가? 그리스도에게 속한 지체라고 하면서 지체끼리 다투고 상처주는 일을 담대하게 벌이는 것은 주님을 욕되게 하는 일이다. 그렇게 하여 자신의 독보적인 권익은 차지할지 몰라도 주님으로부터 칭찬은커녕 진노를 받기에 합당한 일이다. 주님으로부터 잘했다고 상 받을 일을 실행하는 자가 흥하는 교회 '세우미'요 그렇지 않은 자는 쇠하는 교회 '섬기미'가 될 뿐이다.

각각의 지체는 하나님의 말씀을 받아 순종하고 서로가 화기애애하게 지내도록 힘써야 한다. 말씀을 들어도 비판이나 가하고 자기 의지대로 말하고 행동하는 것은 교회 질서 파괴의 앞잡이가 되는 것이다. 하나님의 집은 잘 통솔되고 잘 통제되어야 한다. 개혁교회는 무엇이든지 자신의 의지와 생각대로 덮어놓고 일하라고 가르치지 않는다. 자신의 양심이 최종 명령자가 될 수 없기 때문이다. 내 양심이 최종 판결의 잣대라고 한다면 하나님의 기록된 말씀은 필요 없고 그 말씀을 전하는 목사도 불필요한 것이다. 사람의 양심은 각각 다르다. 자신이 알고 있는 것에 좌우되는 것이 양심이다. 그 양심이 어두워져서 신령한 일은 도무지 깨닫지도 못하는 양심도 존재한다. 그러므로 성도들의 삶의 기준은 자신의 판단이나 양심이 기준이 아니라 하나님의 생각이요 그 생각은 기록된 말씀 안에서 찾아진다. 그 말씀의 교훈이 지금까지 내가 살아온 방식과 불일치할 때는 하나님의 말씀을 포기할 것이 아니라 자기 삶의 방식을 개선해야 하는 것이다. 해야 할 일과 하지 말아야 할 일들을 잘 구별하여서 교회의 머리이신 주님의 명예를 드높이고 그의 영광을 온 땅에 선포하는 좋은 교회 세워 가는 '세우미'가 되자.

문제는 이렇게 가르침을 받는다고 해도 잘 순종하지 않는 점이다. 과거 어두운 시대에는 몰라서 못 하는 것이 대부분이었다. 그러나 요즘은 모르기도 하지만 알아도 하지 않는다. 진리대로 살지 않는 탈선의 늪을 상당히 늘려가고 있다. 죄악 된 습성이 기회만 엿보며 언제나 진실한 성도들을 괴롭힌다. 어떻게 하든지 하나님의 말씀과 가르침에 반항하려는 못된 기질들이 우리 안에 있다. 날마다 주의 말씀과 기도로 우리 자신을 쳐서 복종시키는 훈련이 필요하다. 어떤 이는 '본래 내 성격이 그런 걸 어떻게 해!'하며 기질대로 살고자 한다. 말이나 노새는 자갈과 굴레를 씌우지 아니하면 주인에게 순종하지 않는다. 우리는 그래서는 안 된다. 순종이야말로 우리가 교회의 머리이신 주님을 주님으로 대접하는 최고의 지름길이다. 그것이 하나님께 대하여 항상 살아 있는 자요 죄에 대하여는 죽은 자로 살아가는 것이다.

순종은 꾀를 부리지 않는 것이다. 직장에서나 단체생활에서 사람들이 자꾸 술수를 쓰는 유혹에 빠진다. 교회 안에 그런 일이 없다고 아무도 장담할 수 없다. 그러므로 성도들의 삶, 특히 교회 공동체에 속한 자들의 책무에 대하여 언급한 사도 바울은 이렇게 명령한다. **"종들아 모든 일에 육신의 상전들에게 순종하되 사람을 기쁘게 하는 자와 같이 눈가림만 하지 말고 오직 주를 두려워하여 성실한 마음으로 하라 무슨 일을 하든지 마음을 다하여 주께 하듯 하고 사람에게 하듯 하지 말라 이는 유업의 상을 주께 받을 줄 앎이니 너희는 그리스도를 섬기느니라"**(골 3:22-24).

사람들 앞에서는 우리의 꼼수가 통할 수 있어도 중심을 보시는 하나님 앞에서는 불가하다. 그 실제를 우리는 아나니아와 삽비라의 사건을 통해서 본다. 그 부부는 단지 베드로와 사도들을 속인 것이 아니라 하나님을 속이려 했다(행 5:3-4). 사람들 앞에 과시하고자 하는 욕망의 표현이 하나님을 만홀히 여기는 자리까지 나아간 것이다. 우리는 사람을 기쁘게 하려는 눈가림만 하는 자가 되지 말고 오직 주를 두려워해야 한다. 하나님께 나오는 자가 거짓된 마음을 가지고 올 수 없다. 우리가 어디서 직장 생활을 하든 우리의 상전은 육신의 상전만이 아니라 교회의 머리이신 주님이심을 한시라도 잊지 말아야 한다. 그렇기 때문에 성경은 모든 일에 주께 하듯 하고 사람에게 하듯 하지 말라고 명령하면서 우리는 그리스도를 섬긴다고 말씀하는 것이다.

사실 사람들에게 하듯 하지 말고 주님께 하듯 해야 하는 것은 마태복음 25장에서 그 이유를 분명히 알게 된다. 지극히 작은 소자 하나에게 하지 아니한 것이 곧 주님께 하지 아니한 것이요 소자 하나에게 한 것이 곧 주님에게 한 것이다. 그렇다면 사람들을 대함에 있어서 그리스도인과 비기독교인들과 차이가 분명하지 않은가? 비기독교인들은 사람들을 대할 때 그 상대방의 지위와 신분을 무엇보다 고려한다. 내가 상대해서 득을 볼 가치가 있는 것이라면 어떻게 해서라도 줄을 닿게 하려고 할 것이다. 그러나 전혀 이익이 없는 자라면 처다보지도 않는다. 그러나 성도들은 적어도 그리스도 예수의 사람들이라고 한다면 지극히 작은 자, 내가 호의를 베풀어도 되돌려 받을 것이 전혀 없는 자들을 대함이 주님을 대함과 같아야 한다는 것이다. 이것이 정말 어려운 일이다. 어찌 사람들의 인식과 대중의 흐름을 거스르면서 주님 대하듯 할 수 있는가?

우린 야곱처럼 형님을 대함이 마치 하나님을 뵙는 것 같다고 입으로는 떠벌리면서 돌아서면 무시하거나 욕을 퍼붓거나 경멸하는 일들이 없는가? 우리의 이중적인 모습 때문에 사람들이 받은 상처는 얼마나 많은가? 정말 걸인들이나 노숙자들이나 혹은 병들고 못사는 허약한 자들을 대하면서 주님 대하듯 할 수 있는가? 그러나 주님은 그러한 작은 자들에게 한 것이 곧 주님께 한 것이라고 했다. 물론 우리는 모든 사람을 다 사랑할 수 없다. 사랑한다고 덤비는 것이 교만이다. 그러나 우리 주변에 늘 얼굴을 맞대고 사는 이들로부터 시작하여 가까이 만나는 형제자매 중에 주님께 대하듯 대하지 못한 일들은 없었는지 돌아보라. 그리고 주님께 대하듯 섬기는 것이 우리가 그리스도에게 속한 자들임을 나타내야 한다.

주님을 향한 사랑이 이 모든 일의 동기여야 한다. 단지 하늘로부터 받을 유업을 위한 것이 아니라 내게 베푸신 사랑의 크고 놀라움 때문에 그 사랑에 보답하고자 하는 자원하는 마음이어야 한다. 그 첫사랑을 잊어버린 에베소교회를 책망하신 주님의 음성을 들어보라. 에베소 교회는 얼마나 진리에 충실하였는가? 그들의 수고와 행위와 인내는 칭찬받을 만한 것들이었다. 악한 자들을 용납하지 않았고 거짓 사도들과 선지자들을 가려내는 눈도 있었다. 또 주님의 이름을 위하여 참고 인내하며 부지런히 땀 흘린 것도 높이 살 만한 것이었다. 그러나 그런 자들에게 주님은 책망할 것이 있다고 하면서 처음 사랑을 버렸다고 지적하셨다. 만일 이 말을 듣고도 회개하지 아니하면 주님께서는 그들의 촛대를 옮겨버리겠다고 하셨다. 촛대는 교회를 가리키는데 그 촛대를 옮긴다는 것은 교회 폐쇄를 의미하고 다른 교회를 세운다는 것이다.

순종은 사랑하는 마음이 있을 때 가능하다. 주님께 하듯 하는 일은 주님을 사랑하는 마음이 아니고서는 불가능한 일이다. 그러나 사랑이 없는 땀 흘림도 수고도 봉사도 헌신도 가능하지 않은 것은 아니나 옆 사람들의 마음에 감동을 줄 수도 없고 중심을 보시는 하나님께는 더더욱 아무것도 아니다. 하나님 자신이 사랑이시기 때문에 사랑으로 하는 수고와 그렇지 않은 의무를 충분히 구별하신다. 사랑이 없으면 천사의 소리를 할지라도 혹은 산을 옮길 만한 능력이 있을지라도 혹은 우리 몸을 불사를지라도 다 무익하고 헛되다. 사랑은 대가를 바라지 않고 희생하는 것이다. 대가를 기대하는 것은 노동이다. 물론 우리는 누군가가 알아주기를 바란다. 우리의 정성과 수고를 아무도 알아주지 않을 때 의욕 상실과 좌절이 찾아온다. 그러나 그리스도인은 중심을 보시는 하나님을 의존한다. 주님께 하듯 섬길 뿐이다. 하나님은 우리의 헌신을 전혀 잊지 않으신다. 그래서 진실한 성도들이 바라는 보상은 우리의 방패요 상급이신 주님이다. 그에게서 받을 상은 쇠하거나 녹이 슬거나 도둑맞을 일이 없는 확실한 것이다. 그리고 누군가로부터 존귀히 여김을 받게 된다. 진심은 언제나 통한다.

하나님의 집으로서 교회와 관련하여 우리가 기억할 또 하나의 교훈은 모든 지체는 주인이신 주님의 쓰심을 위하여 항상 준비된 자여야 한다. 지체 중 불필요한 지체는 하나도 없다. 주님께서 우리를 택하시어 하나님의 자녀로 삼아주신 것도 엄청나게 감사할 일이지만,

주님의 몸 된 교회를 세워감에 필요한 일군으로 쓰임 받는 기회를 얻음은 더욱 영광스러운 것이다. 무너지는 교회의 두드러진 양상 중 하나는 교회 안에 명예심이 가득한 것이다. 소중한 직책을 획득하고 선 (능력이 안 되는 자들이 주로) 섬기기보다 섬김받기를 원하거나 고개 뻣뻣이 세워 세도 부리는 어리석은 자들이 늘어간다. 그러나 흥하는 교회는 나 자신보다 탁월하고 능력이 많은 사람도 허다한데 나처럼 지혜도 능력도 재주도 별 볼 일 없는 자를 세워주신 것에 황송한 마음으로 겸손히 맡은 일에 충성하는 교회 '섬기미'가 되는 것이다. 이 얼마나 놀라운 일이란 말인가! 문제는 지체 중 쓰임 받도록 늘 준비하는 자가 많지 않다는 것이다. 신체에 붙어 있는 지체 중 제 기능을 발휘하지 못하는 고장나거나 마비된 것을 제외하고는 모든 지체가 숨이 멎을 때까지 자기 역할을 수행하는 것이 정상이다. 고장 나지도 않았고 마비된 것도 아닌데 어떤 지체는 한 번도 선발되어 필드에 나가지 못한다. 가장 큰 이유는 준비되어 있지 않는 것이다. 혹 준비는 잘 되었는데 조화와 협력을 깨는 교만 덩어리가 되어서 그럴 것이다. 우리는 어떤가? 특히 교회 직분자들은 직책에 맞게 주인의 쓰심에 합당한 그릇으로 늘 준비되어 있어야 한다.

사도는 이렇게 교훈하고 있다. **"큰 집에는 금과 은의 그릇이 있을 뿐 아니요 나무와 질그릇도 있어 귀히 쓰는 것도 있고 천히 쓰는 것도 있나니 그러므로 누구든지 이런 것에서 자기를 깨끗하게 하면 귀히 쓰는 그릇이 되어 거룩하고 주인의 쓰심에 합당하며 모든 선한 일에 예비함이 되리라"**(딤후 2:20-12). 하나님의 집인 교회 안에는 영광스러운 그릇과 불명예스러운 그릇이 존재한다. 하나님이 광대하신 분이기에 하나님 집 역시 광대하다. 이 집은 최고의 건축가가 직접 설계하고 독생자 예수 그리스도의 피로 세운 집이다. 이 집이 위대한 것은 그 집에서 하나님이 우주 만물을 통치하시고 죄인을 구속하시는 모든 업무를 보시는 처소이기 때문이다. 수많은 천군 천사가 활보하는 광활한 곳이다.

그러기에 그 집에는 그 피로 값 주고 산 하나님의 모든 권속이 거처할 처소도 많지만, 그들을 위하여 쓰일 그릇도 수를 셀 수 없을 만큼 많다. 하나님의 아들 예수께서 제자들에게 **"내 아버지의 집에는 거할 곳이 많다"**고 말씀하셨다(요 14:2). 그중 쓸모없는 그릇은 하나도 없지만 전혀 쓰임을 받지 못하는 불명예스러운 그릇들도 존재한다는 데 경각심을 가진다. 밥그릇, 국그릇, 반찬 그릇, 숟가락, 젓가락, 접시, 솥단지, 국자, 컵, 잔, 집게, 칼 등 다양한 용도의 다양한 기구들이 즐비해 있다. 물론 어떤 그릇들은(금과 은으로 만들어진) 귀한 손님들을 위하여 영광스럽게 사용되기도 한다. 반면에 어떤 그릇들은(나무나 흙으로 만들어진 것들) 하수처리 시설로 쓰이거나 쓰레기통으로 사용되기도 한다. 그런데 누구든지 그 천히 쓰이는 것들로부터 자신을 깨끗하게 하면 귀하게 쓰임을 받는다는 것이다. 즉, 하나님의 쓰심에 유용한 그릇으로 자신을 성결하게 하고 영광스러운 자리에 나아갈 준비가 충분히 되어 있으면 하나님이 쓰시고 싶을 때 언제든지 쓰임 받을 수 있는 것이다. 이 일은 하나님이 우리를 깨끗하게 하는 어떤 것이 아니라 우리 스스로가 준비할 것을 말씀하는 것이다. 그것은 요한일서 1:9에 있는 것과 같이 죄의 고백을 통해서 미쁘시고 의로우신 하나님이 우리 죄를 사하시며 모든 불의에서 우리를 깨끗하게 하시는 것으로 말미암는 것이다. 죄의 고백은 특별히 하나님의 기록된 말씀대로 살지 못한 것에 대한 고백이어야 한다. 회개하지 않는 자는 아무리 큰일을 하고자 해도 주님의 안중에도 들지 않는다.

우리는 어떤 그리스도인이 다른 그리스도인보다 낫다거나 어떤 사람이 엄청나게 영적인 존재라고 생각할 필요는 없다. 그러나 우리는 어떤 그리스도인들은 자신을 깨끗하게 하여 하나님께 더욱 유용하게 쓰이도록 준비했기 때문에 다른 그리스도인들보다 하나님께 더 많이 쓰임을 받을 수 있다는 사실을 인정해야 한다. 그런 의미에서 교회에서든 교회 밖에서든 모든 선한 일에 열심을 내는 하나님의 친 백성으로 섬길 준비가 항상 되어 있어야 한다. 하나님께 쓰임받는다는 것은 교회 외에도 직장, 학교, 가정, 지역 사회를 포함하여 모든 선한 일에 복되게 쓰임받는 일군이어야 함을 말씀하는 것이다. 이 일은 사람이 자신을 깨끗하게 하고 자신을 귀히 쓰는 그릇으로 하나님께 드릴 때 일어날 수 있다.

그렇게 준비가 안 되었는데도 유용한 자로 쓰임을 받고 있다면(실제로는 아니지만 본인 스스로 그렇게 생각하는 것이다) 하나님의 집을 더럽히거나 하나님의 이름이 모독당하는 첨가물만 늘려갈 뿐이다. 집은 언제나 대청소가 필요한 것처럼 하나님의 집도 모두가 회개를 통해서 자신을 성결하게 하는 작업을 늘 수행해야 한다. 거룩하지 않은 그릇은 아무리 금 그릇이라 할지라도 주인의 쓰심에 합당하지 못한 것이다. 그러나 나무나 질그릇이라 할지라도 그 모든 부정함에서 자신을 깨끗하게 한 자는 언제든지 주인이 사용하시길 기뻐하는 그릇이 되는 것이다. 우리를 잘 살펴서 회개하고 악에서 돌이켜 의에 거하는 자가 되어야 한다. 그리고 서로를 살펴서 악에 빠지지 않도록 격려하고 이끌어 줌도 필요하다. 나 혼자만 깨끗하다고 해서 만족하지 말라. 주님은 주님의 집 전체가 다 깨끗하고 거룩하기를 원하신다. 그래서 교회에 권징을 허락하시고 징계를 가하시는 것이다. 깨끗하게 하시는 일은 전적으로 하나님의 일이지만(왜냐하면 하나님이 용서하셔야만 가능하기에), 주님의 쓰심에 준비된 우리의 의지와 수고가 필요한 지체로서의 기능 발휘는 지체인 우리가 할 일이다. 우리의 의지와 생각이 주님의 뜻에 부합한 길을 가도록 촉진해야 한다.

그렇다면 우리를 더럽게 하는 것을 조심해야 한다. 마음의 생각을 바르게 해야 한다. 무릇 마음을 잘 지키지 아니하면 온몸이 더럽혀진다. 왜냐하면 사람들의 생각하는 것이 그 위인의 됨됨이를 결정하는 것이기 때문이다. 마음에 쌓은 선이 많으면 선을 낳고 악이 많으면 악을 낳는다. 입으로 들어가는 것이 온몸을 더럽게 하는 것이 아니라 마음에서 나오는 것들이 더럽다. 그러므로 **"무릇 지킬 만한 것보다 네 마음을 지키라 생명의 근원이 이에서 남이니라"**(잠 4:23)고 하였다. 마음은 하나님의 모든 은혜를 담는 저수지이다. 그 저수지가 오염되면 그 마음에서 흘러나오는 모든 물은 다 불순물이 있어 마실 수 없는 것이 된다. 그래서 마음을 항상 깨끗하게 해야 한다. 마음에 죄악을 품고 있으면 하나님이 우리 기도조차도 들어주지 않으시기 때문이다(시 66:18).

마음이 부패하거나 타락하지 않게 하는 것은 항상 마음의 거울인 성경을 사용하여 마음 구석구석을 샅샅이 점검해야 한다. 말씀으로 우리 자신을 잘 살피고 점검해야 한다. 큰 건물이든 작은 건물이든 청소하는 이들이 있다. 그들은 시간표를 정해 놓고 본인이 담당한 곳에 대한 점검 및 청소 여부를 기록하여 둔다. 마찬가지로 우리도 정해진 시간에 우리의 심령을 살피고 청소하는 시간을 가져야 한다. 그 정해진 시간은 공적인 예배 시간과 사적인 경건 시간이다. 그 은혜의 수단들을 잘 써 조금도 더러운 것이 우리 안에 자리 잡지 못하게 해야 한다.

또한 더러운 것을 피해야 한다. 성경은 우리에게 두 마음(시 12:2), 완악한 마음(잠 28:14), 교만한 마음(잠 21:4), 믿지 아니하는 마음(히 3:12), 냉담한 마음(마 24:12), 부정한 마음(시 51:10)을 피하라고 경고한다. 사단이 이곳을 특별히 감시하는 것처럼 우리도 특별히 감시해야 한다. 성채가 함락되면 마을 전체가 함락되듯이 마음이 사로잡히면 그 사람의 애정, 욕망, 동기, 추구하는 것 등 모든 게 다 사탄의 손아귀에 넘겨진다. 더러운 것을 만지면 내 손도 발도 온몸도 더러워진다. 더러운 것들을 피하면 온몸을 깨끗하게 보존할 수 있다. 우리가 피해야 할 것은 악한 말, 음란한 말, 누추한 말과 어리석은 말과 희롱의 말, 부정한 말들이다. 그 이름이라도 불러서는 아니 된다. 왜냐하면 그것은 어둠에 속한 자들의 말이기 때문이다. 이것들을 피하는 것은 성도의 마땅한 일이다.

또한 더러운 일들이 벌어지는 곳에 가는 것도 피해야 한다. 담배를 피우지 않아도 간접적으로 들이마시는 것도 암을 유발할 수 있다고 하여 금연 구역이 늘어나고 있듯이 술을 마시지 않아도 술집에 가거나 도박하지 않아도 도박장에 가 있으면 미혹에 빠지거나 더럽혀질 수 있다. 그러므로 악은 모양이라도 버리라고 하였다. 악을 피해야 한다. 음행을 피해야 한다. 거짓되다 일컫는 지식의 망령되고 헛된 말과 변론을 피해야 한다(딤전 6:20). 어리석은 변론과 족보 이야기와 분쟁과 율법에 대한 다툼을 피해야 한다(딛 3:9). 경건을 훼손하는 모든 일들을 피해야 한다. 그래야만 자신을 깨끗하게 지킬 수 있으며 주님의 쓰시는 거룩한 도구가 되는 것이다. 악인의 꾀를 따르게 되는 큰 유혹 중 하나(잠 4:19)는 그 길이 재미있고 즐겁고 어느 정도 행복감을 안겨준다는 것이다. 그러나 이것은 거짓말이다. 우리를 설계하고 창조하신 동일한 하나님은 그분의 명령에 따라 우리를 인도하시는 하나님이시다. 비록 즉각적으로 또는 본능적으로 명백하지 않을지라도 그분의 명령은 우리의 행복과 유익을 위한 것이다. 온 힘을 다해 마음을 지키는 것은 악인의 길에서 일어나는 흥분과 유혹을 일시적으로 고통스럽게 거부하는 것을 의미할 수도 있지만, 전체적인 결과는 영원한 행복과 기쁨과 즐거움이다. 우리는 다 쇠하는 교회 '섬기미'가 되지 말고 흥하는 교회 '세우미'가 되기를 열망한다.

07

쇠하는 교회 일으켜
세울 대안이 뭘까?

　이미 앞에서 각 장마다 흥하는 교회 세울 방책에 대해 언급했지만 구체적으로 실천할 수 있는 대안이 무엇일지 조금 더 제시하고자 한다. 망하는 기업을 일으켜 세울 대안은 무엇일까? 앞에서 지적한 것과 같이 활발한 연구 투자가 이루어져야 한다. 발전하고 더 성장하도록 지속적인 투자와 연구가 병행되어야 한다. 실패가 성공의 어머니라는 말이 있듯이 연단을 통해서 세워진 맷집 좋은 버팀목이 든든한 자산이다. 투자를 두려워하지 않고 당장 성과를 내려는 조급함을 버리고 꾸준히 노력한다. 새로운 시장 개척도 야무지게 해 나간다. 그런 과정에서 투자자들도 생긴다. 대기업이 존재하는 이유일 것이다. 어떤 이는 당장 급성장을 일구기도 하지만 대부분은 머지 않아서 반드시 빛을 볼 수 있다는 소망을 가지고 기초체력을 잘 닦는다.

　그러나 교회는 기업이 아니다. 세속적 성공 미담이 종교사업가로 성공 대열에 올라서게 하는 원칙이 될 수는 없다. 이미 지적한 것처럼 교회는 목사의 지도력 여부에 흥망이 좌우될 정도로 그 무게감은 기업 총수의 무게감과는 사뭇 다르다. 물질적인 투자와 연구 실적이 아닌 영적인 투자와 영적 열매를 거둬야 한다는 측면에서 기업 경영과 교회 운영은 도달하는 방법은 엇비슷할지 몰라도 과정은 전혀 다르다. 교회가 다시 일어서려면 목사의 적극적인 연구 활동이 이루어져야 한다. 목사의 성경 연구와 개인 경건 생활 및 성도 개개인의 영적 상태를 진단하고 처방할 수 있는 능력 배양에 힘써야 한다. 그것이 목회의 전부이다. 성도들도 목사에게서 복채 받음을 기대할 것이 아니라 목마르지 않게 하는 생수를 기대해야 한다. 영혼의 치료제를 기대해야 한다. 죄와 사망의 권세를 물리치는 복음의 향연을 맛보는 은총을 기대해야 한다.

목사는 그런 일을 능숙하게 감당하는 영적 전문의가 되도록 힘쓸 시간을 반드시 확보해야 한다. 목사들 대부분이 성경을 읽고 묵상할 시간이 없다고 말한다. 책을 진득하게 앉아서 읽고 되씹을 만한 여가가 없다는 현실을 내세운다. 흔히 급한 것보다 중요한 것부터 하라고 권면한다. 진짜 중요한 것이 뭔지 알면서도 급한 것 때문에(대부분이 영적이지 않은 업무들) 영적 실력 배양은 항상 뒤로 처진다. 많은 교회가 목사에게 그럴 여유 있는 시간을 배려해 주지 않는다. 설사 기회를 주어도 육신적 피곤함 때문에 건너뛰고자 하는 유혹에 매번 넘어진다. 머리로는 이건 아닌데 하면서도 몸이 따라주지 않는다. 젊은 목사들에게는 가정생활도 이만저만 고충이 아니다. 넉넉지 못한 생활비로 인하여 받는 압박도 상당하다. 특히 개척교회를 하는 분들은 이중직이라도 해야 생활비를 마련할 수 있을 정도로 그 상황은 심각하다. 물만 먹고 살 수 없다(더구나 요즘은 물값도 만만치 않다). 남들 먹이는 것만큼은 먹이고 싶고, 남들 교육하는 것만큼 교육하고 싶은 욕심이 없다면 부모가 아닐 것이다.

그래도 목사로 부르심을 받은 것이 분명하다면 **"군사로 다니는 자가 자기 생활에 얽매이는 자가 하나도 없듯"**(딤후 2:4)이 목회에 전념해야 한다. 목회를 생활의 방편으로 삼는 것이 아니라면 먼저 그의 나라와 그의 의를 구함이 우선이다. 먹을 것, 입을 것, 쓸 것을 더하여 주는 하나님 은총을 맛보아야 한다. 가족 부양 책임을 외면하라는 것이 아니다. 과거에는 목사에게 자녀가 많으면 교회 청빙도 받지 못했다. 그러나 지금은 자녀가 많으면 주일학교 성장에 도움을 준다. 국가도 교회가 신경을 쓰지 않아도 될 만큼 자녀 교육에 필요한 재정적 지원을 아끼지 않는다. 가정에서 가장으로서 온 식구를 다 그리스도의 보좌 앞으로 데리고 가는 가장의 책무를 다하는 것은 맡은 양 무리의 영적 건강을 위한 영의 양식 준비를 잘 감당하는 일에 큰 유익이 된다. 새벽기도회를 마치고 자거나 체력 단련에 시간 사용하는 것도 필요하겠지만 젊을수록 그 시간에 성경을 읽고 묵상하며 양질의 책을 섭렵하는 시간을 가지도록 훈련해야 한다. 운동선수들의 현장 연령은 종목에 따라서 다르겠지만 대체로 30 중반이면 하향세에 들어서고 은퇴한다. 그런데 최근 어느 여자 골프 선수가 40을 앞둔 나이에도 세계 랭킹 상위 10위에 들며 왕성함을 드러내고 있다. 그녀의 성공담에 관하여 기자가 질문을 하니 어려서부터 저애는 공부는 안 하고 운동만 한다는 소리를 들을 정도로 연습벌레였단다. 그것이 기초가 되어 늦은 나이에 이르기까지 여전히 체력적으로 부담이 없이 선수 활동을 한다는 소리를 들었다.

목사는 영적 체력이 강해야 한다. 영적 훈련은 단기간에 일시적으로 습득할 수 있는 것도 아니고 체력적 한계에 봉착하는 것도 아니다. 지속적으로 숨이 멎을 때까지 감당해야 한다. 육체의 연습은 약간의 유익이 있어도 경건에 이르는 연습은 범사에 유익하며 금생과 내생에 약속이 있다(딤전 4:8). 모든 사람이 받을 만한 이 말을 목사가 도외시해서야 되겠는가? 목사가 영육 간에 건강해야 하지만 선택의 갈림길에서는 항상 영적인 것이 먼저이다. 목회도 장기전이기에 영적 체력단련이 필요하다. 영은 늙는 법이 없다. 비록 육신은 쇠약해져도 속 사람은 날로 새로워져야 한다. 그것은 매일 경건에 이르는 훈련이 없이는 불가능하다. 오직 말씀과 기도로 거룩해지는 것이기에 주님의 신부인 교회를 온전케 하는 책무를 맡은 목사는 반드시 영적 체력을 강화하는 일에 전념해야 한다. 목사는 망령되고 허탄한 것들을 버리고 생명을 구원하고 구원받은 생명을 든든하게 하며 그리스도의 장성한 분량에 이르도록 성장케 하는 일에 전문인이 되어야 한다. 신약성경의 관심은 교회의 외적 크기가 아니라 교회의 순결함이다. 거룩함이 붕괴된 교회는 사회적 재앙이다. 교회의 영적인 실력은 담임목사의 영적 실력을 넘어가지 못한다. 그렇기에 목사는 영적인 깊은 바다에서 헤엄치는 실력을 키워가야 한다. 매번 얕은 물가에서만 놀면 물속 깊은 곳에서 벌어지는 하나님의 광대한 역사를 실감있게 그려낼 수 없다. 젖밖엔 먹일 줄 아는 것이 없는 자에게서는 골리앗을 물리칠 영적 실력은 꿈도 꿀 수 없다.

성경을 읽고 그 뜻을 알고자 앞서간 선배들이 남겨준 고귀한 주석을 포함한 도서들을 섭렵해야 한다. 요즘은 인터넷 발달로 인하여 필요한 양질의 도서들을 얼마든지 열람할 수 있다. 지금은 연구 자료가 없어서 실력 배양을 못하고 있다는 말을 누구도 할 수 없는 시대이다. 열심을 품고 주를 섬기는 일은 먼저 영적 실력 향상에 구슬땀을 흘려야 가능하다. 무릎을 꿇는 자기 부정의 훈련은 나이가 들어 말은 같아도 무게가 다르게 다가오는 감화력을 숙성시키는 일이다. 목회가 호구지책의 일환이 되어서는 안 되며(그것은 용병의 일이요 삯꾼의 일이다), 은혜의 복음을 증거하는 일을 위해 부름을 받은 사명자로 목숨도 귀한 것으로 여기지 않는 목양 일념의 길을 가야 한다. 공중에 나는 새들도 먹이시고 들에 핀 백합화도 입히시는 성부 하나님께서 머리털 하나라도 상하지 않도록 능히 지키실 것이다. 어떤 사람이 사도 바울이 얼마나 십일조를 많이 떼어먹었으면 그토록 고생길을 갔겠느냐고 헛소리를 하였다. 십일조를 잘하면 가난은 멀리 도망가고 물질적 부요함이 입 맞추려 달려온다는 망상을 심어주는 것은 하나님도 성경도 모르는 거짓 교사이다. 평생 암자에 앉아서 도를 닦는 이교도 종교인보다도 못한 존재들이 교회를 이끈다면 그런 교회는 무너지는 것이 정상이다.

그러나 목사는 복음으로 사는 자이다. 목사의 품격은 소유의 많고 적음에 있지 않다. 수많은 인문 서적이나 과학 서적이나 철학 서적 탐독이 목사의 영적 권위를 높여주는 것이 아니다. 순결하여 눈을 밝게 하고 완전하여 심령을 소생시키고 확실하여 지혜롭게 하고 정직하여 마음을 기쁘게 하며 영원까지 이르게 하는 한 권의 책의 사람이 되는 것 밖에는 다른 비결이 없다. 소리를 내서 입으로 읽고 귀로 듣고 눈으로 보는 말씀 묵상의 훈련과 그 말씀이 내 속에서 살아 역사하도록 성령의 감화를 위한 영적 교통의 시간을 늘려갈수록 교회는 하나님이 살리시고 흥왕케 하시며 하나님의 영광이 가득한 교회가 되고 등경 위에 둔 빛으로 세상 어둠을 밝힐 것이다. 그것만이 교회가 이 세상의 소망이 되는 길이다. 이에 관한 도전적 책은 청교도 목사인 리처드 백스터의 『참 목자상』을 추천한다. 그리고 로버트 머레이 맥체인의 전기와 토마스 보스톤의 전기를 꼭 읽기를 권장한다.

목사(성도도 마찬가지임)의 영적 체력 단련과 관련하여 한 가지 생각할 것은 기도이다. 교회의 순결은 개인의 거룩과 마찬가지로 말씀과 기도로만 가능하다. 개혁파 교회 목사들이 잘하는 일, 개혁파 교회 성도들이 그래도 나은 일은 건전한 양서들을 많이 섭취한다는 것이다. 호황을 누리는 것은 아니지만 개혁파 신학 서적과 경건 서적들이 꾸준히 읽히고 있는 것이 그 증거이다. 비개혁파 지도자들이나 그들이 이끄는 교회 성도들이 읽는 책의 수준과는 현격한 차이가 있다. 그런데 개혁파 서적이 늘 지적하는 것임에도 개혁파 교회 목사나 성도의 기도는 서구의 개혁파 교회와는 달리 깊이도 감흥도 능력도 부족해 보이는 이유가 무엇일까? 목사들이 서로 만나서 같이 식사도 하고 운동도 같이 한다. 그러면서 환한 미소를 띤 사진과 맛있는 음식이 차려진 상들이 SNS에 자주 등장한다. 성도들도 구역모임이든 친구들 모임이든 기도 모임을 통한 영적 감흥에 대한 소식을 주고받는 것을 거의 보지 못했다. 독서 모임은 있어도 기도 모임은 없다. 친구와 반가운 만남은 자주 올려도 누구도 빼앗을 수 없는 우리 주님과의 진짜 교제에 대한 기쁨과 감격을 나누는 이야기는 전혀 없다. 오순절 성령의 역사가 임하기 전에 성도들이 마음을 같이 하여 기도하였다. 1세기 초대 교회만이 아니라 한국의 교회도 기도 모임이 많았다. 그런데 지금은 함께 모여 기도하자고 하면 거의 참여하지 못할 핑곗거리 찾기에 급급해한다. 성도의 교제를 기도로 시작하는 경우도 드물고 기도로 마무리하는 것도 드물다. 목사는 영에 속한 일을 한다. 지적 수준이 영적 깊이를 보장하는 것이 아니다. 신학이 삶으로 이어지려면 반드시 기도가 병행되어야 한다. 그런데 함께 기도하는 일은 더 유익이 크다. 16세기 종교개혁이나 17세기 청교도, 18세기 대각성 운동 때 기도회가 뒷받침되지 않은 경우는 하나도 없었다.

지금의 교회가 망해가고 있다는 증상 중 하나가 기도 모임이 점점 줄어드는 것이다. 일년 365일 내내 열렸던 새벽기도회, 밤새도록 부르짖었던 금요철야기도회들이 어떻게 변화되었는지를 보라. 상당수가 주말과 주초 새벽기도회를 없앴다. 금요철야는 심야기도회로 변하더니 지금은 저녁 기도회 혹은 그것도 없애고 삼일저녁시간을 조금 늘려서 기도시간을 가지는 것으로 변했다. 목사들도 교역자 수련회를 가진다. 시찰회 여행들도 간다. 경건의 시간을 가지지 않는 모임은 없다. 그러나 그 시간은 짧을수록 환영받는다. 누군가 기도를 길게 하거나 설교를 오래 하면 이맛살을 찌푸린다. 말은 목회에 수고 많았으니 심신을 푹 쉬게 하자고 하지만 정작 교회의 영적 상태의 심각성을 인식하고 임박한 하나님의 진노를 피하기 위하여 탄원하며 상한 심령을 소생시키는 하나님의 은총을 갈구하는 시간은 거의 없다. 먹고 노는 모임은 참석 인원이 많아도 기도하는 시간, 심지어 성경을 탐구하는 시간도 참여도는 적다. 수많은 세미나와 강의들이 줄을 잇는다. 그러나 영적으로 함께 기도하는 일은 오히려 오순절 교단의 사람들이 더 잘한다. 물론 그들의 기도 내용 중에는 인본주의적 색채가 강하지만 성경에 충실하게 간다고 하는 이들의 기도들도 하나님의 뜻을 찾고자 자아를 죽이며 땅에 속한 것을 버리고 하늘에 속한 것을 구하는 기도가 많지 않다.

쇠하는 교회를 살리는 길은 전적으로 하나님의 도움이 필요하다. 전심으로 주를 찾는 자에게 흥하는 교회 '세우미'가 되도록 능력을 부여하실 주님이시다. 같은 마음과 같은 생각을 가진 자들이 같은 뜻으로 합하여 주님께 간구하는 기도 모임을 시작하라. 신학교에서도 교수들끼리 함께 기도하는 시간이 있으면 신학 교육의 효과가 상당히 달라질 것이다. 어느때부터 기도가 형식으로 흘러갔다. 우리는 누가복음 18장에 등장한 바리새인의 기도를 비난은 하면서도 정말 일주일에 이틀 정도 금식하며 부르짖는 신학자와 목회자는 얼마나 되겠는가? 소득의 십일조를 꼬박 드리며 토색과 불의와 간음을 하는 자들과 같지 않게 스스로 의롭다고 자처할 만큼 경건의 모양이라도 제대로 갖춘 일군들이 얼마나 되는가? 우리의 의가 바리새인과 서기관의 의와 같지 아니하면 천국에 들어갈 수 없다고 하는데 과연 우리는 충분히 의로운 길을 가는가? 부족하기에 더 기도에 힘써야 한다. 목회 때문에 혼자서 고뇌하고 힘들어하지 말고 동역자들끼리 같이 기도하는 시간을 갖는 것이 필요하다. 주변에서 정기적인 기도 모임을 가지라. 하나님은 우리의 부르짖음에 바싹 귀를 갖다 대신다.

또한 목사는 사람들에게서 칭찬을 듣고자 하는 유혹을 받는다. 일명 인기 있는 목사가 되고 싶은 유혹에서 얼마나 자유로울까? 그러나 사람에게서 칭찬을 듣는 것이 꼭 하나님에게서 인정받는 것이라는 보장은 없다. 사도 바울은 자신이 사람을 기쁘게 하는 것이었다면 그리스도의 일군이 아니라고 고백했다. 성도도 예외가 아니나 목사는 특히 항상 교회의 머리이신 주님이 기뻐하시는 일인지 그의 말씀에 근거하고 있는가를 늘 묻고 가야 한다. 사람들이 좋아하거나 싫어하는 것이 목양의 기준이 되는 것은 하나님의 집인 교회를 사탄의 회로 만드는 길이다. 인간의 본성은 다 양 같아서 그릇 행하여 제 각기 제 길로 가는 것임을 잊어서는 안 된다. 하나님이 교회에 목자를 세우신 이유가 여기에 있다. 마땅히 가야 할 길로 가도록, 오직 구속함을 받은 자들만 다니는 거룩한 길로 다니도록 이끌 책임이 주어진 것이다. 사람들의 의향이 아니라 하나님의 뜻이 먼저고 끝이다. 그러므로 예배 형식이나 과정이 다 오직 하나님이 명하신 대로 하는 것이어야 한다.

앞에서 예배에 대한 글을 읽으며 그렇지 않은 현실의 교회를 어떻게 개혁할 것인지 고민이 될 것이다. 처음부터 바르게 가르쳐야 한다. 성경적이지 않은 것에 익숙해 있는 것을 성경적으로 차근차근 수정해 가야 한다. 단번에 할 수 있는 것이 아니다. 이미 절반쯤 익어버린 어항 속 개구리가 되었어도 하나님은 죽은 자도 살리시는 분이기에 포기하지는 말자. 생수가 닿는 곳마다 살아나는 역사가 있을 것이다. 그 생수를 흘려보내는 일은 생명을 소유한 목사와 성도가 해야 한다. 이미 목마르지 않고 허기지지 않게 하는 생수가 우리배에서 솟아나게 하신 주님이시다. 주님의 약속을 신뢰하자. 찬송이 뭔지, 기도가 뭔지, 성례가 뭔지, 전도가 뭔지, 섬김이 뭔지 하나씩 차분히 가르치자. 싫다고 떠나는 영혼 때문에 낙심하지 말자. 오병이어의 기적을 경험하며 주님을 따랐던 수많은 자들이 생명의 떡, 생명의 음료에 대해 주님이 가르치시자 다 주님을 떠나 다시는 주님과 함께하지 않았다(요한복음 6장). 그때 주님이 제자들에게 물었다. "너희도 가려느냐?" "영생의 말씀이 있사오니 주여, 우리가 어디로 가오리까?" 하나님께 속한 자는 하나님 말씀을 듣는다. 사람들의 종이 되기를 즐거워하지 말고 그리스도의 이름 때문에 능욕 받는 것을 이집트의 모든 보화보다 나은 재물로 간주하고 살자. 상 주시는 분이 있기 때문이다.

나는 모든 교회가 시편 찬송을 불렀으면 좋겠으며, 이를 적극 권장한다. 시편 찬송을 부르고 있는 교회의 목사는 시편 찬송을 왜 불러야 하는지 교인들에게 잘 가르칠 필요가 있다. 목사가 하기 어려우면 전문적인 식견을 가진 분들을 초청하여 교육할 기회를 얻으라. 그리고 쉬운 것부터 하나씩 천천히 가르치며 출발하자. 하나님의 영감된 말씀으로 찬양하는 것과 영감되지 않은 것으로 부르는 노래하고는 감흥 자체가 다름을 스스로 느끼게 될 것이다. 시편 찬송은 어려운 것이 아니라 처음 대하는 새로운 것이다. 아이들에게는 어려운 것이 있는 것이 아니라 다 새로운 것이다. 시편 찬송이 어렵다는 사탄의 속삭임을 물리치라. 새 노래로 하나님을 찬양함을 인식하게 하라.

공예배 시간의 기도도 할 수 있으면 일반 성도가 이끄는 대표기도가 아니라 양 무리를 맡은 목사가 올리는 목회기도가 되어야 한다. 이를 당회원 교육을 통해서 가르치고 함께 목양의 길을 가는 협력자로서 장로에게도 기도가 무엇인지, 어떻게 기도하는지를 잘 양육하는 것이 필요하다. 잘 개혁된 목사를 청하여 성경적 목양에 대한 교훈을 정기적으로 받을 기회를 만드는 것도 중요하다. 독립된 개교회가 아니라 주님의 보편적 교회의 일원으로서 교회가 가야 할 길이 무엇인지를 알게 하는 것이 필요하다. 우리만의 교회만 있는 것이 아니라 주님의 보편적 교회로서의 지교회라는 사실을 인식하고 주 안에 있는 성도의 영적 교제의 풍성함을 맛보게 하는 것이 필요하다. 그것이 목양에 지친 목사들에게도 위로와 격려와 힘을 얻는 방편이 된다.

사람들에게서 터져 나오는 반응에 민감해하지 말라. 세상에서 기업은 소비자가 왕이다. 그러나 교회의 왕은 오직 그리스도 예수뿐이다. 회사 사장은 유약한 존재이나 교회의 왕이신 주님은 영원한 전능자이시다. 그가 높이시면 낮출 자가 없고 그가 낮추시면 높일 자가 없다. 광야 길에서 반석에서 물이 솟게 하시고 하늘에서 만나와 메추라기가 내리게 하신 하나님의 전능함은 지금도 여전히 유효하다. 일어나자. 힘을 내자, 주님이 살아계신다. **"지존 무상하며 영원히 거하며 거룩하다 이름하는 자가 이같이 말씀하시되 내가 높고 거룩한 곳에 거하며 또한 통회하고 마음이 겸손한 자와 함께 거하나니 이는 겸손한 자의 영을 소성케 하며 통회하는 자의 마음을 소성케 하려 함이라"**(사 57:15). 은혜 베풀기를 기뻐하시는 주님만이 높임을 받으시는 일에 온 마음과 몸을 다해 충성하면 생명의 면류관을 빼앗길 일이 없음을 믿는다.

동시에 목사는 성도 개개인을 귀중히 여겨야 한다. 시편 기자의 고백을 진심으로 같이 할 수 있어야 한다: **"땅에 있는 성도는 존귀한 자니 나의 모든 즐거움이 저희에게 있도다"**(시 16:3). 하나님을 귀히 여기는 자를 하나님이 멸시치 아니하듯이 성도를 귀하게 여기는 목사도 귀히 여김을 받을 것이다. 귀히 여긴다는 것은 군림함이 없는 것이다. 성도를 주님의 양으로 대접하는 것이다. 하늘 곡간에서 신령한 양식을 부지런히 꺼내어 먹이는 일이다. 허탄한 양식을 제공하지 아니하며 오직 진리를 공급하고 생산적이고 영양가 넘치는 양분 마련에 분주한 자여야 한다. 못 배웠다고 무시하지 말고 가난하다고 배척하지 말고 늙었다고 외면하거나 어리다고 깔보지 말라. 한 영혼 영혼이 천하보다 귀하다는 것을 입으로만 시인하지 말고 행함으로 증명하라. 목사가 하는 모든 일이 다 성도들의 영적 유익을 위한 것임을 알게 하라. 하나님께서 손수 손가락으로 돌에 새겨 말씀을 주심과 같이 목사의 손에서 흘러나오는 손맛이 배인 양식을 준비하여 제공하여야 한다. 우리는 이마에 흐르는 땀이 핏방울이 될 정도로 기도할 수 없지만 무릎이 닳도록 성도들의 영혼을 위하여 간구하는 기도의 사람이어야 한다. 그래야 목사도 살고 교회도 산다.

신학 교육의 나아갈 바

흥하는 교회가 되려면 교회를 이끄는 준비된 지도자, 성경에서 그리고 기독교 역사 속에서 발견되는 자질이 충분히 갖추어진 교회 일군이 곳곳에 배치되어야 한다. 그런 인재 찾기가 쉽지 않다. 세상만이 아니다. 인재 양성의 필요성은 교회도 절실하다. 한국에서 지난 한 세대 이상 교회 일군은 마치 최고 경영자 수업을 수료한 자여야 하는 것처럼 오도되었다. 교회 일군은 세상 직업에서 요구되는 자질과 완전히 결별된 것이라고 말할 수는 없어도 성과제일주의 혹은 실적 위주의 지도력하고는 다른 차원의 일이다. 기업을 운영하는 자의 경영 마인드를 뭐라고 말하든 교회 일군에게는 교회의 외적 성장을 위한 연출기획 능력이 요구되는 것이 아니다.

성경을 충분히 이해하고 교리적 가르침을 온전히 방어하며 전달할 수 있는 자질을 갖추는 것이 급선무이다. 목사의 주된 일은 성경을 전하는 것이고, 교리적 강론을 통해서 우리의 믿는 것이 무엇인지를 성도들에게 확고히 심어주는 것이다. 그러므로 교회 일군을 길러내는 신학교육에 교회가 깊은 관심을 가져야 한다. 세상에서도 소비자의 강력한 욕구에 맞는 상품들이 생명력이 길 듯이 교인에게 가장 우선적으로 그것도 영구적으로 필요한 것이 영의 양식이다. 신령하고 순전한 젖을 공급하는 일이 급선무이다. 그런데도 생명의 말씀을 제대로 이해하고 성령의 예리한 검을 자유자재로 사용할 수 있는 고단수의 사람이 되는 기본적 자질조차도 갖추지 못하고 신학교를 나오는 학도병 수준의 사람을 영적 전쟁터에 내보낸다. 결국 전쟁터에서 살아남는 자들도 있지만 장렬하게 전사하는 자들도 속출한다. 그 희생을 최소화하려면 신학교육이 기도의 사람이 되게 하는 것과 동시에 성경의 사람이 되게 하는 일에 최선을 다해야 한다. 그리고 다양하게 공격하는 악한 자들의 공격을 능히 막아내고 공략할 수 있는 건전한 교리적 내용을 충실히 익힌 자들을 길러내야 한다. 단순히 지식적 앎에 머무는 것이 아니라 삶의 현장에서 구현해 내는 지혜가 가득한 자여야 한다.

사실 내가 스코틀랜드에서 신학 수업을 마친 후(우리 식의 목회학 석사 과정, M.Div인데 거기에서는 Dip. Th 학위과정으로 3년 과정이었다) 가진 첫 생각은 특별한 전공과목을 가지지 않았어도 일단 구약이면 구약, 신약이면 신약, 조직신학이면 조직신학, 실천신학이면 실천신학 과목들을 기본적으로 가르칠 수 있는 도구를 손에 쥔 느낌이었다. 다시 말하면 교회의 일군으로 즉 주님의 양무리를 목양하는 데 필요한 기본적 자질을 가꾸어서 얼마든지 깊은 자리까지 나아갈 수 있는 무기를 가진 것과 같은 담대함이 밀려왔다. 한국에 돌아와서 목회하면서 마르지 않는 샘물을 퍼올릴 수 있게 된 비결이 거기에 있었다. 그러나 불행하게도 우리의 신학교육은 성경도 교리도 실천도 그 어떤 분야도 강하고 담대한 자질을 소유한 자로 전쟁터에 내보내지 못하고 있다. 신학석사(Th. M) 과정을 한 자는 성경 지식과 교리적 확신이 낫고 Ph.D 학위를 가진 자는 성경에 대한 이해가 누구보다 월등하고 교리적 변증과 증거에 남다른 능력을 발휘하는 자로 보증받는 것이 아님에도 많은 돈을 들여서 학위증서를 딴다. 지금은 자료 부족으로 공부할 수 없는 시대가 아니기에 신학교 교육을 마쳐도 충분한 지식과 능력이 없다고 여겨진다면 차라리 공부할 그 돈으로 정말 중요한 책들 300권 정도만 사들고 기도원에 올라가서 그 책들을 독파하고 내려오는 것이 더 나은 영적 자질을 갖추는 길이라고 조언하고 싶다.

목사치고 설교를 잘하고 싶지 않은 사람은 아무도 없다. 잘하는 설교자가 되려면 설교자로 강단에 서기 전에 좋은 설교를 많이 들어야 한다. 현존하는 성경적이고 교리가 확고한 설교자들의 설교들을 많이 섭렵해야 한다. 그리고 과거에 하나님께서 큰 권능으로 사용해 주신 분들의 설교집들을 탐독해야 한다. 들은 대로, 심은 대로, 읽은 대로 입에서 나오게 되기 때문이다. 이는 아이가 말하기 전에 말을 듣는 것부터 하는 것과 같은 원리이다. 따라서 나에게 권한이 있다면 신학교에서 수학하는 모든 목회자 후보생이 기도의 사람, 성경의 사람, 그리고 개혁 신학의 내용을 확고히 붙들고 일선에 나가는 십자가 군병이 되도록 키워내고 싶다.

지도자 재교육 과정과 노회의 활동

그러나 현실이 그렇지 못하기 때문에 같은 말을 하고 같은 생각을 하며 같은 뜻을 가진 자들이 함께 모여 목회자 재교육 과정을 가지는 것도 무너지는 교회를 흥하는 교회로 세워가는 방편이 될 수 있을 것이다. 이 과정에서는 단편적인 지식 습득이 아니라 총체적이고 실천적인 훈련을 받는 시간을 가져야 할 것이다. 교회는 목사의 영적 성장과 성숙을 위한 시간을 가지도록 배려해야 할 것이다. 육체적 체력 단련도 중요하지만, 경건에 이르는 능력을 갖추는 것이 더 시급하다. 노회마다 재교육 프로그램을 갖추고 실시하든지 총회가 재교육 과정을 마련하여 담임목사 1년 차, 3년 차, 5년 차, 7년 차, 10년 차, 15년 차 및 20년 차에 정기적 점검과 확정을 위한 기회를 제공함이 필요하다. 그리고 시찰회의 활동을 개혁하여, 친목 행사 위주가 아닌 말 그대로 목회의 전반적인 부분을 시찰하여 점검하고 확정해 가는 일들을 함으로 건강하고 내실이 튼튼한 흥하는 교회로 세워가야 할 것이다. 이런 과정을 통해서 함량 부족한 목사들은 걸러내고 역량이 충분한 일군들이 주님의 교회를 이끌게 해야 한다. 노회 정치와 행정, 총회 정치와 행정이 필요하지만 지금 노회의 일들과 총회의 일들이 쇠하는 교회를 조성하고 있는 것인지 흥하는 교회를 세우는 일인지를 깊이 고민하고 개혁해야 할 것이다.

내가 주일학교를 다닐 때에는 주일학교이지만 학교에서처럼 월말고사, 학기말 고사, 학년말 고사가 있었다. 그리고 전국 성경 고사 대회까지 있었다. 어려서부터 성경을 알고 자라도록 한 귀한 제도였었는데 교회까지 아이들을 시험에 허덕이게 만든다고 하면서 언제부터인지 사라지고 말았다. 나는 학기말 고사나 학년말 고사라도 복원하는 것이 필요하다고 본다. 이에 맞춰서 목사들도 노회가 주관하는 성경 고사와 교리 시험이 연 1회씩 있다고 한다면 목사들의 성경 지식과 교리에 대한 분명한 가르침을 되새김질하며 몸에 익히는 기회가 될 것으로 생각한다. 또한 노회 재정에서 건전한 신학적 도서를 구입하여 읽게 하고 정기적 독서 토론이나 발표회를 가져서 지적 수준 향상을 꾀하는 것도 필요하다. 다들 어림도 없는 소리라고 치부하겠지만 자질을 충분히 갖춘 목사들을 배출하려면 무엇을 못 한다고 하겠는가? 함량 미달의 지도력 때문에 쇠하는 교회가 되어가도 좋다면 상관없겠지만 그렇지 않다면 분명 실천적 개혁이 필요하다.

지도자의 중요성

64년 만에 아시안게임 우승을 향해 출범한 한국 축구 국가대표팀이 4강에서 좌절하고 말았다. 그 어느 때보다 세계적 축구선수를 보유하고 있기에 외신들도 다 한국을 강력한 우승 후보라고 말했지만, 세계 랭킹이 가장 우수한 일본과 한국, 이란과 호주가 다 우승을 향한 길에서 탈락하고 말았다. 언론의 보도에서는 한국 팀 패배의 결정적 요인 중 하나로 감독의 전술 부재, 선수기용 능력을 꼽았다. 나는 스포츠 분야의 전문가가 아니지만 고군분투하는 자랑스러운 한국 대표선수들이 결승전에도 올라가지 못하고 탈락한 것을 몹시도 안타까워하는 국민의 한 사람으로서 기자들의 평가가 맞다고 수긍한다. 베트남이 치고 올라갔던 시절, 우리나라 선수 출신인 감독의 영향이 컸음을 다 인식하고 있듯이 지도자가 어떤 사람이냐에 따라 부족한 자원을 최대한으로 끌어올려서 성과를 내는가 하면 최고의 재원을 가지고도 이를 요리할 줄 몰라서 몰락하는 부끄러움을 낳는 것이다. 교회 일군도 마찬가지이다. 교회를 이끌도록 맡은 목사들의 자질이 뛰어나면 그 밑에서 훈련받는 양들도 뛰어난 그리스도인이 된다. 흔히 교인의 수준은 목사의 수준을 넘어가지 못한다는 말이 있다. 지금은 그렇지 않은 것도 사실이지만, 한 교회의 성도 수준을 향상시키지 못하는 가장 큰 원인은 지도자의 수준이 보잘것없는 상태에 머물러 있기 때문이다. 고액의 연봉을 주고 좋은 감독을 모시는 이유는 국가대표의 수준을 향상시켜서 국제대회에서 좋은 성과를 내게 하기 위함이듯이 교회 지도자를 모시는 것도 연봉을 아까워하지 말고 제대로 된 일군을 청빙해야 하는 것이다. 교회 지도자 양성에는 하향 평준화를 꿈꾸면 절대로 안 된다. 평준화는 불가능하지만 깊은 곳에 가서 그물을 내릴 수 있는 수준 높은 전문가가 되어야 하는 것이다.

그런 지도자들 밑에서 훈련과 양육을 받는 교인은 수준 높은 양질의 교인이 될 수 있다. 세상에서 지탄의 대상이 아니라 존경과 사랑, 때로는 두려움의 대상으로 설 수 있다. 복음의 걸림돌이 아니라 복음의 진보를 앞당기는 디딤돌들이 되는 것이다. 물론 죄악이 가득한 세상 속에 살고 있는 교인들은 죄와 유혹에 쉽게 노출되어 있다. 그들이 세상에서 빛과 소금으로 제 역할을 감당하게 만들려면 신앙인의 정체성과 삶의 가치관이 어떤 것인지를 분명히 해야 한다. 교인 하나하나가 세상에서 죄와 마귀와의 싸움에서 여러모로 상처를 입고 부상을 입어도 하늘나라 시민권자로서의 분명한 정체성과 주의 나라에 대한 깊은 헌신도를 나타내도록 이끌 책임은 지도자에게 달려 있는 것이다. 지도자가 자기 살 궁리만 하고 지도력이 부실하면 교인들도 부실하여 밖에 버려져 사람들에게 짓밟히는 수모를 피할 수 없게 되는 것이다.

목양적 돌봄

성도들은 양이다. 돌봄이 필요 없는 양은 하나도 없기에 목양적 돌봄의 손길 아래 맡기신 것이다. 주님께서 베드로에게 "내 어린 양을 먹이라", "내 양을 치라", "내 양을 먹이라"고 말씀하신 것은 양으로서 자기 역량을 최대한으로 발휘하게 만들라는 의미인 동시에 양의 특성상 각기 제 갈 길로 가고자 하는 습성이 있으니 말씀의 방망이로 치는 일이 필요하다는 것이다. 곧 일명 권징이 필요하다는 것이다. 양들은 그 일을 통해서 더 거룩한 백성으로 성장할 수 있다. 연단을 통해서, 징계를 통해서 하나님 나라 시민권자로서의 분명한 삶을 살게 하는 것이다. "교회의 목회자들이 권징을 소홀히 하여 교제를 단절해야 할 사람을 단절하지 않고, 죄를 용납함으로써 수치스러운 죄인들이 죄를 지어도 괜찮은 것처럼 생각하게 되면 사람들이 스스로 현혹되어 실제로는 그리스도인이 아닌데도 마치 그리스도인인 것처럼 생각하게 될 가능성이 크다. 그렇게 되면 세상 사람들이 보는 앞에서 기독교를 부패하게 만드는 결과가 초래될 뿐 아니라 그리스도인이 된다는 것이 단지 이런저런 견해를 지니는 것에 불과하고, 기독교가 세상의 거짓 종교들과 비교할 때 그다지 더 뛰어난 거룩함을 요구하는 종교가 아니라는 인상을 심어주기 쉽다"(리처드 백스터, Reformed Pastor, 124). 교회는 방법을 찾아도 하나님은 사람을 찾으신다는 것을 잊어서는 안 된다. 하나님 마음에 합한 일군 양성은 신학교 교육만이 아니라 교회 목양 교육에서도 반드시 주목적이어야 한다. 목사의 일에 편의를 돌봐주는 후원자가 아니라 하나님 나라 건설에 역동적으로 헌신하는 동역자들로 키워야 하는 것이다. 하나님과 함께 일하는 일군으로 하나님의 교회를 흥하게 하는 '세우미'가 되게 해야 한다.

이같은 교육과 훈련이 체계적으로 이루어진다면 쇠하는 교회 안에서 쉽게 발견되는 분열과 다툼과 원망과 갈등 요소들은 줄어들고 흥하는 교회의 특성인 사랑과 믿음과 소망이 솟아나는 교회가 될 것이다. 이것은 교인들의 동호회 활동이 창출하는 것이 아니라 강단의 샘물이 결정한다. 구원의 우물물을 매번 퍼 올려 온 회중으로 꿀떡 꿀떡 마시게 하는 강단이 이 일을 가능하게 한다. 역량 있는 지도자 밑에서는 함량 부족한 선수가 견딜 수 없으며 부족한 선수라도 자질 있는 선수로 성장이 가능한 것이다. 그런 지도자가 있는 곳에는 선수로 뽑히기를 학수고대하지만 그렇지 못한 곳에는 도리어 선수들에게 오명을 남기게 되는 것이다. 좋은 지도자 밑에서는 날마다 구원을 얻는 믿음의 사람이 더해지는 열매를 기대할 수 있다.

자기 진단

오늘날 교회 목사는 그 밑에서 양육과 돌봄을 받고 싶은 자들이 많아지게 하는가? 아니면 교인들에게 오명을 쓰게 만들고 있는가? 내가 속한 교회가 흥하는 교회인지 쇠하는 교회인지 독자 여러분 스스로 진단해 보라. 그리고 동시에 독자 여러분도 쇠하는 교회 '섬기미'인지 아니면 흥하는 교회 '세우미'인지 자신의 정체성과 성향을 면밀하게 검토해 보라. 예배를 무엇보다 사모하는 자인지, 예배에서 하나님의 강력한 임재하심을 맛보며 신령한 꼴로 배불림을 받고 있는지, 믿음의 성숙과 영적 활동 역량이 피부로 다가오고 있는지, 내가 만난 하나님의 은총을 다른 사람에게 전달하고자 하는 열망이 있고 실천해 가고 있는지, 내가 받은 구원의 복음을 다른 사람에게 말로나 행동으로 충분히 구가하고 있는지, 나로 인해서 목사와 온 교회가 시원함을 받고 있는지, 아니면 걸림돌이 되어 해를 끼치고 상처를 주는 것이 많은지, 나는 중심을 보시는 하나님처럼 사람을 외모로 판단하지 않고 오직 그리스도의 심장으로 사람을 품고 기도하며 사랑하려고 애쓰고 있는지, 아침마다 새로운 주님의 은혜를 매주 일마다 사모하고 경험하는지, 매일 성경을 읽고 묵상하며 그 가운데 기록된 대로 지켜 행하고자 땀을 흘리고 있는지 등 이러한 모습이 우리에게 나타나는 한 우리는 다 흥하는 교회 '세우미'로 사는 자들이요 그런 우리가 이 시대 소망의 등불이 될 것이다. 가정에서 빛이 나고 직장 생활과 사회생활에서 분명 진가를 발휘하게 될 것이다 (우리가 어떻게 교회와 가정과 사회에서 크리스천으로서 알곡의 진수를 드러내야 할지에 대한 구체적인 지침은 내가 쓴 "신학은 삶이다", 크리스천르네상스, 2023,를 참고하시기를 바란다).

나아가는 말

　이제까지 교회를 쇠하게 하는 것이 무엇인지, 무엇이 교회를 흥하게 하는 것인지를 살펴보았다. 독자마다 이견이 있을 수 있다. 그러나 지금 한국의 교회나 세계의 교회들이 다 중병에 걸려 있는 듯한 모습을 지울 수 없다. 그 일에 일면을 감당해 온 당사자로서 주님의 피로 값 주고 사신 교회 '세우미'로 되돌아가야 함을 나 자신에게 채찍질하고 경고하는 의미로 본 글을 준비했다. 성도 각자는 성도를 섬김으로써 교회 '세우미'가 될 수 있다. 주님의 사랑에 이끌림을 받아서 섬기는 것이라야 한다.

　사단과 그의 졸개들, 그리고 그들을 추종하는 세력들 외에 누구도 교회가 망하기를 바라지 않는다. 우리가 진정 하나님의 집에 속한 하나님의 왕실 가족이라면 그 나라가 번성하고 영원히 흥왕하는 모습을 보는 영광을 꿈꾸지 않을 수 없다. 그런데 그 일에 나 개인은 어떻게 이바지하고 있고 우리 교회는 어떤 모습으로 비칠지 두려운 마음이 너무나 크다. 세상 사람에게서 '교회에 다니는 X들과 어울리지 말라'는 말을 최근에도 들었다. 물론 극단적이라고 생각하지만, 비호감도가 그 어느 때보다 큰 것은 사실이지 않은가? 극도의 혐오

감을 표출하는 일들도 종종 있다. 그래서 나는 무너지는 교회 '섬기미'가 아닌가 고민한 것이다.

혹 너무 비관적인 것이 아닌가 생각할 수도 있다. 현실의 교회에 대하여 낙관적 시각을 가져야 할 이유를 잘 발견하지 못하기에 한국의 교회에 대한 고발장을 써보고 교회를 바르게 세울 '세우미'가 되자는 다짐을 표방한 것이다. 기독교 역사에서 가장 암흑했던 중세 시대에도 무너지는 교회 '세우미'들은 존재했다. 영국의 존 위클리프, 체코의 존 후스, 이태리의 사보나롤라, 프랑스의 페투르스 발데스, 외콜람피디우스 등, 16세기 종교개혁자들인 마틴 루터, 츠빙글리, 마틴 부써, 존 칼빈, 존 녹스, 17세기 청교도들과 언약도들, 18세기 대각성 운동의 주역들, 19세기 J. C. 라일, 찰스 스펄전, 헤르만 바빙크, 아브라함 카이퍼, 프린스톤 신학자들, 20세기 마틴 로이드 존스 등 헤아리기 어려울 정도로 많은 흥하는 교회 '세우미'들이 있었다. 그 뒤를 이을 명망가들이 속속 등장해야 한다. 그런데 교회가 그런 일군들을 키우지도 않고 있고, 설혹 있어도 설 자리를 없애고 있다. 갈수록 믿는 자들을 찾기 어려운 종말의 시대가 다가오지만 우리 눈에 보이지 않는 어딘가에 광야의 외치는 자들의 소리가 있을 것이다.

교회의 머리이신 그리스도께서 명령하신 대로 순종하는 '세우미', 집의 질서와 번영과 열매를 위하여 부지런히 옛 창고에서 새 양식을 꺼내 먹이는 말씀의 종들과 함께 동역하는 '세우미', 하나님을 경외함과 성령의 위로로 진행되어 날마다 믿는 자의 수가 더해지게 하는 교회 '세우미'를 주여 보내 주소서! 하나님의 진리의 말씀을 옳게 분별하여 부끄러울 것이 없는 일군으로 자신을 주님께 드리기에 힘쓰며 진리의 고수가 되고 그 연구 성과물이 강단에서 생수로 쏟아져서 구원의 우물물을 시원하게 들이마시는 역사를 일으키는 교회 '세우미'를 보내어 주소서! 눈물로 교회의 머리이신 주님께 기도하자.

교회는 언제나 전쟁 중이다. 그러나 언제 어디서 적이 공격해 들어올지 세심한 주위를 살피며 경계근무에 충실해야 할 십자가 군사들이 완전 무장해제 되고 있다. 공중 권세 잡은 악한 영들이 군림하고 있는 세상과 마치 평화협정을 맺은 자들처럼 행동한다. 핵폭탄보다 더 위력 있는 하나님 말씀을 가지고 있다고 해서, 경계 업무에 소홀히 하지 않는 교회의 직분자들이 잘 세워졌다고 해서, 각 분야에서 자기 업무에 충실한 자들이 있어 교회 운영에 전혀 해 됨이 없다고 해서 무더기로 덤비는 사단과 그의 졸개들의 협공을 잘 막아낼 수 있다고 안심해서는 안 된다. 하마스의 기습적 테러 공격에 속수무책으로 뚫린 이스라엘의 상황이 영적으로 우리에게 더욱 경각심을 주지 않는가?

말씀을 등한히 하고 기도 줄을 놓아 무장해제를 해 버린 교회들이 다수가 되고 있다. 교회 문턱을 급강하시킴으로 누구라도 드나들게 되어버렸다. 중생하지 않은 자들도 교회의 중직에 들어갈 수 있는 상황이다. 하나님이 제정해 주신 규율은 외면하고 세속적 가치관과 윤리가 커보이는 교회가 무너지지 않는다고 누가 장담할 수 있는가? 전혀 안심할 수 없는 이런 영적 전쟁 상황을 직시하고 깨어 기도하며 경성하는 자들의 소리는 이제 더 이상 들리지 않을 정도가 되었다. 죄에 대한 회개와 지옥과 천국에 대해 분명한 구분을 할 수 없는 교회가 되어가고 있으니 어찌 쇠하는 교회라고 말하지 않을 수 없으랴!

참된 그리스도인들, 의인들, 경건한 자들이 점점 줄어들고 그들이 기댈 터조차도 무너지는 소리가 곳곳에서 들려온다. 그래도 주님은 살아계신다. 하나님의 집을 성결케 하는 작업을 통해서 주님이 거하시기에 전혀 불편함을 느끼지 않게 하는 교회 '세우미'가 되자. 하나님이 안식하고 그 안에서 성도들이 안식하며 세상을 넉넉히 이기게 하시는 주님의 영광이 가득한 교회 '세우미'들이 곳곳에서 들풀처럼 솟구치는 역사를 기대한다. 주님이 우리의 하나님, 우리의 목자, 우리의 왕이라고 하시기에 결코 부끄러워하지 아니하시는 흥하는 교회 '세우미' 되기를 소망한다. '세우미'들이 능력이 있어서가 아니다. **"시온의 공의가 빛같이 예루살렘의 구원이 횃불같이 나타나도록 시온을 위하여 잠잠하지 아니하며 예루살렘을 위하여 쉬지 아니할"**(사 62:1) 주님 때문이다. 지금은 교회를 대적하거나 조롱하는 자들이 언젠가는 교회의 영광을 보게 될 것이요 만군의 주 하나님께서 기뻐하실 교회로 우뚝 설 것이다.

10년 전 한국 경제를 '냄비 속 개구리'로 비유해 경종을 울렸던 글로벌 컨설팅 기업 맥킨지 한국 대표가 지금은 "그 개구리가 이미 반쯤 익었다"고 경고했다. 구조 개혁을 게을리한 탓에 만성 저성장의 늪에 빠졌다는 것이다. 경고의 소리를 듣고도 아무런 조치를 취하지 않은 지난 10년간은 한국의 경제활동이 구제 불능의 자리로 나아갈 수 있다는 또 다른 경고이다. 본 책은 망해가고 있는 한국의 교회를 살리고자 하는 작은 선지자의 외침이다. 만성 저성장의 늪에 빠진 한국의 경제처럼 한국의 교회도 마이너스 성장의 늪에 빠졌다. 회복의 길은 분명히 있다. 기본으로 돌아가는 것이다. 영적으로 부패하고 타락한 예루살렘을 향해 소망의 메시지를 전달했던 이사야 선지자의 외침과 같이 그 길을 본 책에서 제시하고자 했다. 독자 여러분이 하나님의 교회를 쇠하도록 방치하여 하나님도 떠나고 교인도 떠나게 하는 '섬기미'가 아니라 하나님이 머물기를 기뻐하시고 떠나간 교인이 하나님께로 돌이키는 '세우미'가 되기를 갈망하는 저자의 마음을 느끼기를 소망한다. 하나님은 하나님의 뜻이 이루어질 때까지 쉬지 않으신다. "아버지께서 지금까지 일하시니 나도 일한다"고 말씀하신 예수님처럼 주님의 열정이 존재하기에 그 열정으로 주님의 교회를 온전히 세우는 일에 힘을 다해 수고하는 임무는 '세우미'에게 있다.

쇠하는 교회 '섬기미'가 아니라 흥하는 교회 '세우미'로 성문으로 나아가자. 백성의 길을 예비하자. 대로를 수축하고 돌을 제하며 만민을 위하여 기를 들자. 상급이 그에게 있을 것이며 보응이 그 앞에 있게 될 것이다. 사람들이 우리를 일컬어 거룩한 백성이요 여호와의 구속하심을 받은 자라고 할 날이 이르기까지 '세우미'로서의 길을 묵묵히 달려가자. 하나님의 신실함이 교회가 가지는 소망의 근거이기에 예루살렘의 성전이 돌 위에 돌 하나도 남지 않고 파괴되었듯이 쇠하는 교회는 망하겠지만 흥하는 교회, 주님의 나라는 영원함을 믿는다. 만물을 새롭게 하시는 성령의 역사가 부패하고 타락하여 무너지는 교회를 다시 새롭게 하실 것을 믿는다. 아멘!

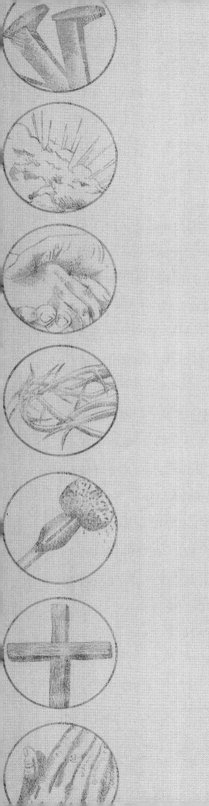